# Geheimsache Korruption

## Wie die deutsche Schmiergeldindustrie weltweit die Demokratie verrät

Frederik Richter

# Inhalt

# Liebe Leserin, lieber Leser,

das Jahr 2016 war ein Schock für Deutschland. An Autokraten wie Viktor Orbán und Recep Tayyip Erdoğan an der Peripherie Europas hatte man sich gewöhnt. Doch jetzt stimmte in Großbritannien eine knappe Mehrheit nach einer schmutzigen, ausländerfeindlichen Kampagne der EU-Gegner für den Austritt aus dem europäischen Projekt. Wenige Monate später wählten die USA mit Donald Trump einen Politiker zum Präsidenten, dessen Neigung zum Autoritarismus bereits im Wahlkampf offensichtlich gewesen war. Die westliche, parlamentarische Demokratie, in der sich die deutsche Gesellschaft eingerichtet hatte, schien auf einmal nicht mehr in Stein gemeißelt.

Doch der Aufschrei im politischen Berlin, wo man sich um den Zusammenhalt Europas sorgte, und in den deutschen Wirtschaftszentren wie Frankfurt, Stuttgart und München, wo man sich um die Gefahren für den freien Handel sorgte, war auch Heuchelei.

Denn seit Jahrzehnten beschädigen deutsche Unternehmen Demokratie und Rechtsstaatlichkeit in anderen Ländern mit Schmiergeldzahlungen. Autokraten nutzen die Millionen aus Deutschland, um an der Macht zu bleiben. Um die Aufklärung von Korruption in den eigenen Reihen zu verhindern, zerstören auch demokratisch gewählte Parteien mitunter rechtsstaatliche Institutionen des eigenen Landes, wie die Staatsanwaltschaft, Parlamentskommissionen oder sogar die Finanzbehörden.

Das Ziel von Unternehmen ist die Gewinnmaximierung. Das ist legitim. Konzerne nutzen dabei den Spielraum aus, den ihnen die Gesetze und die Werte ihrer Zeit bieten. Es ist Aufgabe von Politik und Justiz, einen Rahmen vorzugeben, in dem einzelne Unternehmen ihre Ziele erreichen können, ohne dass sie dabei übergeordnete Ziele wie Demokratie, Rechtsstaatlichkeit, gesellschaftlichen Zusammenhalt und Klimaschutz gefährden.

Im Falle der Schmiergeldindustrie versagen Politik und Justiz jedoch. Wenn es um die Exportwirtschaft geht, versteht die Politik in Berlin ihre Aufgabe allein darin, der Wirtschaft den Rücken freizuhalten. Es zählt allein, dass es ausreichend Arbeitsplätze in den Wahlkreisen deutscher Politiker in Wolfsburg, Essen, Stuttgart oder am Bodensee gibt.

Im Ergebnis findet auch eine effektive Strafverfolgung durch deutsche Staatsanwaltschaften noch immer nicht statt. Der Staat sieht seine Interessen erst dann verletzt, wenn seine eigenen Einnahmen betroffen sind. Es ist das Finanzamt, das darauf achtet, dass Schmiergeldzahlungen im Ausland hierzulande nicht von der Steuer abgesetzt werden. Solange das Finanzamt zufrieden ist oder die Schmiergeldzahlungen vor ihr ausreichend verschleiert werden, droht Firmen, die im Ausland bestechen, kaum Gefahr.

Auch eine Demokratie wie die Bundesrepublik ist nur sich selbst die Nächste.

Dieses Buch möchte zeigen: Demokratie zu Hause, Absatz im Ausland – das ist eine Milchmädchenrechnung. Denn weder macht die Idee der Demokratie an Grenzen halt, wie viele Autokraten erfahren haben, noch spielen sich autoritäre Entwicklungen auf einem anderen Planeten ab. Sie geschehen in einer globalisierten Welt, in der Ereignisse in anderen Ländern auch Deutschland betreffen. Das klingt wie eine Plattitüde, aber offensichtlich muss es der Politik und Wirtschaft in Deutschland in Erinnerung gerufen werden.

Schmiergeld aus Deutschland hat schließlich gleich zwei der größten Krisen unserer Zeit ermöglicht. 2009 stand Griechenland vor der Pleite und löste damit eine Krise aus, die die europäische Gemeinschaftswährung an den Rand des Zusammenbruchs brachte und deren Folgen in Südeuropa und in der Geldpolitik der Europäischen Zentralbank (EZB) bis heute spürbar sind. Ein Grund für die Staatsschulden: Das Land zahlte in den Nullerjahren Milliarden Euro für deutsche Rüstungsgüter, die es sich nicht leisten konnte. Doch Schmiergeldzahlungen deutscher Unternehmen in zweistelliger Millionenhöhe sorgten dafür, dass sich griechische Beamte und Politiker nicht um die Nachhaltigkeit der Finanzen ihres Landes scherten.

Mit der russischen Invasion in der Ostukraine im Jahr 2014 erreichten die Beziehungen zwischen Ost und West einen seit dem Kalten Krieg nicht mehr erlebten Tiefpunkt. Wladimir Putin hat sein Ziel erreicht: Er hat in Russland wieder eine autoritäre Herrschaft errichtet und dem durch den Zusammenbruch der Sowjetunion verloren gegangenen Großmachtanspruch Moskaus neue Geltung verschafft. Dazu zählt nicht nur der Krieg in der Ukraine, sondern auch die – vermutlich erfolgreichen – Versuche, Wahlen in den USA sowie das Brexit-Referendum in Großbritannien im Sinne Russlands zu beeinflussen.

Doch wir sollten nicht vergessen, dass der Aufstieg von Putin in den 90er-Jahren mit Schmiergeldzahlungen deutscher Unternehmen begann. Später unterminierte das deutsche Schmiergeld die russische Justiz und festigte so die autoritäre Herrschaft Putins. Zu den Folgen des Ukraine-Kriegs zählen nicht nur die EU-Sanktionen gegen Russland – die auch die deutsche Wirtschaft treffen –, sondern auch eine Spaltung Europas über der Frage, wie mit dem Autokraten in Russland umzugehen sei.

Das sicherlich eindrücklichste Sinnbild unserer Zeit für globale – oder auch nur regionale – Zusammenhänge ist die Flüchtlingskrise. Sie hat deutlich gemacht, dass Europa und Deutschland im Nahen Osten sowie in Nordafrika Partner brauchen, mit denen die Krise gemeinsam zu bewältigen ist.

Doch auch hier setzen sowohl deutsche Unternehmen mit ihren Schmiergeldzahlungen als auch die deutsche Politik mit „strategischen Sicherheitspartnerschaften" einzig und allein auf die dort herrschenden autoritären Regime.

Die Gründe für den desolaten Zustand der arabischen Welt sind vielfältig. Doch fest steht: Rechtsstaatlichkeit und eine funktionierende Zivilgesellschaft erhalten in der arabischen Welt auch von uns keine Chance. So lassen sich weder Fluchtursachen bekämpfen noch Lösungen für die Migrantenströme finden, die mehr als nur schmutzige Deals – also Geld gegen Grenzzäune – sind.

Nach meinem Studium habe ich meine journalistische Laufbahn dort begonnen, in der arabischen Welt. Korruption ist in den arabischen Ländern eine Kostenstelle in der Kalkulation von Unternehmen, deren Auswirkungen stets jeder spürt. Korruption ist dort ein Alltagsproblem, denn sie führt zu schlechten Lebensbedingungen. Noch schlimmer: Sie ist ein Herrschaftsinstrument. Autoritäre Regime setzen Korruption ein, um politische Rivalen auszuschalten und nur einem kleinen Kreis loyaler Unternehmer Zugang zu staatlichen Ressourcen zu verschaffen. Die Kreativität anderer Unternehmen und der Einsatz großer Teile der Gesellschaft für das eigene Land werden so ausgeschlossen. Während meiner Zeit in der arabischen Welt und in Südostasien habe ich deswegen einen anderen Blick auf Korruption entwickelt, als ihn Manager, Politiker und Beamte in Deutschland haben.

Aber die Motivation für meine Recherchen und dieses Buch ist noch eine andere. Viele glauben, dass Demokratie in Deutschland und Bestechungszahlungen deutscher Unternehmen im Ausland nicht im Widerspruch zueinander stünden. Sie täuschen sich. Wie wir bereits gesehen haben, trug deutsches Schmiergeld in Griechenland mit zur Eurokrise bei, mit deren Folgen wir heute noch leben müssen. Und es gibt noch einen weiteren Grund.

Wenn ein Konzern – besonders in der Rüstungsindustrie – aus den eigenen Büchern Geld für Schmiergeldzahlungen ins Ausland herausschleust, dann geschehen neben den Zahlungen zur Auftragsgewinnung im Ausland oft genug zwei weitere Dinge: Manager dieses Konzerns bereichern sich, und Geld fließt zurück in das politische System des Heimatlandes. Denn wenn einmal eine schwarze Kasse gebildet ist, zum Beispiel mit geheimen Konten in der Schweiz, kann selbst der betroffene Konzern nicht mehr nachvollziehen, wohin das Geld weiter fließt.

Hier lohnt es sich, einen Blick auf unsere europäischen Nachbarn zu werfen. Zunächst nach Großbritannien. Der sogenannte Al-Yamamah-Skandal war dort ein Schmiergeldskandal der Superlative.[1] Der Rüstungskonzern BAE Systems hatte für über 40 Milliarden Pfund in den 80er- und 90er-Jahren vor allem Kampfjets nach Saudi-Arabien geliefert. Ermittler schätzten, dass nicht weniger als sechs Milliarden Pfund über Briefkastenfirmen als Provisionen an Vermittler und die saudische Königsfamilie flossen. Doch in das Geschäft involviert war auch Mark Thatcher, Sohn von Margaret Thatcher. Einer der entscheidenden Vermittler spendete in den 80er-Jahren an die Conservative Party.

In Frankreich haben diese Rückflüsse in das politische System der Exportnation einen eigenen Namen: *rétrocommissions*. In der an Korruptionsskandalen reichen Exportgeschichte der französischen Rüstungsindustrie gibt es quasi kein Geschäft ohne Hinweise auf solche Rückflüsse. Nur ein Beispiel: Der frühere Premierminister Édouard Balladur sowie ein ehemaliger Verteidigungsminister sind derzeit im Zusammenhang mit Schmiergeldzahlungen angeklagt, die in den 90er-Jahren den Verkauf von französischen U-Booten nach Pakistan erleichtern sollten. Ein Teil des Geldes soll in die vergebliche Kandidatur von Balladur für das Präsidentenamt im Jahr 1995 geflossen sein.[2]

Auch aus den schwarzen Kassen, die der frühere Energiekonzern Elf Aquitaine aus seiner Erdölförderung in dem zentralafrikanischen Staat Gabun speiste, bedienten sich lange Zeit die französischen Parteien.

Bis zur aktuellen Parteispendenaffäre der AfD gab es in Deutschland lange keinen größeren Skandal in der Parteienfinanzierung mehr. Zuletzt wurden in den 90er-Jahren Bestechungszahlungen an deutsche Beamte rund um den Panzerexport nach Saudi-Arabien sowie die Leuna-Affäre enthüllt. Beide Fälle sind mit der späteren CDU-Korruptionsaffäre unter Helmut Kohl verbunden.

Diese Diskrepanz lässt mich seit vielen Jahren nicht los. Es gibt sicherlich Unterschiede zwischen Frankreich und Großbritannien auf der einen und Deutschland auf der anderen Seite, insbesondere was das Verhältnis der nationalen Politik zur jeweiligen Rüstungsindustrie betrifft. Doch unter dem Strich sind Deutschland, Frankreich und Großbritannien ähnliche parlamentarische Demokratien.

Für die beschriebene Diskrepanz gibt es zwei mögliche Erklärungen: Es hat in Deutschland seit den 90er-Jahren keinen Korruptionsskandal gegeben – oder es ist keiner bekannt geworden. Dieses Buch beschreibt, warum die zweite Erklärung wahrscheinlicher ist als die erste.

Dieses Buch gliedert sich also in drei Teile.

Der erste Teil erläutert, wie die Schmiergeldindustrie zu dem wurde, was sie heute ist. Das erste Kapitel räumt mit einem Märchen auf, das manche bis heute erzählen: dass die Umsetzung der OECD-Konvention gegen Korruption durch Deutschland im Jahr 1999, wodurch Schmiergeldzahlungen im Ausland beim deutschen Finanzamt nicht länger absetzbar waren, ein Einschnitt in der Geschichte der Korruption gewesen sei.

Das zweite Kapitel zeigt, wie die deutsche Industrie weiter schmierte und lediglich die Methoden verfeinerte. Das liegt auch daran, dass die Aufklärung der Schmiergeldskandale im deutschen Export oft genug von der Justiz der USA und nicht nur von deutschen Ermittlern vorangetrieben wurde. Das dritte Kapitel greift die Rüstungsindustrie heraus, in der Schmiergeld deutlich verbreiteter ist als im Export von zivilen Maschinen und Industrieanlagen.

Der zweite Teil erzählt anhand von fünf Beispielen, welche Folgen Schmiergeldzahlungen aus Deutschland für die Demokratie in anderen Ländern hatten, und ordnet sie in ihre jüngste politische und wirtschaftliche Geschichte ein. Diese Kapitel lassen sich auch unabhängig voneinander lesen.

In Russland (Kapitel 4) stützte Schmiergeld aus Deutschland die autoritäre Herrschaft von Wladimir Putin. Mein Kollege David Crawford zeichnet in einem Gastbeitrag für dieses Buch die Geschichte von schmierigen Zahlungen und alten Stasi-Verbindungen aus dem Kalten Krieg nach. Über einen Teil seiner umfangreichen Aktensammlung berichtet er hier zum ersten Mal.

In Griechenland (Kapitel 5) befeuerte deutsches Schmiergeld die Staatsschuldenkrise und hielt die geradezu kleptokratische Elite des Landes an der Macht.

In Südafrika (Kapitel 6) war ein Ende der 90er-Jahre vom African National Congress (ANC) beschlossenes Rüstungspaket derart mit Schmiergeld belastet, dass die junge Demokratie bis heute darunter leidet. Ein Beobachter beschrieb den *Arms Deal* des ANC als den „vergifteten Brunnen“, aus dem die südafrikanische Demokratie bis heute trinkt.

Auch in Brasilien (Kapitel 7) kam um die Jahrtausendwende eine demokratische Bewegung nach langem Kampf gegen ein autoritäres Regime an die Regierung, die Arbeiterpartei von Lula. Es dauerte nicht lange und die Partei bediente sich an den Fleischtöpfen der Macht. Sie verstrickte sich tief in den gigantischen Korruptionsskandal um den Ölkonzern Petrobras. Das Kapitel über die arabische Welt (Kapitel 8) schließt den zweiten Teil ab.

Im dritten Teil schließlich kehrt die Erzählung nach Deutschland zurück. Sie beleuchtet zunächst (Kapitel 9), wie ein Netzwerk von Vermittlern im Jahr 1990 für den Verkauf von Panzern nach Saudi-Arabien die Schmiergeldzahlungen organisierte – und zwar im Nahen Osten wie in Deutschland. Dasselbe Netzwerk tauchte zehn Jahre später rund um den Verkauf von U-Booten wieder auf. Es ist ein wiederkehrendes Muster, das wir uns immer vor Augen halten sollten.

Denn viele kleine Mosaiksteine deuten darauf hin, dass auch beim Verkauf von Kriegsschiffen ins Ausland Geld für politische Landschaftspflege in Deutschland abgezweigt wurde (Kapitel 10).

Abschließend wirft dieses Buch noch ein Schlaglicht auf strukturelle Defizite im Kampf gegen Korruption. Die Justiz in Deutschland betreibt aus verschiedenen Gründe keine effektive Strafverfolgung von Schmiergeldzahlungen deutscher Unternehmen in Deutschland (Kapitel 11).

Auch die Politik in Berlin geht immer wieder erstaunlich weit, um einen effektiven Kampf gegen Korruption und mehr Transparenz in der Politik zu verhindern (Kapitel 12). Deutschland zählt bei der Gesetzgebung zur Verhinderung von Korruption zu den Schlusslichtern – in Europa, manchmal sogar weltweit. Das Kapitel zeigt zum Beispiel, dass es in Deutschland de facto eine Bürgschaft der Bundesregierung für Schmiergeldzahlungen beim Verkauf von U-Booten gibt.

Abschließend macht dieses Buch zehn konkrete Vorschläge, was Deutschland tun kann, um die Korruption in der deutschen Exportwirtschaft einzudämmen (Kapitel 13).

In den vergangenen Jahren hat CORRECTIV mehrere Verdachtsfälle von Korruption im Auslandsgeschäft der Industrie in Deutschland und den Nachbarländern aufgedeckt. Dazu zählen die Zahlungen des niederländischen Konzerns SBM Offshore sowie des Essener Industriekonzerns Ferrostaal an Schlüsselfiguren des Petrobas-Skandal, Zahlungen des Rüstungskonzerns Rheinmetall im Rahmen von Geschäften mit der Marine der Vereinigten Arabischen Emirate, dubiose Munitionsgeschäfte von Thyssenkrupp beim Verkauf von Fregatten nach Algerien und schließlich fragwürdige Zahlungen rund um Modernisierungsaufträge deutscher und österreichischer Firmen in Venezuela.

Diese Fälle sind Teil dieses Buches. Das Buch stützt sich neben Gesprächen mit den Beteiligten und Experten auf die Auswertung von zahlreichen Justizakten aus mehreren Ländern und Firmenunterlagen.

Dabei mussten wir auch Widerstände überwinden. Unsere Recherchen über den Schmiergeldskandal bei Ferrostaal führten uns zu Tonbandaufnahmen von Aufsichtsratssitzungen des Konzerns. Diese geben einen seltenen Einblick in das Denken von Managern während eines Skandals sowie in die Arbeit der Justiz.

Nach einer ersten Veröffentlichung auf Grundlage der Bänder im Juni 2017 ging Ferrostaal gerichtlich gegen uns vor. Das Landgericht Köln untersagte uns im Juli 2017 die Verbreitung einiger Textpassagen. Wir wehrten uns und erzielten dabei zwei wichtige Siege für die Pressefreiheit in Deutschland.[3]

Im April 2019 urteilte das Oberlandesgericht Köln, dass unsere Berichterstattung auf Grundlage der Tonbandaufnahmen zulässig war. Das Bundesverfassungsgericht urteilte bereits im Oktober 2018, dass Gerichte Journalistinnen und Journalisten anhören müssen, bevor sie Berichterstattung verbieten. Das hatte das Landgericht Köln nicht getan.

Durch diese Urteile konnten Mitschriften der Tonbandaufnahmen an einigen Stellen in dieses Buch einfließen.

All das ist sehr zeitaufwendig. Viele Redaktionen können diesen Aufwand leider nicht leisten. Wenn Ihnen dieses Buch und unsere Recherchen gefallen, können Sie CORRECTIV, ein gemeinnütziges Recherchezentrum, unterstützen.

Lesen und verbreiten Sie unsere Recherchen, abonnieren Sie unsere Newsletter! Kommen Sie zu unseren Veranstaltungen in unserem Buchladen in Essen oder in unserer Redaktion in Berlin, oder besuchen Sie unser Campfire-Festival in Düsseldorf!

Schließlich können Sie uns auch mit Spenden unterstützen. Die Zuwendungen unserer Unterstützerinnen und Unterstützer haben die Recherchen für dieses Buch ermöglicht.

Und: Wenn Sie Kritik, Fragen oder Hinweise haben, sprechen Sie uns jederzeit gern an. Unsere Kontakte finden Sie am Ende dieses Buches.

Eine spannende Lektüre wünscht

*Frederik Richter*

Berlin, Juli 2020

## Kapitel 1

# Auf dem Weg ins Grab

Die Trauergemeinde verlässt die Kirche und macht sich auf den Weg zum Grab des Grafen. Der Trauerzug ist lang, denn der Tote war ein bekannter, ein einflussreicher Mann: Ferdinand Graf von Ballestrem, verstorben im Alter von 63 Jahren, stammte nicht nur aus einem der traditionsreichsten Adelsgeschlechter Schlesiens. Er arbeitete auch jahrzehntelang im Vorstand des Münchener Lastwagenherstellers und Industriekonzerns MAN.

Angereist ist auch Klaus von Menges, Aufsichtsratsvorsitzender des Essener Industriekonzerns Ferrostaal AG. Das Unternehmen gehört zu MAN. Von Menges und Graf von Ballestrem waren Vorstandskollegen bei MAN gewesen. Jetzt will sich von Menges von seinem langjährigen Kollegen verabschieden, ihm eine letzte Ehre erweisen.

Auf dem Weg zum Grab tritt jemand von der Seite an von Menges heran. Hermann Sylvius Graf von Pückler, 67 Jahre alt, hochgewachsen, die grauen Haare zur Seite gekämmt, neben ihm seine Frau. Auch er stammt aus einem jahrhundertealten schlesischen Adelsgeschlecht.

Doch an die Etikette, wie von Menges sie kennt, hält sich von Pückler trotz seiner edlen Herkunft nicht. Für ihn ist das Begräbnis eine Gelegenheit, Geschäfte zu machen. Genauer: angebliche Schulden einzutreiben, aufgelaufen aus dreckigen Geschäften.

„Ich muss mit Ihnen reden“, sagt er zu von Menges, während sich der Trauerzug hinter dem Sarg zum Grab bewegt. So schildern es später einige der Beteiligten der Justiz. Diese Darstellung stützt sich auf ihre Aussagen.[1]

„Das machen wir nicht hier“, entgegnet von Menges ungehalten.

„Es ist aber sehr dringend“, besteht von Pückler.

Von Menges tritt an das Grab von Graf von Ballestrem, den er bei der gemeinsamen Arbeit im Vorstand von MAN schätzen lernte. Er verabschiedet sich von dem verstorbenen Kollegen.

Als er vom Grab wegtritt, spricht ihn von Pückler noch einmal an. „Wir bekommen noch Geld von Ferrostaal“, sagt er.

„Rufen Sie mich an oder reden wir ein anderes Mal", sagt von Menges.

Doch von Pückler geht nicht weg. Stattdessen schickt er seine Frau fort. Und dann redet er.

Graf von Pückler und eine Gruppe von Geschäftsleuten haben dem Unternehmen geholfen, deutsche U-Boote nach Griechenland zu verkaufen, mithilfe von Briefkastenfirmen und Geheimverträgen in einem Schließfach bei einer Schweizer Bank. Die dunklen Kanäle, in die schon viele Millionen Euro geflossen sind, verlangen jetzt noch mehr. Von Pückler will 60 Millionen Euro von Ferrostaal.

Von Menges ist ungehalten, er hält die Bestattung für einen unangemessenen Anlass, um über die Millionenzahlungen zu reden. Graf von Pückler solle sich doch an seine Nachfolger im Management von Ferrostaal wenden. „Wenn Ferrostaal nicht zahlt, gehen wir vor Gericht", sagt von Pückler. Dann geht er.

Von außen betrachtet, stand der Ferrostaal-Konzern zum Zeitpunkt des Gesprächs, im Januar 2006, in voller Blüte. Was von Menges damals wohl nicht ahnte: Das Gespräch auf dem Münchener Friedhof war der Anfang vom Ende des Unternehmens Ferrostaal, wie man es kannte.

Und mit ihm ging auch die Art und Weise zu Ende, wie die deutsche Industrie in den Jahrzehnten nach dem Zweiten Weltkrieg ihre Maschinen und Anlagen ins Ausland exportiert hatte. Nämlich mithilfe von unverhülltem Schmiergeld, in Form von Zahlungen auf die Schweizer Bankkonten von Autokraten, in Form von Luxuslimousinen als Geschenken, um nur zwei Beispiele zu nennen.

Die Zeiten, in denen ein kleiner Kreis – im Fall von Ferrostaal Vermittler mit Adelstitel wie Graf von Pückler gemeinsam mit seinen adligen Kollegen im Konzern – Milliardengeschäfte eintütete, gingen zu Ende. Ab dieser Begegnung im Januar 2006 befand sich das Unternehmen Ferrostaal selbst auf dem Weg, wenn nicht ins Grab, so doch zu jahrelangem Siechtum. Denn die Nachricht, die von Pückler überbrachte, setzte eine Kette von Ereignissen in Gang, an deren Ende für den traditionsreichen Konzern nichts mehr so sein sollte wie zuvor.

Graf von Pückler und Ferrostaal hatten damals eigentlich viel gemeinsam, beide waren Mittler. Jahrzehntelang half von Pückler deutschen Unternehmen, Industrieanlagen und Kriegsschiffe in alle Welt zu verkaufen. Zu seinem Netzwerk, das deutsche Unternehmen mit ihren Kunden in aller Welt zusammenbrachte, gehörten weitere Mittler aus Griechenland, Frankreich und dem Nahen Osten. Doch am Ende verstrickte sich Ferrostaal zu tief in diesem Netz und kam zu Fall.

Was von Menges und seine Kollegen Anfang 2006 wohl ebenfalls noch nicht ahnten: Jene Zeit war nicht nur ein Einschnitt für ihr Unternehmen Ferrostaal, sondern insgesamt für die schmierigen Geldströme, mit denen die deutsche Industrie im Ausland Geschäft besorgte. Denn während Graf von Pückler auf dem Münchener Friedhof seine Forderungen vortrug, beschäftigten sich schon seit zwei Jahren Staatsanwälte in Liechtenstein, Österreich und Italien mit einer weiteren deutschen Industrie-Ikone aus der Stadt: Siemens.

Anfang 2006 waren die Ermittlungen in Deutschland noch nicht bekannt. Erst Ende des Jahres erschütterten Durchsuchungen bei Siemens und Verhaftungen von Topmanagern die deutsche Wirtschaftselite. In die goldenen Zeiten des Schmiergelds nach dem Zweiten Weltkrieg waren viele deutsche Konzerne verwickelt – Siemens ist nur der bekannteste und größte von ihnen. Denn die wenigsten flogen auf. Zwar war es in den Ländern, in die Deutschland exportierte, auch damals schon strafbar, Entscheidungsträger zu bestechen. Doch die deutsche Justiz kümmerte das nicht. Schließlich waren Bestechungsgelder von der Steuer absetzbar. Für verwandte Straftaten wie Veruntreuung oder Geldwäsche interessierte sich die Justiz nicht.

Wenn es also in diesem Buch immer wieder um Ferrostaal geht, dann auch deshalb, weil die Schmiergeldhistorie kaum eines anderen Konzerns so gut dokumentiert ist. Denn der Konzern kooperierte letztlich mit den Ermittlern in München und bemühte sich, die Affäre im eigenen Haus aufzuklären. Das bedeutet nicht, dass andere Konzerne sauberer waren. Sie wurden einfach nicht erwischt.

Während große Konzerne wie Siemens, Daimler sowie die damals noch getrennten Thyssen und Krupp selbst Vertretungen in aller Welt hatten, übernahm Ferrostaal diese Aufgabe für die kleineren und mittleren Unternehmen der westdeutschen Industrie. Mit der Geschichte von Ferrostaal lässt sich deswegen die Geschichte der deutschen Industrieexporte und die Geschichte des Schmiergelds samt ihrer Verankerung in den Eliten der alten Bundesrepublik erzählen.

Diese Geschichte begann bereits 1920, kurz nach dem Ersten Weltkrieg. Damals gründeten einige Unternehmer aus dem Ruhrgebiet einen neuen Stahlhändler: Ferrostaal. Dabei griffen sie zu einem Kniff: Als Standort wählten sie nicht Deutschland, sondern mit Den Haag eine Stadt im benachbarten Ausland.

Denn der Versailler Vertrag legte Deutschland Auflagen im Stahlhandel auf. Die Herzkammer der deutschen Rüstungsindustrie, die Stahlhütten entlang der Ruhr, sollte nicht mehr ganz so stark und selbstbewusst schlagen. Schließlich waren an der Ruhr die Kanonen gegossen worden, mit denen Deutschland zweimal gegen Frankreich in den Krieg gezogen war.

Also gründeten die Industriellen Ferrostaal kurzerhand in den Niederlanden. Das Unternehmen sollte nicht nur mit Stahl handeln, sondern auch die nach der deutschen Niederlage in den Niederlanden und Belgien liegen gebliebenen Feldbahnen des deutschen Heeres verkaufen. Daher der Name: Ferro- für Eisenbahn und -staal für Stahl, in niederländischer Schreibweise.

Auf zwei Märkten waren die Eisenbahnen besonders gefragt: in Südamerika und in Südostasien, wo sie jeweils bei der Gewinnung von Erzen eingesetzt wurden. In Asien fasste Ferrostaal vor allem in Indonesien schnell Fuß. Die niederländischen Verbindungen in die ehemalige Kolonie halfen dabei. Das Land sollte in den folgenden Jahrzehnten einer der wichtigsten Märkte für das Unternehmen bleiben.

Zehn Jahre nach seiner Gründung siedelte Ferrostaal, inzwischen zu 100 Prozent im Besitz des Oberhausener Maschinenbauers Gutehoffnungshütte, nach Essen über. Doch der Name war in Übersee schon so bekannt, dass das Unternehmen bei seiner ursprünglichen Schreibweise blieb. Ferrostaal exportierte den Stahl der Gutehoffnungshütte für den Bau von Eisenbahnen im Bergbau und in der Landwirtschaft.

Noch bis in die 70er-Jahre blieb der Stahlhandel das Hauptgeschäft von Ferrostaal, die Hälfte davon im Inland. Nur ein Viertel machte damals das Geschäft aus, für das Ferrostaal später neben dem Vertrieb von Kriegsschiffen berühmt – und berüchtigt – werden sollte: der Export von Maschinen und Fabrikanlagen.

Dank des Ölbooms der 70er-Jahre konnten sich viele Regionen erstmals deutsche Industrieanlagen leisten. Ferrostaal vertrieb also neben Schiffen auch zunehmend Anlagen wie Chemiefabriken, Raffinerien, Kraftwerke. Der Konzern hatte eine Mittlerrolle, brachte Kunden in aller Welt mit deutschen Industriekonzernen zusammen.

Und Ferrostaal bot mehr als nur Vermittlung, Ferrostaal wurde zum Generalunternehmer. Der Konzern verschiffte nicht nur die Anlagen. Ferrostaal besorgte auch die Finanzierung der Projekte. Und zwar oft mit einer Bürgschaft der Bundesregierung, weswegen die Banken die Projekte zu günstigeren Bedingungen finanzierten. Ferrostaal übernahm zudem die Projektleitung. Die Kunden bekamen die Industrieanlagen nicht einfach nur hingestellt, sondern konnten sicher sein, dass diese auch betriebsbereit sein würden. Ferrostaal war für viele eine Ikone der deutschen Industrie, im In- wie im Ausland. Ihr Ruf fußte vor allem auf der in aller Welt verehrten deutschen Ingenieurskunst.

Für die deutsche Industrie war das Arrangement jahrzehntelang angenehm: Ferrostaal kannte sich auf riskanten Märkten in Südamerika, Asien und dem Nahen Osten aus und vertrieb in den Jahrzehnten des Wirtschaftsaufschwungs nach dem Zweiten Weltkrieg die Produkte von Großkonzernen wie MAN, ThyssenKrupp, aber auch von vielen Mittelständlern, die selbst keine Präsenz im Ausland hatten. Ferrostaal lieferte Fischerboote nach Südamerika, Druckmaschinen nach Indonesien, Schlachthöfe nach Nigeria, Anlagen für die Verarbeitung von Geflügel nach Ägypten.

Ferrostaal vertrieb also die ganze Bandbreite der deutschen Industrieprodukte nach dem Zweiten Weltkrieg. Doch Ferrostaal stand eben auch für die dunkle Seite der deutschen Exporterfolge: Bestechung.

Ende der 80er-Jahre stand dem Unternehmen einer der größten Aufträge seiner Geschichte ins Haus: der Bau einer Aluminiumhütte in Nigeria. Das Land wollte das bei der Ölförderung im Nigerdelta abgefackelte Erdgas dazu nutzen, eine eigene Industrie zu befeuern. Ferrostaal sollte die Anlage nicht nur bauen, sondern sich auch am Eigenkapital beteiligen, das Management für zehn Jahre übernehmen und für den Export des Aluminiums sorgen. Der Vertrag wurde im Oktober 1989 unterzeichnet mit einem Auftragsvolumen von über zwei Milliarden D-Mark. In den Auftragswert eingerechnet waren geplante Schmiergeldzahlungen in Höhe von fünf Prozent.

Das war nur ein Vorgeschmack auf das, was noch kommen sollte. Denn der Bau der Hütte kam lange kaum voran, auch weil die nigerianische Regierung die notwendigen Infrastrukturarbeiten rund um das Projekt nicht leistete. Arbeit im Wert von einer halben Milliarde D-Mark war unbezahlt, als sich 1993 der nigerianische General Sani Abacha an die Macht putschte. Ferrostaal nahm schnell Kontakt auf zum neuen Machthaber. Und Abacha stellte eine Forderung: Fortan sollte ein Viertel des Geldes, das Ferrostaal von Nigeria erhielt, an ihn zurückfließen. Sonst bekomme Ferrostaal die ausstehenden Rechnungen nicht bezahlt. Damit drohte ein Totalverlust.

Ferrostaal gab nach. Der Konzern zahlte über Konten in der Schweiz und in Liechtenstein Hunderte Millionen D-Mark an den Diktator und seinen Clan. Als notdürftige Fassade dienten angebliche Rechnungen von nigerianischen Zulieferern für den Bau der Aluminiumhütte. Diese hießen MLS Investment Corporation Establishment, GSM General Services & Maintenance Establishment oder TNL Trading Establishment. Ermittler in Liechtenstein rechneten sie später Abacha und seiner Familie zu.[2]

Fünf Jahre war Sani Abacha an der Macht, bis zu seinem Tod 1998. Fünf Jahre lang plünderte er mit seinem Clan das Land aus. Mehrere Milliarden US-Dollar soll er außer Landes gebracht haben. Genau genommen erreichte ein großer Teil davon nie Nigeria. Denn ausländische Firmen überwiesen das Geld direkt auf seine Konten in London, Paris, der Schweiz und Liechtenstein. Noch im Jahr 2010 lagen laut einem Gerichtsurteil in Liechtenstein 185 Millionen Euro Schmiergeld von Ferrostaal auf einem Abacha-Konto in Liechtenstein.[3]

Die vielen Millionen für den nigerianischen Diktator Abacha und seine Familie mögen in der Geschichte von Ferrostaal der krasseste Fall von Schmiergeld gewesen sein. Doch sie waren kein Einzelfall.

„Wir haben ganze Reihe von Hinweisen darauf, dass Korruption vor 1999 gang und gäbe war bei Ferrostaal in Deutschland. Um die Gesetzeslage im Ausland hat man sich nicht gekümmert", kommentierten die Wirtschaftsprüfer, die den Konzern in Zusammenarbeit mit der Münchener Staatsanwaltschaft ab 2009 durchleuchteten.

Eine der vielen Anekdoten, die die Prüfer zur Illustrierung dieser Einschätzung anführten: Der Chef der Steuerabteilung „wurde beim Bewerbungsgespräch gefragt, ob er Magenschmerzen kriegt, wenn er für einen Konzern arbeitet, der im Ausland besticht. Das ist ein plastisches Statement."[4]

Zum Beispiel in Indonesien, einem der ersten Länder, in denen der Konzern nach seiner Gründung Kontakte aufgebaut hatte. Der Diktator Suharto war drei Jahrzehnte in dem Land an der Macht, bis ihm in den Jahren 1998 und 1999 für kurze Zeit der Politiker Bacharuddin Jusuf Habibie im Amt des Präsidenten folgte. Habibie war ein Freund des langjährigen Ferrostaal-Chefs Klaus von Menges. Der Indonesier hatte in Aachen studiert, seitdem kannten sich die beiden. Von Menges war bereits seit 1975 bei Ferrostaal, ab 1993 war er Konzernchef.

Der „Spiegel" berichtete 1999, dass Ferrostaal auf Weisung durch von Menges über Konten in Liechtenstein 200.000 DM auf ein Privatkonto von Habibie bei der Deutschen Bank in Hamburg gezahlt hatte.[5] Auch die Prüfer, die über zehn Jahre später Ferrostaal durchleuchteten, fanden Hinweise für mindestens eine Zahlung über 240.000 DM an Habibie, als dieser noch Minister für Forschung und Technologie war. Das Geld floss über eine Firma in Singapur.[6]

Ein Manager von Ferrostaal, der selbst einige Jahre in Indonesien gelebt hatte, beschrieb dies als das gängige Vorgehen. Die bestochenen Entscheidungsträger in Indonesien verfügten über Konten oder Scheinfirmen in Hongkong oder Singapur, weil die indonesische Währung nicht frei in andere Währungen konvertierbar war. Ferrostaal zahlte aus Essen oder aus dem lokalen Büro in der Hauptstadt Jakarta die schmierigen Gelder, die Entscheidungsträger flogen nach Singapur und hoben dort das Geld in bar ab.[7]

Es war das Unternehmen Ferrostaal, das in Form des späteren Korruptionsskandals für diese Methoden eine Quittung bekam. Profitiert hatten jedoch viele deutsche Unternehmen von den Diensten des Konzerns. Wer aus Hamburg, Düsseldorf oder München

Maschinen und Industrieanlagen nach Südamerika oder Asien verkaufen wollte – für den waren die Fachleute von Ferrostaal in Essen ein wichtiger Anlaufpunkt.

Zwei Beispiele aus den Nullerjahren machen die Rolle von Ferrostaal als Dienstleister für dubiose Zahlungen in den Nachkriegsjahrzehnten deutlich.

Ein deutscher Hersteller von Münzprägemaschinen gewann 2005 einen Auftrag der indonesischen Zentralbank. Dazu schloss er zwei Verträge: einen mit der Zentralbank über die Lieferung der Maschinen und einen mit Ferrostaal in Essen über die Abwicklung von Zahlungen an indonesische Regierungsvertreter.[8]

Ähnlich lief es bei der Lieferung von Patrouillenbooten an die argentinische Marine in den Nullerjahren. Eine Werft in Niedersachsen baute die Schiffe, Ferrostaal stellte den Kontakt zu einem argentinischen Anwalt her, dem die Werft eine Provision zahlte. Es spricht einiges dafür, dass der Anwalt das Geld an Entscheidungsträger in der Marine weiterleiten sollte.[9]

Im Rückblick könnte es so aussehen, als sei Ferrostaal so etwas wie das Schmuddelkind der deutschen Wirtschaft gewesen. Eine Firma, mit der man Geschäfte machte, mit der sich Politiker und Unternehmer aber nicht gern zeigten. Dem war nicht so.

Deutschland war stolz auf seine Exporterfolge nach dem Zweiten Weltkrieg. Korruption war als Mittel zum Erfolg in den Eliten der alten Bundesrepublik akzeptiert. Und Ferrostaal war eine Ikone dieses Erfolgs. Das Unternehmen verfügte über gute Kontakte nicht nur zu den Konzernen, deren Produkte die Essener Manager vertrieben, sondern auch in die Politik und zur Regierung.

Jahrzehntelang hatte also ein Netzwerk aus Industriellen und Geschäftsleuten beim Verkauf von Industrie- und Rüstungsgütern made in Germany in aller Welt Schmiergeld eingesetzt. Es war eine heile Welt – und daran änderte auch das Jahr 1999 nichts.

Die Organisation für wirtschaftliche Zusammenarbeit und Entwicklung, bekannt unter ihrem englischen Kürzel OECD, verabschiedete die „Konvention gegen Bestechung ausländischer Amtsträger". Die Konvention sieht vor, dass Bestechung nicht nur im Zielland, sondern auch im Herkunftsland strafbar ist. Das OECD-Mitglied Deutschland setzte die Konvention mit dem „Gesetz zur Bekämpfung internationaler Bestechung" um. Es trat 1999 in Kraft. Damit waren im Ausland gezahlte Bestechungsgelder nicht mehr als sogenannte „nützliche Aufwendungen" von der Steuer absetzbar.

Das änderte jedoch erst einmal wenig im Auslandsgeschäft der deutschen Industrie. Die Zahlungsströme ins Ausland mussten anders organisiert werden, das bunte

Treiben ging jedoch weiter. Die Politik ließ sie gewähren – zu sehen daran, dass sich die Strafverfolgung durch die Justiz an die neuen Gegebenheiten erst einmal nicht anpasste. Es sollte noch fast zehn Jahre dauern, bis deutsche Staatsanwaltschaften auf Druck aus dem Ausland gegen das Schmiergeld im deutschen Export vorgingen.

Ein Beispiel: Im Jahr 2004 wollten Staatsanwälte in Liechtenstein herausfinden, woher die Milliarden US-Dollar auf den Konten des Abacha-Clans stammten. Sie ermittelten wegen Geldwäsche und baten ihre Kollegen in Deutschland, die Essener Zentrale von Ferrostaal zu durchsuchen. In einem Brief an den hauseigenen Justiziar von Ferrostaal berichtete eine externe Anwältin des Konzerns, dass die Staatsanwaltschaft Bochum, immerhin auf Wirtschaftskriminalität spezialisiert, dem Anliegen der Kollegen in Liechtenstein nicht Folge leisten würde.

Nicht nur das, die deutsche Staatsanwaltschaft hatte sogar noch Empfehlungen für das weitere Vorgehen parat, um die lästigen Kollegen aus Liechtenstein zusammen loszuwerden: „Stattdessen regt (der Staatsanwalt, Anm. d. Verf.) Herr C. an, dass ich (...) in einem an Herrn C. gerichteten Schreiben mitteile, dass die gewünschten Unterlagen entweder im Unternehmen nicht vorhanden sind, oder diese Unterlagen sich bereits in den dem Fürstlichen Landgericht Liechtenstein zugänglichen Ermittlungsakten der Staatsanwaltschaft Bochum befinden.“[10] Und falls Ferrostaal doch bei sich Unterlagen fände, die die Ermittler noch nicht hätten, käme ja eine freiwillige Herausgabe in Betracht.

Kein Wunder, dass sich im Hause Ferrostaal 1999 wenig änderte. „Nach diesem Stichtag hat sich an dieser Tatsache nichts, wohl aber hat sich die Vorgehensweise geändert“, schrieb die Staatsanwaltschaft München lapidar in ihrer Anklageschrift gegen zwei Ferrostaal-Manager. „Ab diesem Zeitpunkt wurde für Verträge, die nach dem 15.02.1999 geschlossen wurden, eine Lösung über Scheinberaterverträge gewählt, über welche die Bestechungszahlungen an die jeweiligen Entscheidungsträger, die sogenannten ‚End-User‘, abgewickelt wurden.“

Klaus von Menges, zur Zeit der Gesetzesänderung 1999 Ferrostaal-Chef, wies in einem Rundschreiben auf die Änderungen hin. Diese seien einzuhalten. Auch der Chef der Steuerabteilung schickte ein Rundschreiben an alle Abteilungen des Unternehmens. Sein Inhalt: ein Gesetzestext aus dem Bundesgesetzblatt und Presseartikel. Mehr geschah nicht.

Einige Jahre später stellte die Steuerabteilung – die jetzt anders als zuvor gegenüber dem Finanzamt die Absetzbarkeit von Zahlungen als Betriebsausgaben demonstrieren musste – fest, dass das schmierige Treiben der Verkaufsabteilungen ungehindert weiterging. So tätigten Manager des Konzerns Zahlungen, ohne dass die notwendigen internen Genehmigungen vorlagen. Die Steuerabteilung führte daraufhin Formblätter ein. Mit ihnen mussten sich die Manager, die weltweit für den Konzern Projekte gewannen, jetzt Verträge mit Beratern genehmigen lassen.

Diese Berater sind lokale Geschäftsleute mit guten Kontakten zu Entscheidungsträgern vor Ort. Sie sind die Kofferträger der Schmierbranche. Dank ihres Einsatzes ist für Staatsanwälte und Steuerbehörden nur schwer zu erkennen, für wen Zahlungen letztlich bestimmt sind. Doch ein umfassendes, ernst zu nehmendes System zur Vorbeugung von Korruption führte der Ferrostaal-Vorstand nicht ein.

„Die anti-corruption policies ab 1999, die durch die Gesetzesänderung adaptiert wurden, waren Lippenbekenntnisse und wurden überhaupt nicht durchgesetzt." Zu diesem Urteil kamen die Buchprüfer, die Ferrostaal in Zusammenarbeit mit der Staatsanwaltschaft München untersuchten.[11]

Manchmal wurde einfach nur ein neuer Name für fragwürdige Zahlungen gewählt. So hießen Überweisungen im Karibikstaat Trinidad und Tobago, wo Ferrostaal große Industrieanlagen baute, bis zur Jahrtausendwende „Repräsentationszahlungen". Später stießen Buchprüfer auf interne Buchungen mit der Bezeichnung „bulk materials". Tatsächliche Materiallieferungen fanden die Prüfer jedoch nicht.

Die Rechtsabteilung des Konzerns sollte vor allem gewährleisten, dass die Geschäftspartner das Unternehmen nicht über den Tisch zogen, und intern hatte die Abteilung einen ganz besonderen Spitznamen. „Manchmal haben wir dem Vorstand bei der Freigabe von Zahlungen augenzwinkernd zugeraunt: ‚Die Wäscherei ist auch dabei'", erzählte ein Manager später den Ermittlern in München.[12]

Von der deutschen Justiz hatte Ferrostaal in der Nullerjahren also erst einmal nichts zu befürchten. Eher schon war das Geschäft des Konzern ein Auslaufmodell geworden. Bevor das Internet eine endgültig globalisierte Welt schuf, waren gerade kleinere Unternehmen der deutschen Industrie auf die Verbindungen von Ferrostaal in aller Welt angewiesen. In den 70er- und 80er-Jahren konnten deutsche Geschäftsleute aus Osteuropa oder Indonesien kaum einmal ein Fax in ihre jeweilige Unternehmenszentrale in Deutschland senden. Sie waren froh, dafür die Büros von Ferrostaal in aller Welt nutzen zu können, wie Klaus von Menges in seiner von der staatlichen Förderbank KfW herausgegeben Autobiografie („Ein Leben für die Ferrostaal") eindrücklich beschreibt.[13]

Doch mit dem zunehmenden Tempo der Globalisierung waren die Mittelständler der deutschen Industrie selbst in ausländischen Märkten präsent. Und sie waren deswegen immer weniger auf einen Mittler wie Ferrostaal angewiesen. In diesem langen Prozess lässt sich im Rückblick vielleicht am ehesten die Jahrtausendwende als der Wendepunkt erkennen, ab dem das Geschäftsmodell von Ferrostaal ernsthaft in Gefahr geriet.

Deswegen wurde für Ferrostaal ab diesem Zeitpunkt der Zugang zu Exportbürgschaften noch einmal wichtiger. Bis schließlich der Eindruck entstand, dass dubiose Zahlungswege und deutsche Exportbürgschaften die beiden wesentlichen Argumente bildeten, mit denen die Firma im globalen Wettstreit um die Abwicklung von Projekten noch mithalten konnte.

Zwei Projekte verdeutlichen besonders, dass sich das Geschäft von Ferrostaal in den Nullerjahren endgültig nicht mehr nur um den Exporterfolg von Industrieprodukten made in Germany drehte.

Im Jahr 2002 bestellte die Suez Canal Authority – das ist die ägyptische Behörde, die den Suezkanal betreibt und die Gebühren für die Schiffspassagen erhebt –, bei Ferrostaal einen 100-Tonnen-Schlepper. Die Behörde unterhält eine eigene kleine Flotte, um den großen Containerschiffen beim Navigieren durch die enge Wasserstraße zu helfen und im Notfall manövrierunfähige Schiffe abschleppen zu können. Als die Behörde und Ferrostaal das Geschäft besiegelten, stand schon fest, wer den Schlepper bauen sollte: eine Werft in Port Said, einer Hafenstadt am Mittelmeer. Die Werft befand sich im Besitz der Suezkanalbehörde.

Es ist schwer vorstellbar, dass eine ägyptische Behörde bei der Bestellung eines Schleppers bei ihrer eigenen Werft das Know-how von Projektmanagern aus Deutschland braucht – es sei denn, das Know-how bestand im Abwickeln von dubiosen Zahlungen. Diesem Verdacht gingen die Münchener Staatsanwälte, die sich später mit Ferrostaal beschäftigten, eine Zeit lang nach, verfolgten den Fall dann aber nicht weiter.

Ähnliches geschah einige Jahre später im Iran. Das dortige Ministerium für Wissenschaft, Forschung und Technologie wollte über 3.000 Ausrüstungsgegenstände für iranische Universitäten und Forschungseinrichtungen kaufen. Der Wert: fast 100 Millionen Euro.

Ferrostaal Industrieanlagen, kurz FIA, sollte die Ausrüstung für die iranische Regierung einkaufen. Denn der Konzern sollte eine Exportbürgschaft der Bundesregierung besorgen, eine sogenannte Hermesdeckung. „Finanzierung und Hermes-Deckung waren motivierende Faktoren für die Involvierung von FIA“, kommentierten die Prüfer, die das Geschäftsgebaren im Auftrag der Münchener Staatsanwaltschaft untersuchten.

Auch hier beschäftigten sich die Ermittler mit den Auffälligkeiten beim Einsatz eines iranischen Beraters in diesen Geschäften. Sie wunderten sich, warum der

Geschäftsmann Zahlungen in Millionenhöhe erhielt, warum dafür auch Offshore-Konten benutzt wurden – und warum laut einer E-Mail des Beraters das Projekt ein „sichtbares und ein unsichtbares Gesicht“ hatte.

Die Bundesregierung förderte mit ihren Bürgschaften in den Nullerjahren also weiterhin ein Geschäftsmodell, das durch die Globalisierung überholt war und das sich jahrzehntelang auf Korruption gestützt hatte. Noch im Jahr 2005, als zumindest die Bestechungsfälle in Indonesien und Nigeria längst in der Presse gestanden hatten und teilweise sogar bereits in Gerichtsurteilen aktenkundig waren, würdigte Hans W. Reich, Vorstandsvorsitzender der KfW, die Autobiografie von Klaus von Menges in einem Vorwort.

„Das Besondere an von Menges ‚Erinnerungen eines reisenden Kaufmanns‘ besteht vielmehr darin, dass es ihm auf eine sehr persönliche und spannende Weise gelingt, seine Erlebnisse als pragmatischer Vermittler zwischen den Kulturen und zugleich erfolgreicher Geschäftsmann zu schildern“, lobte Reich.

Ein Vermittler zwischen den Kulturen – die Schmiergelder aus der Zeit von Menges als Unternehmenschef erwähnten weder von Menges selbst noch sein KfW-Kollege Reich. Der Banker schwadronierte, dass „die Qualität und Existenz von Institutionen“ eine wichtige Rolle spiele für die wirtschaftliche Entwicklung von Schwellenländern.

Das stimmt. Doch kaum etwas unterwandert Institutionen und Rechtsstaatlichkeit – die ausländische Investoren zu Recht schätzen – derart wie Korruption.

„Ohne ein Mindestmaß an Demokratie steht jede Volkswirtschaft auf tönernen Füßen“, erkannte Reich. Gehandelt hat die KfW danach nicht, sonst hätte sie mehr Distanz zu Ferrostaal gewahrt.

Die Bedeutung von staatlichen Bürgschaften für das Abwickeln von schmierigen Exportgeschäften ist eines der Themen, die die Medien in der Berichterstattung über die Korruptionsskandale Deutschlands vernachlässigt haben. Auf viele Auslandsgeschäfte der deutschen Industrie, für die der Staat bürgte, fiel später ein Korruptionsverdacht. Klaus von Menges war übrigens Mitglied des Aufsichtsrats der KfW. Damit war er also Aufseher bei ebenjener Bank, die zugleich das Geschäft seines Konzerns finanzierte.

Nicht nur die KfW hatte keinerlei Berührungsängste mit dem derart korruptionsanfälligen Geschäft von Ferrostaal. Wie CORRECTIV 2017 enthüllte, arbeitete Thomas Bach, heute Präsident des Internationalen Olympischen Komitees, von 2005 bis 2009 als Berater für den Essener Konzern. Für ein Jahresgehalt von 125.000 Euro sollte der Sportfunktionär mit seinen Kontakten in aller Welt helfen. [14]

Auf die Schmiergeldpraktiken bei Ferrostaal – von denen in den Jahren und Jahrzehnten zuvor immer wieder Teile an die Öffentlichkeit und auch ins Visier der Justiz geraten waren – stieß die deutsche Justiz dann doch noch am Ende der Nullerjahre. Allerdings eher zufällig.

Als die Ermittlungen 2009 begannen, gehörte Ferrostaal dem Münchener Konzern MAN. Das Finanzamt München hatte von dem Konzern einige Akten angefordert. Ein Mitarbeiter der Steuerabteilung von MAN griff ins falsche Regal und schickte aus Versehen auch mehrere Akten von Ferrostaal an die Behörde, wie sich einige ehemalige Mitarbeiter von Ferrostaal erinnern. Die Beamten stießen darin auf merkwürdige Zahlungen – und die Ermittlungen der Staatsanwaltschaft begannen.

Schnell stießen die Ermittler auch auf die griechischen U-Boot-Geschäfte von Ferrostaal. Der Essener Konzern vertrieb neben zivilen Industrieanlagen früher auch die in einer Kieler Werft von ThyssenKrupp gebauten Kriegsschiffe. In Griechenland floss dabei auch Schmiergeld. Die Zahlungen gingen allerdings nicht direkt an die Entscheidungsträger in Griechenland, sondern mithilfe von Briefkastenfirmen eben zunächst an das Netzwerk von Vermittlern rund um den eingangs erwähnten Graf von Pückler.

Diese kleine Gruppe nannte sich „Gebetskreis“. Es ist nicht überliefert, wie religiös seine Mitglieder waren. Bei der Beerdigung von Graf von Ballestrem im Jahr 2006 war der Verkauf der U-Boote nach Griechenland längst abgeschlossen. Doch der „Gebetskreis“ wollte noch mehr Geld von Ferrostaal: jene 60 Millionen Euro. Angeblich seien in Griechenland noch nicht alle Rechnungen beglichen, gebe es noch offene Forderungen der Entscheidungsträger, die der deutschen Industrie den U-Boot-Auftrag zugeschanzt hatten.

Für Ferrostaal erwies es sich als überaus schwierig, die Forderungen des „Gebetskreises“ zu prüfen. Denn die Manager, die zuvor die Zahlungen vereinbart hatten, waren nicht mehr im Konzern. Die ursprünglichen Verträge, die mit den Mittlern Ende der 90er abgeschlossen worden waren, waren geschreddert. Die Vereinbarungen, die sie ersetzten, so viel fand der Konzern immerhin heraus, lagen in einem Banktresor in der Schweiz. Doch die Bank verweigerte den Zugang, weil die andere Vertragspartei beim Öffnen anwesend sein musste.

Ferrostaal beauftragte also Anwälte und Wirtschaftsdetekteien. Der Konzern wollte herausfinden, wer die Mitglieder des „Gebetskreises“ in Deutschland und Griechenland eigentlich waren, wie gefährlich sie dem Konzern werden konnten und wie begründet ihre Ansprüche waren. Vor allem fragten sich die Anwälte: Wer ist Hermann Sylvius Graf von Pückler? Schon Anfang der Nullerjahre hatte er sich nach eigenem Bekunden wegen der Gesetzesänderung aus dem Vermitteln von Rüstungs- und Industriegeschäften im Ausland zurückgezogen.

Die Antworten der Anwälte fielen dünn aus. Von Pückler und sein Netzwerk gehörten zu einer Schattenwelt, die ihren Geschäften nicht im Rampenlicht, sondern hinter den Kulissen von Industrie und Politik nachging. In der Presse fand sich nichts.

Zum Netzwerk des Grafen von Pückler zählten nicht nur seine Vermittlerkollegen im Ausland, sondern auch führende Vertreter der deutschen Industrie – und der Politik. Doch nach seiner Nähe zur deutschen Politik fragte damals niemand, weder die Anwälte noch die wenigen Journalisten, die im Zusammenhang mit den griechischen U-Boot-Geschichten über ihn schrieben. Für diese Verbindungen in Deutschland interessiert sich jedoch dieses Buch, und deswegen werden wir dem Grafen aus München, der 2017 verstarb, später noch einmal begegnen.

Ferrostaal jedenfalls entschied sich nach vielen internen Diskussionen und Prüfungen, noch einmal Geld an den „Gebetskreis" zu zahlen. Beide Seiten einigten sich auf zehn Millionen Euro. Es war diese Zahlung, genehmigt vom Ferrostaal-Vorstand im Jahr 2007, die Ferrostaal letztlich zu Fall brachte. Als die Staatsanwaltschaft 2009 anfing zu ermitteln, war die erst zwei Jahre zuvor geleistete Vergleichszahlung noch nicht verjährt. Die Staatsanwälte konnten also ermitteln. Sie stießen auf viele weitere dubiose Zahlungen, und die Affäre Ferrostaal kam ins Rollen.

Ende 2011 kam das Landgericht München zu dem Schluss, dass der „Gebetskreis" Schmiergeld an Entscheidungsträger in Griechenland und bei einem weiteren U-Boot-Verkauf in Portugal weitergeleitet hatte. Das Gericht verurteilte zwei Manager von Ferrostaal wegen Bestechung und verhängte eine Strafe von 150 Millionen Euro gegen das Unternehmen.

Der Schmiergeldskandal stürzte den Konzern in jahrelange Turbulenzen, heute macht er nur noch einen Bruchteil seiner früheren Geschäfte. Jene schicksalshafte Begegnung auf dem Münchener Friedhof Anfang 2006 war es also, die zu dem wohl tiefsten Einschnitt in der langen Geschichte von Ferrostaal führen sollte. Und nicht etwa das 1999 eingeführte Verbot der steuerlichen Absetzbarkeit von Schmiergeldzahlungen im Ausland.

Auch am Auto- und Lastwagenhersteller Daimler lässt sich nachvollziehen, dass sich die deutsche Industrie erst einmal wenig um die Gesetzesänderung von 1999 scherte. In den „guten alten Zeiten" der Schmierindustrie hatte es am Firmensitz von Mercedes in Stuttgart eine Bargeldkasse gegeben, bei der sich die Verkäufer des Konzerns das

Schmiergeld aushändigen ließen, mit dem sie in aller Welt Regierungsvertreter davon überzeugten, die Fahrzeuge des Konzern zu kaufen.[15]

Für größere Summen unterhielt das Unternehmen jahrzehntelang „interne Fremdkonten". Das waren Konten, die der Konzern bei sich führte, die aber dazu dienten, überall auf der Welt den Empfängern Schmiergeld gutzuschreiben. Zur Zeit der Gesetzesänderung 1999 waren es über 200 Konten dieser Art.

Der Chef der internen Revision empfahl 2001, die Konten zu schließen. Doch besonders der Auslandsvertrieb leistete Widerstand gegen diese Empfehlung. Erst 2002 schloss Daimler das Büro in Stuttgart, in dem sich Manager mit Bargeld für schmierige Zahlungen im Ausland versorgen konnten, und verbot auch die Benutzung von Bargeld und Schecks im Zusammenhang mit den „Fremdkonten".

2004 war die Anzahl dieser Konten auf 40 gesunken. Daimler-Beschäftigte unterhielten jedoch weiter Offshore-Konten, um schmierige Zahlungen abzuwickeln. Erst im Jahr 2005, nach Beginn von Korruptionsermittlungen in den USA, schaffte Daimler die Fremdkonten vollständig ab und führte ein nennenswertes Compliance-System ein, um Zahlungen an ausländische Regierungsbeamte zu verhindern. Laut der Einigung mit dem US-Justizministerium leistete Daimler in den zehn Jahren bis 2008 Hunderte unregelmäßige Zahlungen in 22 Ländern, um Regierungsaufträge in Höhe von Hunderten Millionen Euro zu gewinnen.

Festzuhalten bleibt: Der 15. Februar 1999, der Tag, an dem das Gesetz gegen Bestechung im internationalen Geschäftsverkehr in Kraft trat, hatte wenig Auswirkungen auf die deutsche Schmierindustrie.

Wenn man nicht gerade wie Ferrostaal das Pech hatte, dass Kofferträger wie der „Gebetskreis" rund um Graf von Pückler Nachforderungen stellten, wenn nicht zufällig die falschen Akten bei der Staatsanwaltschaft landeten – dann konnten die Unternehmen der deutschen Exportwirtschaft einfach weitermachen. Es fehlte der Druck der deutschen Politik und der Justiz, um mit dem Schmieren aufzuhören.

Die deutschen Konzerne mussten lediglich die Zahlungsflüsse ein wenig anpassen. Kaum einer hat diese Epoche so hautnah miterlebt wie Tobias Schneider (Name geändert). Kurz vor den Gesetzesänderungen hatte er die Verwaltung der Schmiergeldkassen eines großen Geschäftsbereichs von Siemens übernommen. Schneider kann berichten, wie der Konzern mit seiner Hilfe ein System aufbaute, das die Zahlungen durch Scheinverträge und Briefkastenfirmen tarnte. Auf diese Weise zahlte der Industriekonzern Siemens laut seiner späteren Einigung mit den US-Behörden zwischen März 2001 und 2007 noch 800 Millionen US-Dollar Bestechungsgeld.[16]

Und Schneider hat erlebt, wie ein ganz anderes Datum als der 15. Februar 1999 für einen ernsthaften Einschnitt in der Geschichte der Korruption made in Germany sorgte: der 11. September 2001. Mehr dazu im nächsten Kapitel, dem zweiten Teil dieser kurzen Geschichte des Schmiergelds.

## Kapitel 2

# Eine Geschichte, die nicht enden will

Man sieht Tobias Schneider bis heute an, dass er im Großkonzern Siemens nicht in der ersten Reihe stand. Schneider ist klein und etwas untersetzt, ein unscheinbarer Mann. Er trägt ein schwarzes Polohemd, in der Hand hält er einen weißen Jutebeutel. Im Gespräch sagt er nur das Nötigste, spricht in knappen Sätzen. Schneider hat still im Hintergrund Dinge abgewickelt.
Im Münchener Hauptquartier des Weltkonzerns, gelegen am Wittelsbacherplatz, erfüllte er eine „Sonderaufgabe": Schneider verwaltete die Schmiergeldkasse eines der großen Geschäftsbereiche von Siemens. Die Einführung der Gesetzesänderung im Jahr 1999 kam für Schneider zu einem unglücklichen Zeitpunkt.

Als Schneider das Schmiergeldsystem in seinem Bereich übernahm, liefen die Gelder noch wenig verschleiert über die eigenen Konzernkonten. Siemens unterhielt dafür zwei Konten bei Banken in Österreich, in Salzburg und in Innsbruck. Schneider schätzte später, dass vor seiner Zeit, in den 90er-Jahren, 150 bis 200 Millionen Deutsche Mark über die beiden Konten flossen – und zwar jedes Jahr.

Dann stieß Schneider dazu. Die Chefs der weltweiten Landesgesellschaften holten sich bei ihm das Geld ab. Oft genug überreichte er ihnen die Schmiergelder in der Schweiz in bar. Und vermutete mitunter, dass sich der eine oder andere Siemens-Manager einen Teil des Geldes in die eigene Tasche steckte. Das ist eine ständige Gefahr bei Schmiergeld: Sind Gelder erst einmal aus den offiziellen Büchern geschleust, ist die Gefahr groß, dass sich die Beteiligten selbst bereichern.

Als Deutschland kurz vor der Jahrtausendwende die OECD-Konvention gegen Bestechung umsetzte, war Schneider gefordert. Das System musste angepasst werden. „Die Bank in Österreich hat nicht mehr mitgemacht", antwortet Schneider in einem Gespräch mit CORRECTIV im Frühling 2019 knapp auf die Frage, warum das alte System mit den Siemens-Konten in Österreich nicht mehr funktionierte. Es lag also nicht am Druck durch die Politik und Justiz in Deutschland.

Statt der Konten in Österreich richtete der Geschäftsbereich ein dreistufiges System ein. Das Schmiergeld floss zunächst an kleine Beratungsgesellschaften in Österreich oder Liechtenstein, die ein Treuhänder für den Konzern eingerichtet hatte. Schneider war der wirtschaftlich Berechtigte der Firmen.

Von dort ging das Geld weiter an Briefkastenfirmen in Steuerparadiesen, wie zum Beispiel den Britischen Jungferninseln. Erst wenn das Geld durch drei Ebenen von Geheimkonten und Briefkastenfirmen geflossen war, wurde es lokalen Kofferträgern anvertraut, die das Geld bei den Endempfängern ablieferten. Ein Sinneswandel hatte bei Siemens, ähnlich wie bei Ferrostaal, nicht stattgefunden. Dafür hielt jetzt einmal im Jahr ein Anwalt einen 20-minütigen Vortrag über die Verhinderung von Korruption. Schneider erinnerte sich später, wie die anderen Teilnehmer „grinsend" auf ihn schauten. Schneider blickte währenddessen auf seine Unterlagen.

2004 weigerte sich Schneider erstmals, eine Erklärung zu unterschreiben, dass er sich an die Gesetze halte. Der Konzern trennte sich formal von ihm, beschäftigte ihn jedoch als Berater weiter. Schon zuvor hatte Schneider beobachtet, dass ihn sein Wissen um die Schmiergeldpraktiken des Konzerns schützte. Er war quasi der Einzige in jenen Jahren, der von einer Verrentungswelle in seinem Geschäftsbereich verschont blieb. Schneider erklärte sich das mit seiner „Sonderaufgabe".

Was hat die Gesetzesänderung im Jahr 1999 also bewirkt, wenn die Zahlungen weitergingen, nur auf anderem Wege? „Die Zahlungen wurden kleiner", antwortet Schneider. Das war nicht etwa moralischen Bedenken oder einer Anpassung des Denkens an die neue Gesetzeslage geschuldet, sagt Schneider. Es hatte rein praktische Gründe: „Man konnte nicht mehr so viel Gelder generieren." „Generieren", damit meint Schneider: aus den Büchern des Konzerns beiseiteschaffen für Bestechung, ohne dass es dem deutschen Finanzamt auffiel. Zum Beispiel die Olympischen Spiele 2004 in Athen. Siemens sollte ein Sicherheitssystem liefern. Schneider sagt im Gespräch mit CORRECTIV, dass die griechische Tochterfirma weniger Schmiergeld zur Verfügung hatte, als es die griechische Justiz später darstellte. Warum nicht? „Weil ich so viel Geld nicht in Liechtenstein hatte. Ich konnte das nicht mehr generieren."

Während bis 1999 Provisionen in Höhe von zehn Prozent eines Geschäfts üblich waren, fielen sie anschließend auf unter fünf Prozent, schätzt Schneider. Einige Jahre ging es so weiter, dann geriet das gigantische Schmiergeldsystem von Siemens ins Wanken – zunächst noch unbemerkt von der deutschen Öffentlichkeit.

Einem jungen Mitarbeiter der Buchprüfungsgesellschaft KPMG, die seit Jahrzehnten die Bücher von Siemens prüfte, kamen die dubiosen Zahlungen auf Grundlage der zur Verschleierung der Korruption aufgesetzten Scheinverträge mit angeblichen Beratern komisch vor. Er entwarf einen Brief an den Aufsichtsrat des Konzerns. Doch ein Vorstandsmitglied von Siemens brachte die Buchprüfer davon ab, Alarm zu schlagen. Die Bedenken wurden dem Aufsichtsrat nicht vorgetragen, wie ein Siemens-Insider später Ermittlern berichtete.[1]

Auch an anderer Stelle konnte der Konzern das Schmiergeldsystem gerade noch so unter der Decke halten. Anfang 2004 forderte ein ehemaliger Geschäftspartner der Netzwerksparte, ein saudischer Geschäftsmann, von Siemens 910 Millionen US-Dollar. Andernfalls würden Informationen über Schmiergeldzahlungen durch Siemens ihren Weg zu Ermittlern in den USA finden. Anders als Graf von Pückler überbrachte der Geschäftsmann seine Forderungen nicht auf einem Friedhof. Er rief Michael Kutschenreuter an, den damaligen Chef der Netzwerksparte von Siemens. Er habe Belege darüber, wie Siemens in Saudi-Arabien mit Bestechungsgeld Aufträge für die Ausrüstung von Festnetz- und Mobilfunknetzen gewonnen habe, sagte der saudische Geschäftsmann.[2]

Im Januar 2005 einigte sich Siemens mit dem ehemaligen Partner auf eine Zahlung von 50 Millionen US-Dollar. Ein Drittel davon waren alte Verpflichtungen, der Rest war Schweigegeld. Siemens hatte sich noch einmal Frieden erkauft. Doch die Ruhe war trügerisch. Die Auswirkungen von Ereignissen ganz anderer Art, die ebenfalls in Saudi-Arabien ihren Ausgang nahmen, waren längst auf dem Weg, das Schmiergeldsystem doch noch zu Fall bringen.

Schon 2003 fielen einige Banktransaktionen rund um einen Manager aus dem Griechenland-Geschäft von Siemens den Buchprüfern einer Bank in Liechtenstein auf. Das Tempo, mit dem Millionensummen durch ein Netzwerk von Konten floss, kam ihnen merkwürdig vor. Die Gelder waren als Kommissionen für Siemens-Manager deklariert. Doch warum zahlte der Konzern seinen angestellten Führungskräften viele Millionen Euro über die Konten von Firmen aus Steueroasen? Im Herbst 2004 meldete die Bank ihren Verdacht schließlich der Staatsanwaltschaft.

Die Geopolitik hatte für Siemens Schicksal gespielt. Denn drei Jahre zuvor hatten vor allem saudische Attentäter des Terrornetzwerks al-Qaida zwei Passagierflugzeuge in die Türme des World Trade Center geflogen und etwa 3.000 Menschen ermordet. Die geschockten USA erklärten dem Terror den Krieg. Mit Militärgewalt beendeten sie die Herrschaft der Taliban in Afghanistan, die CIA jagte in aller Welt Verdächtige und entführte sie in geheime Foltergefängnisse.

Doch die USA setzten noch eine weitere Waffe gegen das Terrornetzwerk ein: Sie gingen seinen Finanzströmen nach. In der Folge setzten die USA weltweit durch, dass Gesetze und Vorschriften gegen Geldwäsche verschärft wurden. Und die Banken spurten – mit aggressiven Ermittlungsbehörden aus den USA wollten sie sich lieber nicht anlegen. Also meldeten sie verdächtige Überweisungen verstärkt den Behörden in ihrem eigenen Land. So auch jene Bank in Liechtenstein. Auf ihre Verdachtsmeldung hin ermittelte die dortige Staatsanwaltschaft.

Zunächst lautete der Verdacht, bei den merkwürdigen Millionentransfers könnte Siemens bestohlen worden sein. Doch die Ermittler in Liechtenstein stießen nicht auf Diebstahl, sondern auf das geheime Kontensystem von Siemens. Ihren Kollegen in der Schweiz ging es wenig später ähnlich. Im März 2005 leiteten sie Ermittlungen ein, nachdem der Dresdner Bank eine Reihe von Überweisungen verdächtig erschienen waren.

Siemens versuchte erst einmal, die Ermittlungen im Ausland zu verhindern. Der Konzern gab den Liechtensteiner Ermittlern gegenüber an, die Konten gehörten ihm selbst, weswegen die Transaktionen zwischen den Konten keine Geldwäsche darstellten. Siemens verlangte von den Staatsanwälten, ihre Ermittlungen einzustellen. Ein Vorstandsmitglied lehnte es ab, sich vernehmen zu lassen. Als ein Staatsanwalt im norditalienischen Bozen in den Jahren 2004 und 2005 Zugriff auf österreichische Konten haben wollte, hielt ihn der Konzern mit juristischen Schachzügen monatelang auf, wie der Ermittler später dem „Wall Street Journal" sagte.

Zwei Jahre lang beschäftigten sich Ermittler in den Alpenländern und Italien mit dem Kontensystem von Siemens, dann kam es zum Paukenschlag. Am 15. November 2006 durchsuchte die Münchener Staatsanwaltschaft 30 Objekte von Siemens, darunter die Büros von Vorstandsmitgliedern. Mehrere Siemens-Manager wurden verhaftet. Es folgten zwei Jahre, in denen der Skandal die deutsche Öffentlichkeit und die deutsche Wirtschaft in Atem hielt. Erst nach und nach kam das ganze Ausmaß heraus. Deutsche Medien hielten sich merklich zurück – es war vor allem die US-Zeitung „Wall Street Journal", die immer neue Details über die Ermittlungen veröffentlichte.

Hochrangige Manager wie Kutschenreuter berichteten den Ermittlern, dass Korruption bei Siemens jahrzehntelang Teil des Geschäftsmodells gewesen sei. Der Manager war schon seit den 70ern im Konzern gewesen. Als er nach einer Zeit im Ausland in den 80ern zum Vertrieb der Netzwerksparte in der Münchener Zentrale stieß, erfuhr er von einem geheimen Verschlüsselungscode zur Verschleierung von Schmiergeldzahlungen, der laut seiner Aussage weitverbreitet im Konzern war. „Make Profit" – die zehn Buchstaben dieser beiden Wörter sollen für die Zahlen eins bis zehn gestanden haben. Wenn also ein Vorgang mit dem Kürzel „KPT" markiert war, dann war für das Projekt eine Schmiergeldzahlung in Höhe von 3,50 Prozent des Auftragsvolumens vorgesehen. Das System ist laut Kutschenreuter bis 1997 benutzt worden.

Die Verschärfung der Antikorruptionsgesetzgebung im Jahr 1999 hatte Siemens wie beschrieben dazu veranlasst, sein Schmiergeldsystem zu verfeinern. Der Konzern setzte zunehmend auf die Geheimkonten – bis der US-amerikanische Krieg gegen den Terror das System auffliegen ließ. Mehrere Manager wurden zu Gefängnis- und Geldstrafen verurteilt. Spitzenmanager wie der damalige Vorstandsvorsitzende Klaus

Kleinfeld und der Aufsichtsratsvorsitzende Heinrich von Pierer, der jahrzehntelang als „Mr. Siemens" und als deutscher Vorzeigemanager gegolten hatte, und weitere Manager stürzten von ihrem Sockel. Aber nicht alle: So wurde der heutige Siemens-Chef Joe Kaeser von Zeugen zwar schwer belastet. Er habe als früherer Finanzvorstand von dem Schmiergeldsystem in der Netzwerksparte des Konzerns gewusst, berichtete das „Wall Street Journal". Doch Kaeser konnte sich halten und rückte sogar an die Konzernspitze.

Ende 2008 einigte sich Siemens schließlich mit dem US-Justizministerium, der US-Börsenaufsicht und dem Landgericht München auf Strafzahlungen in Höhe von über einer Milliarde Euro. Der CSU-Politiker und ehemalige Finanzminister Theo Waigel wurde dem Konzern von den US-Ermittlern für drei Jahre als unabhängiger Aufpasser an die Seite gestellt. Insgesamt kostete der Skandal den Konzern fast drei Milliarden Euro. Der Siemens-Skandal traf die deutsche Wirtschaft bis ins Mark. War Siemens doch für viele der deutsche Vorzeigekonzern gewesen, der seine Waren aufgrund ihrer Qualität – und nicht wegen Schmiergeld – in alle Welt verkaufen konnte. Und es wurde schnell klar, dass Siemens kein Einzelfall war. Mit dem Siemens-Skandal begann in Deutschland eine Zeit der juristischen Aufarbeitung der Schmiergeldsysteme in der deutschen Industrie.

Die Münchener Ermittler, zuständig wegen des Sitzes des Ferrostaal-Eigners MAN in der Stadt, nahmen sich als Nächstes Ferrostaal vor. Ihre umfassenden Ermittlungen führten Ende 2011 zu der Verurteilung des Konzerns. Dazwischen lag eine weitere Einigung eines deutschen Großkonzerns mit dem US-Justizministerium. Daimler erklärte sich 2010 bereit, 96 Millionen US-Dollar zu zahlen, um Korruptionsermittlungen der US-Justiz zu beenden. Eine solche Vereinbarung wird in der Fachsprache deferred prosecution agreement (DPA) genannt. Zwischen 1998 und 2008 hatte Daimler Hunderte unregelmäßige Zahlungen in 22 Ländern geleistet, um Regierungsaufträge in Höhe von Hunderten Millionen Euro zu gewinnen. Neben der Strafzahlung bekam der Auto- und Lastwagenbauer wie Siemens für drei Jahre einen Aufpasser ins Haus und musste ein echtes Compliance-Programm aufbauen.

In der Öffentlichkeit weniger beachtet wurde die Verurteilung des Vorstandschefs des Oberhausener Maschinenbauers MAN Turbo wegen Schmiergeldzahlungen in Zentralasien durch das Landgericht München im Jahr 2010.[3] Der Konzern, damals Tochter des Münchener Mischkonzerns MAN, hatte in Kasachstan und Turkmenistan Aufträge für die Erneuerung von Gaspipelines erhalten. In beiden Fällen floss Schmiergeld in Höhe von über zehn Prozent des Auftragswerts. Diese Höhe kennt man eher aus der Rüstungsindustrie, im zivilen Geschäft ist sie ungewöhnlich. Und noch etwas macht diesen Fall besonders: Die Verantwortlichen zahlten nicht nur in den zentralasiatischen Ländern an Berater, die in den dortigen Ministerien Entscheidungen beeinflussen konnten, sondern auch in Deutschland. Wir werden ihnen daher im Kapitel 9 noch einmal begegnen.

Die deutsche Justiz setzte also erst gegen Ende der Nullerjahre – und damit zehn Jahre nach der Gesetzesänderung – den großen Schmiergeldsystemen aus dem 20. Jahrhundert bei Konzernen wie Siemens, Daimler und Ferrostaal ein Ende. „Mein Eindruck ist, dass der Einschnitt nicht die OECD-Konvention 1999 war, sondern die Strafverfolgung von Siemens", sagt Angela Reitmaier, Expertin für Auslandsbestechung bei Transparency Deutschland. „Der Anstoß kam zudem auch aus den USA. Durch die Gesetzgebung dort reicht es, wenn Gelder über ein Konto in den USA fließen. Das ist im Grunde ein extraterritoriales Vorgehen, aber sonst würde dieses Feld in der Strafverfolgung völlig brach liegen."

In der Geschichte der Schmiergeldzahlungen durch die deutsche Industrie bildet der Siemens-Skandal also einen Einschnitt. Die Ermittlungen der US-Justiz machten deutlich, wie hoch die Kosten sein können, wenn man auffliegt. Doch alles spricht dafür, dass die Geschichte des Schmiergelds mit dem Siemens-Skandal noch nicht zu Ende gegangen ist. Was die Gesetzesänderung 1999 nicht bewirkt hatte, erreichte auch der Siemens-Skandal nicht, so abschreckend er auch gewesen sein mag.

Einer, der die Mentalität, die noch einige Jahre später in der deutschen Industrie herrschte, sehr schmerzhaft kennenlernte, ist der deutsch-spanische Geschäftsmann Carlos Sousa. 2009 bat ihn der österreichische Anlagenbauer Andritz – mit einem Umsatz von sechs Milliarden Euro eines der größten Unternehmen Österreichs –, die mexikanische Tochter des Konzerns zu übernehmen. Die Beteiligung fuhr Verluste ein. Sousa gab seinen Lebensmittelpunkt Spanien auf, zog nach Mexiko und machte sich an die Arbeit. Die Produktionsstätte des Unternehmens lag im Bundesstaat Michoacán, der besonders gewalttätig ist. Immer wieder tauchten bewaffnete Gruppen an den Werkstoren auf und verlangten Schutzgeld, blockierten die Werkstore mit brennenden Lastwagen. Das führte auch zu hoher Fluktuation in der Belegschaft.

„Ich sah mir mit als Erstes die Personalunterlagen an und stellte fest, dass die halbe Stadt schon für Andritz gearbeitet hatte", erinnert sich Sousa im Gespräch mit CORRECTIV. Um die Fluktuation zu bekämpfen und das Unternehmen vor Schutzgelderpressungen zu schützen, nahm Sousa so viel wie möglich am gesellschaftlichen Leben der Menschen vor Ort teil. Besonders zielte er auf die Jugend. Immer wieder hielt er Vorträge an Universitäten. Und Sousa hatte unternehmerischen Erfolg: Er führte Andritz Mexiko aus der Verlustzone.

Doch die Zeit von Sousa bei Andritz sollte trotzdem keine Erfolgsgeschichte werden. Im Gegenteil, sie sollte ein großer Bruch in seinem Leben werden. „So was vergisst man nicht", erinnert sich Sousa heute. „Das ist für mich ein verlorenes Jahrzehnt gewesen. Ich bin im Jahr 2009 bei der Firma Andritz eingestiegen. Wir sind jetzt im Jahr 2019." Was Sousa derart aus der Bahn warf: die Einstellung der deutschen und österreichischen Konzernmanager zum Thema Korruption.

Den ersten Vorgeschmack bekam Sousa gleich im Sommer 2009, unmittelbar nach seinem Umzug nach Mexiko. 2007 hatte Andritz in einem Konsortium mit dem Heidenheimer Unternehmen Voith Hydro in Venezuela den Auftrag erhalten, einige Turbinen des Wasserkraftwerks Simón Bolivar zu modernisieren. „Die Effizienz des Werks war damals sehr gering, man hatte Angst, dass es in Jahren mit niedrigem Wasserstand keinen Strom mehr liefern kann", erinnert sich Sousa. Und das wäre verhängnisvoll für das Land gewesen. Auch Guri-Damm genannt, kommt das Kraftwerk für etwa die Hälfte der Stromversorgung in Venezuela auf. Andritz wickelte diese Aufträge über seine deutsche Tochterfirma ab, der Konzern unterhält ein Werk in Ravensburg.

2009 erhielt Andritz zusätzlich noch den Auftrag, in Guri elektrische Komponenten von zehn Generatoren, sogenannte Erregungsstationen, auszutauschen. Ein Auftrag von immerhin 25 Millionen US-Dollar, den Andritz über seine mexikanische Tochterfirma abwickelte – der erste Auftrag für Sousa. Beim ersten Projekttreffen in Mexiko, so erzählt Sousa heute, wurden ihm zwei Geschäftsleute aus Venezuela vorgestellt. Die beiden sollten bei dem Auftrag helfen, als angebliche Subunternehmer. Die aus Deutschland angereisten Andritz-Manager verhandelten die Verträge.

Carlos Sousa zufolge ging es in den Verhandlungen während des Treffens jedoch nicht darum, was die beiden Geschäftsleute für Andritz leisten sollten. Sondern allein darum, dass ihnen Andritz mehr als den zunächst angebotenen Betrag zahlen sollte. Das Argument der Berater: Sie müssten einhalten, was sie den eigentlichen Empfängern in Venezuela schon versprochen hätten. Und am Ende der Verhandlungen soll einer der deutschen Manager zu Sousa gesagt haben: „Bewahren Sie die Verträge zu Hause auf!" Und weiter: „So machen wir das in Deutschland auch, falls mal eine Prüfung kommt." In dem Moment sei ihm klar geworden, dass mit den Verträgen etwas nicht gestimmt habe, sagt Sousa. Dass die beiden Berater die Aufgabe hatten, die Zahlungen an Entscheidungsträger in der staatlichen Energiewirtschaft Venezuelas weiterzuleiten.

Auf den Fluren von Andritz in Österreich hätten die venezolanischen Berater ganz besondere Spitznamen gehabt, erfuhr Sousa später. Carlos M. habe „Face" geheißen, also Gesicht, und José V. R. schlicht „Shoe", Schuh. „Der eine hat das Gesicht, sein ‚Face', gezeigt, er hat offensichtlich die Kontakte gehabt. Und ‚Shoe' ist derjenige, der gelaufen ist, der Briefträger." Drei Millionen US-Dollar sollten die beiden erhalten, und damit mehr als zehn Prozent der Auftragssumme. „Shoe" sollte laut den Verträgen bei der Klärung der Ausrüstung durch den venezolanischen Zoll helfen. Der Beratervertrag zwischen Andritz und „Face“ gab keine derart konkrete Gegenleistung an. An einer Stelle heißt es, er solle dabei helfen, den Auftrag über die Modernisierung der Erregungsstationen zu erlangen – zu einem Zeitpunkt, an dem Andritz diesen Auftrag bereits erhalten hatte. Und schließlich sind in einer CORRECTIV vorliegenden Projektkalkulation die Millionen für „Shoe & Face“ auch nicht als Kosten, sondern schlicht als „Kommission“ angegeben.

Als CORRECTIV und seine Recherchepartner im April 2019 die Vorwürfe öffentlich machten, reagierte der Konzern Andritz kleinlaut.[4] Man habe bei einer früheren Prüfung im Jahr 2012 die Vorgänge nicht aufklären können und könne Schmiergeldzahlungen nicht ausschließen. Man habe sich aber von den Vertretern getrennt, weil es Probleme mit fehlenden Details ihrer Abrechnungen gegeben habe. Das hört sich stark danach an, dass das Duo „Shoe & Face“ keine ausreichenden Leistungsnachweise für die Millionenzahlungen geliefert hatte. Damit bestätigte der Konzern im Grunde die Version von Sousa. Und was das Unternehmen nicht mitteilte: Die damalige Prüfung war nur erfolgt, weil Sousa in jenem Jahr Alarm geschlagen hatte.

Im Jahr 2012 warf Andritz Sousa plötzlich Unregelmäßigkeiten in der Geschäftsführung vor, es kam zur Trennung. Sousa sagt, das sei nur ein Vorwand gewesen, um ihn loszuwerden. In der Tat schrieb ihm einige Jahre später der Vorstand von Andritz, die Vorwürfe gegen ihn seien ja gar nicht so gravierend gewesen. Sousa glaubt, dass er gehen musste, weil er sich als Seiteneinsteiger bei Andritz geweigert hatte, bei den dubiosen Geschäftspraktiken der alteingesessenen Manager mitzumachen. Denn bei der deutschen Tochterfirma von Andritz seien schmierige Zahlungen nicht nur einmal vorgekommen. Nach dem Auftrag über die Modernisierung der Generatoren in Guri habe ihn ein deutscher Andritz-Manager gefragt, ob der Konzern für einen weiteren Großauftrag aus Venezuela über die mexikanische Tochter Zahlungen an Berater abwickeln könne.

Kommissionen in Höhe von drei bis vier Prozent sind laut dem Manager in Deutschland nämlich den Behörden noch zu erklären – nicht jedoch die geforderten sieben Prozent. Da es bei diesem Auftrag um etwa 300 Millionen US-Dollar ging, wären das etwa 20 Millionen gewesen, die Sousa durch die Bücher seiner mexikanischen Firma hätte schleusen müssen. Und damit mehr als sein damaliger Jahresumsatz. Sousa glaubt, dass zumindest einzelne Vertreter des Andritz-Partners Voith Hydro über den Einsatz des seltsamen Duos „Shoe & Face“ Bescheid wussten.

Das Heidenheimer Familienunternehmen Voith hatte das Joint Venture Voith Hydro, das Wasserkraftwerke ausrüstet, im Jahr 2000 gemeinsam mit Siemens gegründet. Voith ist ein traditionsreicher Konzern mit gut vier Milliarden Euro Umsatz. Einer jener stillen, aber großen Maschinenbauer aus Baden-Württemberg, die mit ihrer

Ingenieurskunst Deutschland zum Export-Champion machen. Fast 20.000 Mitarbeiter weltweit bauen Maschinen für die Papierindustrie und stellen Antriebe für Fahrzeuge aller Art her.

Sousa sagt, bei einem Treffen in Ravensburg sei es um Zahlungsrückstände des Auftraggebers – des staatlichen Stromversorgers Edelca – gegangen. Auch hier hätten „Face" und „Shoe" zum Einsatz kommen sollen. Und: Anwesend sei auch ein Vertreter von Voith gewesen. Doch der Konzern sagte CORRECTIV und seinen Recherchepartnern, dass Voith keinerlei Kenntnisse über die Beziehungen von Andritz zu „Face & Shoe" gehabt habe. Voith Hydro und Andritz arbeiten übrigens häufiger zusammen. Auch beim Bau des von Umweltschützern kritisierten Damms Belo Monte in Brasilien kooperieren sie.

Sollten die Vorwürfe von Carlos Sousa zutreffen, dann knüpfen die Unternehmen aus Deutschland und Österreich an eine Tradition von Bestechungspraktiken in Venezuela an. Die venezolanische Tochter von DSD Industrieanlagen, die zu Ferrostaal und damit dem Münchener MAN-Konzern gehörte, unterstützte in den Nullerjahren mehrere Male mit hohen Bargeldbeträgen die Wahlkämpfe des verstorbenen venezolanischen Präsidenten Hugo Chávez. Auch bei einem Auftrag aus dem Jahr 2006 – DSD Industrieanlagen sollte das Gaskraftwerk Termozulia für 184 Millionen US-Dollar erweitern – stießen Konzernprüfer auf Auffälligkeiten. Für Provisionszahlungen an Berater in Höhe von knapp sieben Millionen US-Dollar konnten sie keine plausiblen Gegenleistungen finden. Einige der Zahlungen „sind als nützliche Aufwendungen anzusehen", erzählte der lokale Geschäftsführer den Prüfern. „Nützliche Aufwendungen" – das war in jener Zeit ein Euphemismus für Schmiergeld.[5]

Auch Siemens zahlte in Venezuela in den Nullerjahren fast 19 Millionen US-Dollar Schmiergeld, um bei zwei Verkehrsprojekten den Zuschlag zu erhalten. Es war nur ein kleiner Teil des Schmiergeldskandals bei Siemens, der weltweit für Schlagzeilen sorgte. Während die US-Justiz mit der Einigung 2008 einen Schlussstrich unter ihre Ermittlungen gegen Siemens zog, beschäftigt sie sich bis heute mit Venezuela. Unter anderem in Florida führt sie umfangreiche Geldwäsche- und Korruptionsermittlungen durch, die teilweise seit zehn Jahren andauern.

Der südlichste Bundesstaat der USA hat sich mit seiner südamerikanischen Community schon lange zu einer Drehscheibe für die Plünderung Venezuelas entwickelt. Politiker und Beamte, die Millionensummen aus der Staatswirtschaft in die eigenen Taschen lenkten, siedelten sich hier an. Während sich in Venezuela die Familien darüber den Kopf zerbrechen, wie sie ihre Kinder ernähren sollen, besitzen einige ihrer Landsleute Häuser in den Vororten von Miami – darunter auch „Face". Der Berater besitzt in Boca

Raton, einer kleinen Stadt 40 Kilometer nördlich von Miami, eine Doppelhaushälfte sowie eine Wohnung in Madrid.

Carlos Sousa lebt inzwischen wieder in Spanien. Er berät als selbstständiger Berater Unternehmen dabei, wie sie Veränderungen bewältigen können. Ein Grund, warum er seine Vorwürfe öffentlich gemacht hat. Ihn beschäftigt, was aus Venezuela – dank seiner Rohstoffe eigentlich ein reiches Land – geworden ist. Wie sich ein kleiner Kreis bereichert hat. „Jeden Tag wird ein Neuer entdeckt, der sich hier Häuser gekauft und in Spanien jede Menge Eigentum und in der Schweiz das Geld hat, mit allem Drum und Dran", sagt er im Gespräch mit CORRECTIV im Frühjahr 2019, während in Venezuela Massenproteste gegen den Präsidenten und Chávez-Nachfolger Nicolás Maduro stattfinden.

Knapp 30 Millionen US-Dollar habe der Auftrag für die Erregungsstationen dem staatlichen Energieversorger gekostet, sagt Carlos Sousa. Es hätten drei Millionen weniger sein können, wenn Andritz dieses Geld nicht den beiden Beratern Carlos M. und José V. R. versprochen hätte, glaubt er. Das Land hätte es sinnvoller investieren können als in Berater mit Immobilien im Ausland. Zum Beispiel in die marode Infrastruktur und die Stromversorgung. Die ständigen Stromausfälle führen dazu, dass auch Krankenhäuser nicht versorgt werden. Carlos Sousa findet dafür drastische Worte: „Die Korruption hat eben dazu geführt, dass alle Projekte nicht so abgewickelt worden sind, wie sie hätten abgewickelt werden müssen", sagt er. „Da sterben Leute. So einfach ist das."

Die Erfahrungen, die Sousa mit deutschen Konzernen gemacht hat, sprechen also nicht dafür, dass sich mit dem Siemens-Skandal Ende der Nullerjahre an der Mentalität in der deutschen Industrie etwas grundlegend geändert hatte. Doch die Methoden hatten sich verfeinert. Der Anlagenbauer Andritz setzte nach wie vor auf – durchaus amateurhaft erstellte – Beraterverträge zur Tarnung von fragwürdigen Zahlungen. Und dieses Konstrukt hat sich bis heute gehalten.

Doch daneben ist eine Vielzahl von anderen Möglichkeiten hinzugekommen. Angebliche Bauprojekte, fiktive Warenlieferungen, überhöhte Rechnungen bei Unteraufträgen – das sind die Methoden, mit denen Schmiergelder getarnt werden. Als der Maschinenbauer MAN Turbo Mitte der Nullerjahre mehrere Millionen Euro Schmiergeld nach Zentralasien schleuste, verteilte der Konzern das Geld wie üblich auf sechs Beraterverträge – hinzu kam aber auch noch ein fingierter Vertrag über den angeblichen Bau einer Straße.

Um Schmiergeld zu verstecken, braucht es nicht einmal fiktive Leistungen. Eine Kette von Rechnungen über Materiallieferungen reicht dafür vollkommen aus. Der Konzern in Deutschland bezahlt zunächst eine Rechnung von einer eigenen Gesellschaft im

Ausland oder einem Zulieferer. So fließt das Geld in einem ersten Schritt auf scheinbar saubere Weise ins Ausland. Der Empfänger dort stellt die Leistungen einer weiteren Firma in Rechnung – und kann weitab von den Augen einer deutschen Staatsanwaltschaft über die Differenz verfügen. Auch die Zusammenarbeit mit lokalen Unternehmen bietet Möglichkeiten, Schmiergeld zu tarnen. Der Partner vor Ort zahlt Schmiergeld an Entscheidungsträger, und der internationale Partner leistet seinen Beitrag, indem er bei der Abrechnung von Leistungen des lokalen Partners überhöhte Preise zahlt.

Wie soll ein Staatsanwalt, ein Buchprüfer oder ein Mitarbeiter der Compliance-Abteilung eines deutschen Konzerns nachvollziehen können, ob ein lokaler Partner ein Windrad in Ägypten, eine Pipeline in Brasilien oder einen Autobahnkilometer in Indonesien drei, fünf oder zehn Prozent teurer als nötig abgerechnet hat? Diese Methoden sind kaum zu entdecken, und sie haben den Vorteil, ohne den Berater, den klassischen Mann in der Mitte, auszukommen. Denn so effektiv dieser darin sein mag, die wahren Empfänger vor lästigen Staatsanwälten, Journalisten und der Rechtsabteilung des eigenen Unternehmens zu verbergen, oft kommt es auch zum Streit mit ebendiesem Berater.

Da das Verhältnis zu Beratern möglichst spärlich dokumentiert ist, lassen sich zum Beispiel ihre Nachforderungen schwer abwehren. Ihr Wissen macht Konzerne erpressbar. Die überhöhte Rechnung eines Partners in einem Land am anderen Ende der Welt ist da sehr viel schweigsamer. Die großen Schmiergeldkassen in zwei- oder gar dreistelliger Millionenhöhe, wie sie früher üblich waren, lassen sich so nicht mehr bilden. Doch Möglichkeiten, Schmiergeld vor der deutschen Justiz zu verstecken, gibt es genug. Der Fantasie der Branche sind dabei kaum Grenzen gesetzt – vor allem wenn man bedenkt, dass nur die Methoden bekannt sind, die mindestens einmal aufgeflogen sind.

Besonders kreativ zeigten sich zwei deutsche Konzerne aus der Rüstungsbranche. In den Ermittlungen rund um das Schmiergeldsystem bei Airbus (siehe auch Kapitel 3) ging die Staatsanwaltschaft dem Verdacht nach, dass Konzernmitarbeiter zur Tarnung von Zahlungen fiktive Identitäten eingesetzt hatten. Noch einfallsreicher zeigte sich ein anderer deutscher Rüstungskonzern nach Recherchen von CORRECTIV. Um in Griechenland Geld an politisch einflussreiche Personen zu zahlen, nutzte der Konzern ihre Konten in der Schweiz. Und konnte so einen grenzüberschreitenden Zahlungsverkehr – der immer Risiken mit sich bringt – mit Griechenland vermeiden. Denn dort standen die Empfänger vor demselben Problem: Sie mussten hinterzogene Steuern außer Landes bringen. Die Lösung: Den Empfängern wurden einfach Summen auf Konten in der Schweiz gutgeschrieben. Der deutsche Rüstungskonzern musste das Schmiergeld also nicht nach Griechenland transferieren, und die Empfänger mussten ihre Gelder nicht am Fiskus vorbei außer Landes bringen. Auf diese Weise vermieden die Beteiligten grenzüberschreitende Zahlungen.

Die Geschichte des Schmiergelds, sie reicht bis in die Gegenwart. Das zeigt das Beispiel Bilfinger Berger. Der Baukonzern gehörte zu jener Reihe deutscher Unternehmen, die Mitte der Nullerjahre aufflogen und sich am Ende des Jahrzehnts mit der US-Justiz auf eine Einstellung der Ermittlungen einigten. Doch der Konzern kam – im Gegensatz zu den anderen – nicht so leicht aus der Sache heraus wie zunächst von ihm erhofft. Bereits 2003 hatte der Baukonzern Bilfinger als Teil eines Bieterkonsortiums in Nigeria den Auftrag gewonnen, im ölreichen Nigerdelta eine Gaspipeline durch schwieriges Gelände zu bauen. Das Auftragsvolumen belief sich auf 387 Millionen US-Dollar.

Um den Auftrag zu erhalten, zahlte der Konzern über verschiedene Tochtergesellschaften zwischen Ende 2003 bis Mitte 2005 insgesamt sechs Millionen US-Dollar Bestechungsgeld – an Empfänger in staatlichen Ölkonzernen, Regierungsbeamte und eine politische Partei. Doch genau genommen war es nicht das Unternehmen Bilfinger, das für die Bestechungsgelder aufkam – sondern die nigerianische Bevölkerung. Denn das Konsortium berechnete den staatlichen Auftraggebern einfach drei Prozent mehr, um das Schmiergeld zu finanzieren. Die Abwicklung des Schmiergelds war sehr krude: Die Empfänger wurden in bar bezahlt, das Geld lag in einem Tresor einer lokalen Tochter von Bilfinger. Teilweise wurde es zuvor mit dem Flugzeug aus Deutschland nach Nigeria transportiert.

Bilfinger hatte jedoch das Pech, dass der Partner in dem Konsortium eine Ölfirma aus den USA war. Die dortigen Behörden bekamen Wind von den Schmiergeldzahlungen. Einige Angestellte des Partners legten Geständnisse ab, und 2008 einigte sich das Unternehmen mit dem US-Justizministerium auf eine Strafzahlung.[6] Im Gegenzug stellte das Ministerium seine Ermittlungen ein. Dann nahmen sich die Ermittler auch noch den Baukonzern aus Deutschland vor. Aus unklaren Gründen dauerte es noch einige Jahre, bis zum Herbst 2013, bis sich die US-Behörden mit Bilfinger einigten. Der Mannheimer Konzern zahlte 32 Millionen US-Dollar und verpflichtete sich zum Aufbau eines rigorosen internen Kontrollsystems, das weitere Korruptionsfälle verhindern sollte, sowie zu einer umfassenden Kooperation mit den Behörden.

Doch es war der letzte Punkt der Einigung, der erhebliche Konsequenzen für den Konzern haben sollte: Wie zuvor auch Siemens und Daimler wurde dem Unternehmen für 18 Monate ein unabhängiger Kontrolleur an die Seite gestellt. Er sollte Bilfingers Bemühungen gegen Korruption überwachen. Die Berichte dieses Monitors, des Schweizer Fachanwalts Mark Livschitz, an das US-Justizministerium wiederum fanden ihren Weg zum Magazin „Der Spiegel“, das im Sommer 2018 ausführlich über den Fall berichtete.[7] Demnach war der frühere Bestechungsfall in Nigeria bei Weitem kein

Einzelfall. In mehreren Ländern, in verschiedenen Geschäftsbereichen dokumentierten der Aufpasser und eine interne Ermittlerin, die auf seinen Druck hin eingestellt worden war, Unregelmäßigkeiten und unsaubere Zahlungen bei Bilfinger – und zwar bis in die jüngste Zeit. Angesichts dieses Befundes verlängerte das US-Justizministerium den Auftrag des unabhängigen Monitors bis Ende 2018.

Die Berichterstattung des „Spiegel" bietet Einblicke in das Denken, das bei Bilfinger herrschte. Im Sommer 2011 hatte der frühere hessische Ministerpräsident Roland Koch den Chefposten bei dem Konzern übernommen. Koch setzte ehrgeizige Wachstumsziele: Der Umsatz des Unternehmens sollte von gut acht Milliarden auf bis zu zwölf Milliarden Euro im Jahr 2016 steigen. Der Gewinn sollte im selben Zeitraum von 280 auf 400 Millionen Euro steigen. Ein derartiges Wachstum ist für einen Konzern aus eigener Kraft nicht zu schaffen – auch bei Bilfinger Berger sollte es vor allem der Zukauf von Firmen richten. Und damit holte sich der Konzern laut den „Spiegel"-Recherchen Firmen in das eigene Reich, zu deren Geschäft das routinemäßige Schmieren gehörte – während sich der Bilfinger-Vorstand unter Koch ganz auf das Wachsen konzentrierte, nicht auf sauberes Geschäftemachen.

Laut „Spiegel" schrieb der Aufpasser an das US-Justizministerium: „Der Vorstand hat es durchgängig versäumt, Compliance-Verstöße angemessen zu ahnden. Sogar in Fällen, wo die Verstöße in jedweder Hinsicht inakzeptabel waren, gab es keinerlei disziplinarische Maßnahmen." Um Korruptionsrisiken habe man sich nicht gekümmert. In Sachen Compliance sei er bei Bilfinger auf eine „defekte, vererbte Unternehmenskultur" gestoßen. Der wohl absurdeste Fall im Bilfinger-Reich ereignete sich im Oman. Über Monate war dort der Landeschef einer Tochtergesellschaft verschwunden und für die deutsche Unternehmenszentrale nicht erreichbar. Er sei auf Pilgerfahrt, erzählte man sich bei Bilfinger. Tatsache war: Der Mann saß längst im Gefängnis, verurteilt wegen Korruption.

Nicht nur in fernen Ländern, auch in Europa schreckte der Konzern nicht vor dubiosen Geschäftspraktiken zurück. Um in Rumänien Regierungsaufträge zu gewinnen, zahlte eine Konzerntochter einem auf Malta ansässigen Berater 800.000 Euro. Teilweise in bar, ohne Vertrag und ohne nennenswerten Tätigkeitsnachweis. Das ist in der Welt des Schmiergelds reichlich amateurhaft – kein Wunder, dass der Experte Livschitz die Unternehmenskultur im Konzern bemängelte.

Mit Roland Koch ging dieses bunte Treiben unter einem langjährigen Spitzenpolitiker einer deutschen Volkspartei vonstatten. Es ist nicht klar, wie viel er von den Praktiken wusste. Es gibt jedoch auch keine Hinweise dafür, dass er sich dagegenstemmte. Der Fall ist somit ein weiteres Beispiel dafür, dass die politischen Eliten Deutschlands wenig Berührungsängste in Sachen Korruption im Ausland haben. 2014 trennte sich

Bilfinger Berger von Koch. Der Aufpasser Livschitz versah noch bis Ende 2018 seinen Dienst, dann wurde der Konzern aus der Aufsicht durch die US-Behörden entlassen. Der aktuelle Vorstand will von allen Vorgängern der Jahre 2005 bis 2016 120 Millionen Euro einklagen, weil sie nicht genug gegen Korruption getan hätten.

Die Veröffentlichungen des „Spiegel“ im Jahr 2018 über die Zustände bei Bilfinger bilden eine Ausnahme. Seit den Aufklärungserfolgen der deutschen Justiz in Sachen Siemens, Ferrostaal, Daimler und MAN Turbo ist es ruhig geworden um Schmiergeld in der deutschen Exportwirtschaft. Weil die deutsche Industrie doch sauber geworden ist? Oder weil einfach nichts an die Öffentlichkeit kommt?

Viele Firmen der deutschen Industrie machen saubere Geschäfte, auch bei Exporten ins Ausland. Doch gleichzeitig spricht auch vieles dafür, dass beim deutschen Industrieexport bis heute Schmiergeld gezahlt wird. Dafür spricht zum Beispiel, dass Konzerne wie Siemens, Daimler und Bilfinger die Regeln mithilfe ernst zu nehmender Compliance-Systeme erst einhielten, nachdem ihnen dies auf die harte Tour beigebracht worden war: durch Ermittlungen der US-Justiz, gefolgt von saftigen Strafen. Bei Siemens übrigens nur mit eingeschränktem Erfolg. Wie der „Spiegel“ im Juni 2019 berichtete, flossen auch nach dem Skandal im Jahr 2006 im Siemens-Geschäft mit medizinischen Geräten noch Schmiergelder nach Russland.[8]

Das gilt im Gesundheitssektor auch für Fresenius Medical Care. Der Konzern einigte sich im März 2019 mit der US-Justiz auf eine Strafzahlung von 231,7 Millionen US-Dollar. Laut der Einigung setzte der Konzern in den Jahren 2009 bis 2016 in zahlreichen Ländern Schmiergeld ein, um seine Produkte für die Behandlung von Nierenkrankheiten zu verkaufen. Auch hier war es die US-Justiz, die den Skandal aufarbeitete. Die deutsche Justiz hingegen klärt Auslandsbestechung nur in Einzelfällen auf (siehe Kapitel 11).

Auch die Haltung der Bundesregierung deutet nicht darauf hin, dass sie korrupte Praktiken im deutschen Export konsequent ablehnt. In den Jahren 2015 und 2016 setzten sich das Bundeswirtschaftsministerium und das Auswärtige Amt in Indien für Rheinmetall ein, wie das Magazin „Stern“ im März 2018 berichtete. Dem Rüstungskonzern sollte es erspart bleiben, wegen Schmiergeldzahlungen für einige Jahre von öffentlichen Aufträgen ausgeschlossen zu werden.[9]

Konzernvertreter hatten sich zuvor mit dem damaligen Wirtschaftsminister Sigmar Gabriel getroffen. Gleichzeitig schickte der Konzern zwei dubiose Berater ins Rennen, um die Probleme in Indien zu lösen. Indien schrieb deswegen drei Rheinmetall-Manager zur internationalen Fahndung aus. Die Bundesregierung interessierte das alles wenig, und sie lieferte gegenüber dem „Stern“ auch noch eine absurde Begründung.

Schließlich beträfen die Vorwürfe eine Schweizer Tochterfirma von Rheinmetall und nicht den deutschen Mutterkonzern. Ein deutsches Unternehmen muss also die Korruption nur an eine Konzerntochter in der Schweiz auslagern, dann kann man ihm aus Sicht der Bundesregierung keinen Vorwurf machen.

Auch über die weitverbreiteten schmierigen Zahlungen im U-Boot-Export dürfte die Bundesregierung lange Zeit im Bilde gewesen sein. So informierte der Militärattaché der deutschen Botschaft in Pakistan einen Beamten im Bundesamt für Wehrtechnik und Beschaffung im August 2010 über Schmiergeldvorwürfe gegen einen dortigen Vertreter der U-Boot-Bauer von ThyssenKrupp. Das Amt schaltete nicht etwa die Staatsanwaltschaft ein. Stattdessen landete der E-Mail-Austausch bei Managern der Kieler U-Boot-Werft. Nach einigen Gesprächen zwischen dem Militärattaché und Vertretern der Schiffsbauer beendeten diese ihre Beziehung zu dem fragwürdigen Vertreter in Pakistan.

Wohl kaum ein Fall zeigt die anhaltende Nähe der Bundesrepublik zu Konzernen, die Korruption in großem Stil einsetzen, wie der von Airbus. Im Januar 2020 einigte sich der Flugzeugbauer mit Behörden in den USA, Großbritannien und Frankreich auf die Zahlung von knapp vier Milliarden US-Dollar. Die Strafzahlung an das US-Justizministerium ist dabei die höchste, die jemals unter der Antikorruptionsgesetzgebung der USA („Foreign Corrupt Practices Act“, kurz FCPA) vereinbart wurde. Vertreter der US-Justiz sprachen von einem „massiven Schema“ der Korruption, das Airbus mindestens bis 2015 betrieben habe, um vor allem den Verkauf seiner Passagierflugzeuge in aller Welt zu befördern. Zur Erinnerung: Airbus befindet sich teilweise in Staatshand, die Bundesrepublik besitzt einen Anteil von 20 Prozent. Die Schmiergelder flossen also unter den Augen von Vertretern der Bundesregierung.

Die zu dem Zeitpunkt bereits bekannten Ermittlungen gegen den Konzern hielten den Vertreter der Bundesregierung im Aufsichtsrat nicht davon ab, dem langjährigen Konzernchef Tom Enders im Frühjahr 2019 den Abschied zu versüßen. Enders erhielt laut Medienberichten mit Rentenzahlungen, Aktien und Boni ein Paket in Höhe von 37 Millionen Euro.[10] Man könnte es für Schweigegeld halten, 20 Jahre nachdem Deutschland mit der Ratifizierung der OECD-Konvention gegen Korruption schmierigen Zahlungen im Export seiner Industrieprodukte angeblich eine Absage erteilt hatte.

Der Konzern Ferrostaal sagt heute, dass die Firma nach der Korruptionsaffäre vor zehn Jahren einen dicken Schlussstrich unter die Vergangenheit gezogen habe. Dass der Konzern heute nur noch saubere Geschäfte mache. Handfeste Hinweise für unlautere Geschäfte sind seitdem auch nicht bekannt geworden. Und doch tauchte bei Ferrostaal laut Recherchen von CORRECTIV nach dem Skandal in den vergangenen Jahren zumindest einmal jene klassische Struktur wieder auf, die in der Vergangenheit so oft für die Verschleierung von dubiosen Zahlungen benutzt worden war: der Beratervertrag. In Brasilien leistete Ferrostaal Zahlungen an eine Schlüsselfigur des gigantischen Petrobras-Skandals (siehe Kapitel 7).

## Kapitel 3

# Die Rüstungsindustrie: Könige des Schmiergelds

Schaike Bareket ist ein Nationalheld in Israel. Geboren 1935, verteidigte er zunächst als Luftwaffenoffizier die Existenz des jungen Staates. Im Jom-Kippur-Krieg 1973 überzeugte er als Militärattaché in Washington die USA, Israel schnell mit Rüstungslieferungen beizustehen. Nach dem Ausscheiden aus dem Militär trat er einen anderen Dienst an: Von 1991 an vertrat Bareket in seinem Heimatland für fast zwei Jahrzehnte die Marinesparte des deutschen Stahl- und Rüstungskonzerns ThyssenKrupp. In dieser Zeit lieferte ThyssenKrupp Marine Systems (TKMS) fünf U-Boote an Israel.
Die U-Boote sind ein zentraler Bestandteil der israelischen Verteidigungsstrategie. Sollte das kleine Land von einem Angreifer überrannt oder durch Massenvernichtungswaffen zerstört sein, könnten die U-Boote zurückschlagen und den Angreifer mit ihren atomaren Sprengköpfen ebenfalls zerstören – eine effektive Abschreckungsstrategie. Man könnte also sagen, dass Bareket nicht nur in der israelischen Luftwaffe, sondern auch als Vertreter von TKMS einen Beitrag zur Sicherheit seines Landes leistete.

2009 war dann plötzlich Schluss. Auf einem Parkplatz in Tel Aviv wurden Bareket und der aus Deutschland angereiste Vorstand von TKMS von einem Mitarbeiter der Marine auf dem Weg zu einer Besprechung über die Lieferung des sechsten Boots angehalten. Bareket dürfe bei den Gesprächen und damit dem nächsten U-Boot-Geschäft nicht dabei sein, wurde ihm gesagt. So beschrieben es die israelische Zeitung „Yedia Ahronot" und „Die Zeit" im Oktober 2017.[1]

Wenig später war klar, warum der langjährige TKMS-Vertreter ausgebootet worden war. Die israelische Seite hatte einen neuen Vertreter für TKMS vorgesehen: Miki Ganor. Der Geschäftsmann hatte keinerlei Erfahrung im Marinegeschäft. Doch er hatte einen anderen Vorzug: Er war ein Vertrauter des israelischen Ministerpräsidenten Benjamin Netanjahu. Und nicht nur das: Ganor stellte den persönlichen Anwalt des Likud-Politikers, David Shimron, bei sich ein. Shimron ist ein entfernter Cousin von Netanjahu. Er kümmert sich zudem um die Finanzen des Ministerpräsidenten. Als ein israelischer Fernsehsender im November 2016 aufdeckte, dass Shimron nicht nur für Netanjahu, sondern gleichzeitig für den TKMS-Vertreter Ganor und damit für den deutschen Werftkonzern arbeitete, kam eine Affäre ins Rollen, die das Land jahrelang in Atem halten sollte.

In der Geschichte des Schmiergelds hat die Rüstungsindustrie einen besonderen Platz. Denn Korruption ist im Rüstungsgeschäft deutlich verbreiteter als im Export ziviler

Güter. In einigen Segmenten kann man davon ausgehen, dass Schmiergeld allgegenwärtig ist. Dazu zählt zum Beispiel der Verkauf von Kriegsschiffen und Kampfjets. Sam Perlo-Freeman, Rüstungsexperte der britischen NGO Campaign Against Arms Trade, nennt gleich mehrere Gründe, warum das Rüstungsgeschäft so anfällig ist für Schmiergeld.

Rüstungsgeschäfte seien sehr groß, sagt Perlo-Freeman, es sei deshalb ein Leichtes, in den von besonderer Geheimhaltung betroffenen Geschäften einen kleinen Prozentsatz Schmiergeld zu verstecken. „Rüstungsgeschäfte sind sehr technisch, es gibt keine Festpreise. Die Pakete sind auf die einkaufenden Länder zugeschnitten, es ist leicht, Schmiergeld im Gesamtpaket unterzubringen." Bei Rüstungsgeschäften erreicht das Schmiergeld außerdem oft die höchsten Ebenen, so Perlo-Freeman weiter. „Hochrangige politische Entscheidungsträger sind in Rüstungsgeschäfte involviert. Es geht hier um politische Finanzen, Rüstungsgeschäfte bieten ihnen Gelegenheit, die eigene politische Partei zu finanzieren." Und der Experte nennt noch einen weiteren Grund: Die Rüstungsindustrie sei ein sogenannter Käufermarkt – viele Firmen bemühten sich um wenige Aufträge. Zugleich wolle die Politik in Herstellerländern wie Deutschland, Frankreich oder Großbritannien eine lokale Produktion aufrechterhalten. Weil die Aufträge aus dem eigenen Land dafür nicht ausreichten, sei das nur mit Exporten möglich – Schmiergeld hin oder her.

Schmiergeld ist in der Rüstungsindustrie nicht nur weiter verbreitet als im zivilen Sektor, die Zahlungen sind auch umfangreicher. Im Export von zivilen Industrieanlagen sind heutzutage noch Beraterprovisionen von drei bis maximal sieben Prozent gängig – gewöhnlich leiten die Berater davon dann zwei Drittel als Schmiergeld an Entscheidungsträger weiter, ein Drittel behalten sie als Entlohnung für ihre Dienste für sich. In der Rüstungsindustrie liegen die Provisionen eher bei zehn Prozent des Auftragswerts. Es hat aber auch Schmiergeldskandale in der Rüstungsindustrie gegeben, bei denen nicht weniger als die Hälfte des Auftragswerts in die Taschen von Mittelsleuten, Politikern, Beamten und von Managern der Hersteller floss.

Deutschland zählte in den vergangenen Jahren zu den fünf größten Exporteuren von Rüstungsgütern. Ein erheblicher Teil der weltweit im Export gezahlten Bestechungsgelder dürfte auf die Rüstungsindustrie entfallen. Nichts deutet darauf hin, dass deutsche Hersteller die Saubermänner dieser derart korruptionsbelasteten Branche sind. Die Manager der großen deutschen Konzerne zeigen wenig Skrupel. Sie finanzieren mitunter Rechtspopulisten und machen auch nicht davor halt, das Mediensystem eines anderen Landes zu korrumpieren. Hauptsache, Aufträge werden gewonnen. Und das nicht nur in fernen Ländern, in denen der Zustand der dortigen Demokratie erst einmal wenig Auswirkungen auf Deutschland hat. Sie machen auch vor unseren Nachbarn und, wie bereits gezeigt, vor einer so wichtigen Beziehung wie dem deutsch-israelischen Verhältnis nicht halt.

Dieses Buch greift die Rüstungsindustrie aus der Geschichte des Schmiergelds noch aus einem zweiten Grund heraus. Bei Rüstungsgeschäften werden derart große schwarze Kassen angelegt, dass es ein Leichtes ist, einen Teil des Geldes zurück in das eigene Land zu lenken. Und zwar in die Taschen der beteiligten Manager – und in die Politik und Bürokratie des eigenen Landes. Denn während die Exporteure ziviler Güter mit Ausnahme von Exportbürgschaften keine politische Unterstützung im eigenen Land benötigen, ist die Rüstungsindustrie sehr stark auf Ausfuhrgenehmigungen angewiesen.

In der Rüstungsindustrie besteht also genug Anlass, auch im eigenen Land mit Schmiergeld nachzuhelfen. Gerade der Export von deutschen Kriegsschiffen ist in dieser Hinsicht von Medien und Justiz in Deutschland völlig unterbelichtet. Dieses Kapitel über den Export von Rüstungsgütern und die Kapitel über Korruption in Deutschland (Kapitel 9 und 10) sind also zusammen zu betrachten – vielleicht kann man so weit gehen, sie als zwei Seiten derselben Medaille zu betrachten.

Zurück nach Israel. 2012 schlossen Berlin und Tel Aviv ein Abkommen über die Lieferung eines weiteren U-Boots ab. Im folgenden Jahr orderte Israel zusätzlich vier Korvetten bei TKMS. Die Schiffe sollten israelische Gasanlagen auf dem Mittelmeer schützen. Dann bahnten Israel und TKMS noch die Lieferung drei weiterer U-Boote an: Nummer sieben, acht und neun. Insgesamt hatte TKMS so Aufträge aus Israel über zwei Milliarden US-Dollar in den Büchern stehen. Doch in Israel entzündete sich schnell Streit um die Aufträge. Die vier Korvetten hatte die Regierung in Tel Aviv ohne Ausschreibung nach Kiel vergeben. Auch deswegen war der israelische Verteidigungsminister Mosche Jaalon strikt gegen den Kauf der Schiffe aus Deutschland. Er hielt sowohl das sechste U-Boot wie auch die vier Korvetten für unnötig.

Als Deutschland den Verkauf zunächst an politische Bedingungen zu knüpfen schien, startete die Regierung doch noch eine internationale Ausschreibung; laut Medienberichten diente das eigentlich nur dazu, um die Bundesregierung unter Druck zu setzen. Doch die Netanjahu-Vertrauten Ganor und Shimron taten alles, um das Ausschreibungsverfahren zu stoppen. Am Ende soll Netanjahu persönlich dafür gesorgt haben, dass die Ausschreibung eingestellt wurde. Und im Herbst 2014 war es so weit: Die Ausschreibung wurde ausgesetzt. Der Auftrag ging nach Kiel. Warum? Nicht das nationale Interesse Israels leitete die Entscheidungsträger, sondern Geld. TKMS hatte mit Ganor eine Provision in Höhe von 20 Millionen Euro vereinbart, etwa die Hälfte davon ist auch tatsächlich geflossen.

Im Juli 2017 erklärte sich Ganor bereit, als Kronzeuge auszusagen – das kam einem Erdbeben in der israelischen Politik gleich. Im Frühjahr 2019 erklärte dann auch die Staatsanwaltschaft Bochum, die die Vorgänge in Israel lange Zeit nur beobachtet hatte, dass sie inzwischen ein Ermittlungsverfahren wegen Korruption eingeleitet habe. Im Dezember 2019 schließlich erhob die israelische Staatsanwaltschaft Anklage gegen Shimron wegen des Verdachts der Geldwäsche. Ganor, ein früherer Büroleiter Netanjahus sowie ein ehemaliger Marinechef wurden zusätzlich wegen Korruptionsverdacht angeklagt.

Und ThyssenKrupp? Warum ließ sich der Konzern auf ein Verhältnis mit einem Berater ein, der aus dem direkten Umfeld des israelischen Ministerpräsidenten stammte? Warum riskierte der Konzern mit den Provisionszahlungen an Ganor eine Korruptionsaffäre, die nicht nur den Konzern selbst, sondern auch das für die Bundesrepublik so wichtige deutsch-israelische Verhältnis schwer belasten konnte? Von ThyssenKrupp erhält man wenig Antworten. Die Compliance-Abteilung des Konzerns sei über die Involvierung des Beraters Ganor in die Schiffsverkäufe nach Israel nicht informiert gewesen.[2] Nach dem Bekanntwerden der Vorwürfe leitete der Konzern eine interne Untersuchung ein und stellte die Ergebnisse den staatlichen Ermittlern in Tel Aviv zur Verfügung. Man habe dabei keinerlei Hinweise auf Korruption gefunden, sagt der Konzern.

Das Beraterprinzip funktionierte hier also: Ein Konzern zahlt einem Berater Provisionen für einen Geschäftsabschluss. Dieser leitet die Gelder – so der Verdacht der israelischen Ermittler – teilweise an Entscheidungsträger weiter. Doch diese Zahlungen am anderen Ende der Kette hinterlassen in den Unterlagen des Konzerns keine Spuren. Das ist Sinn und Zweck der Zwischenschaltung eines Beraters.

Mit den Zahlungen an den Berater Ganor knüpfte die Marinesparte von ThyssenKrupp an eine lange Tradition von Bestechungsgeldern und dubiosen Beraterprovisionen im Verkauf deutscher Kriegsschiffe an. Wegen der politischen Sprengkraft des deutsch-israelischen Verhältnisses ist der Fall Israel besonders spektakulär. Davon abgesehen ist er die Regel, nicht die Ausnahme. Das wird deutlich, wenn man sich die Unterlagen anschaut, die interne Prüfer in den Jahren 2009 und 2010 während der Aufarbeitung des Schmiergeldskandals bei Ferrostaal zusammentrugen. Ferrostaal hatte jahrzehntelang eng mit der Kieler HDW-Werft von ThyssenKrupp zusammengearbeitet: TKMS baute die U-Boote, Ferrostaal kümmerte sich um den Vertrieb. Mitte der Nullerjahre gründeten Ferrostaal und TKMS dafür eine gemeinsame Tochterfirma: Marine Forces International, kurz MFI.

Die Zeit der Aufklärung der Schmiergeldvorwürfe bei Ferrostaal bietet daher einen seltenen Einblick in die Geschäftsmethoden, mit denen deutsche Kriegsschiffe verkauft werden. Schlagzeilen machte das Urteil des Landgerichts München von Ende 2011, in dem das Gericht einen ehemaligen Ferrostaal-Vorstand und einen ehemaligen Leiter der Marineabteilung des Konzerns wegen Bestechung für schuldig befand. Die beiden hatten demnach beim Export von U-Booten nach Griechenland und nach Portugal mit Schmiergeld nachgeholfen.

Doch die Bootsbauer von ThyssenKrupp und ihre Vertriebler in Essen verkauften die deutschen U-Boote in viele Länder der Welt – angeblich, weil die mit einer leisen Brennstoffzelle betriebenen Boote im Vergleich zu den Schiffen anderer Hersteller unter Wasser besonders schwierig aufzuspüren seien. Doch tatsächlich, und das zeigt der Blick in die Unterlagen der Prüfer, spielten bei quasi jedem U-Boot-Export auch seltsame Zahlungen, dubiose Beraterfiguren und Briefkastenfirmen eine Rolle.[3]

Zum Beispiel in Südkorea: Hier zahlte der gemeinsame Vertrieb der beiden Konzerne bis zum Jahr 2010 insgesamt 42 Millionen Euro an einen dortigen Berater. Die Prüfer fanden keine Hinweise dafür, dass das Geld für Bestechung eingesetzt wurde. Allerdings wurde der koreanische Berater Anfang der 90er-Jahre wegen Bestechung zu einer Gefängnisstrafe verurteilt und stand daher beim südkoreanischen Verteidigungsministerium auf einer Verbotsliste. Trotzdem arbeiteten die deutschen Verkäufer mit ihm zusammen. 2016 wurde der Berater in Südkorea erneut verurteilt. Korruption konnten ihm die dortigen Ermittler dieses Mal nicht nachweisen. Doch der Berater hatte die vielen Millionen aus der deutschen Rüstungsindustrie nicht richtig versteuert.

Beispiel Türkei: Hier fand eine interne Prüferin von ThyssenKrupp eine Zahlung an eine auf Malta registrierte Firma eines türkischen Beraters über 250.000 Euro im Jahr 2009 merkwürdig. „Diese Mitarbeiterin wurde daraufhin abgezogen", heißt es in den Unterlagen der späteren Ermittler aus dem Februar 2011. Ein Geschäftsführer von MFI teilte ihr laut ihren eigenen Notizen mit, er werde sich zukünftig an ihrer Stelle selbst um Compliance bei MFI kümmern. Das „Handelsblatt" untermauerte später die Korruptionsvorwürfe, indem es einen Zeugen der Verhandlungen zitierte.[4] Der Konzern sagt, dass er daraufhin das Türkei-Geschäft geprüft habe, aber keinerlei Schmiergeldzahlungen habe finden können. Der MFI-Geschäftsführer ist bis heute ein hochrangiger Manager in der Marinesparte von ThyssenKrupp.

Die Abwicklung der Türkei-Aufträge, zwei U-Boote vom Typ 209, kommt bis heute nicht voran. Es gibt offenbar Streit zwischen ThyssenKrupp und den Partnern in der Türkei. Das „Handelsblatt" berichtete 2015, dass die Partner in der Türkei als Kompromiss U-Boote für den Verkauf nach Indonesien fertigen wollten, um so wichtiges Know-how ins Land zu holen. Doch die Werft von ThyssenKrupp dreht sich damit im Kreis.

Drittes Beispiel: Indonesien. Im Jahr 2008 bewarb sich die Kieler Werft um die Instandsetzung eines bereits in den 90ern in Deutschland gekauften U-Boots. Doch ein lokaler Berater schlug dazu Zahlungen an einen Pensionsfonds des indonesischen Militärs vor. Das war den Managern in Deutschland zu heiß. Sie verfolgten das Geschäft nicht weiter. Über den Umweg Türkei werden sie jetzt jedoch möglicherweise wieder in ein Land gezogen, in dem Schmiergeldzahlungen an der Tagesordnung sind.

Viertes und letztes Beispiel: Pakistan. Im Jahr 2006 unterbreiteten die deutschen U-Boot-Bauer dem Land ein Angebot über den Bau von drei Booten vom Typ 214 – und stachen ihre französische Konkurrenz aus. Später versandete das Geschäft jedoch und kam letztlich nicht zustande.

Ein Berater schrieb einem Manager von MFI offen, er habe Leute zu bezahlen. Als ihn die Wirtschaftsprüfer später im Zuge der Ermittlungen bei Ferrostaal darauf ansprachen, sagte der Manager, er habe nie wissen wollen, was die Berater mit den von ihm gezahlten Geldern unternahmen. Er sei nie auf die Idee gekommen, danach zu fragen.

MFI setzte in Pakistan auf einen alten Ferrostaal-Vertreter mit guten Kontakten zum mächtigen Militär des Landes. Als es selbst der deutschen Botschaft in Pakistan zu Ohren gekommen war, dass dieser im Zusammenhang mit dem U-Boot-Geschäft Bestechungsgeld in Höhe von 66 Millionen US-Dollar weiterleiten würde, beendete MFI die Beziehung zu dem Berater.

Bestechung in Portugal und Griechenland, dubiose Beraterzahlungen bei vielen weiteren Geschäften – die Geschäfte zwischen TKMS und dem Umfeld des israelischen Ministerpräsidenten sind nur das aktuellste Beispiel von vielen. Der deutsche Export von Kriegsschiffen ist derart verseucht mit fragwürdigen Geschäftspraktiken, dass die Beteiligten ihn lieber außerhalb Deutschlands ansiedeln – und damit außerhalb der Reichweite hiesiger Staatsanwälte. Das jedenfalls war der Verdacht, dem die Prüfer bei Ferrostaal nachgingen.

Ferrostaal und TKMS siedelten die Vertriebstochter Mitte der Nullerjahre in London an. Der Standortwahl gingen lange Diskussionen voraus, für die sogar eine externe Kanzlei eingeschaltet wurde. In einer inzwischen berüchtigten Präsentation mit dem Titel „Why MFI?“ aus dem September 2004 verweisen die Anwälte auch auf strafrechtliche Aspekte, die für die Gründung in London sprächen. Den Prüfern fiel zudem auf, dass bei den Diskussionen sehr häufig der Begriff „firewall“ gefallen war. Offenbar wollten die Manager eine Brandmauer zwischen sich und neugierigen Staatsanwälten haben. Noch bis ins Jahr 2007, ein Jahr nachdem MFI seine Arbeit begonnen hatte, hielt die interne Diskussion an. Allerdings so, dass sie möglichst wenig Spuren hinterließ.

„Dies alles sollte und wird mündlich kommuniziert werden", heißt es in einer internen E-Mail aus jenem Jahr.

„Die Absicht der Eigentümer (von MFI, Anm. d. V.), sich von potenziellen steuerlichen und staatsanwaltschaftlichen Ermittlungen in Deutschland abzuschotten, indem sie gewissermaßen Kommissionszahlungen an ein ausländisches Gemeinschaftsunternehmen auslagerten, stellte eine zusätzliche, wichtige Überlegung dar", fassten es die Wirtschaftsprüfer zusammen. Ferrostaal weist diesen Verdacht zurück. Die Ansiedlung in London habe geschäftliche Gründe gehabt. Auch könne man sich in Großbritannien nicht vor Strafverfolgung schützen. Ferrostaal stieg 2011 aus der Vertriebspartnerschaft MFI aus.

Diese Durchlaufstation für fragwürdige Zahlungen existiert bis heute, umbenannt in ThyssenKrupp Marine Systems LLP. Und sie verdient weiterhin Geld. Ohne einen einzigen Mitarbeiter im Londoner Büro erzielte sie 2015 einen Umsatz von zwölf Millionen Pfund. 2013 waren es sogar 110 Millionen Pfund.

Früher arbeiteten Ferrostaal und TKMS nicht nur bei U-Booten im Vertrieb zusammen, sondern auch bei den sogenannten Überwassereinheiten, wie zum Beispiel Fregatten oder Korvetten, jeweils kleinere Kriegsschiffe. Anfang der Nullerjahre endete hier die Zusammenarbeit jedoch, und TKMS vertrieb die eigenen Schiffe fortan ohne die Hilfe von Ferrostaal. Deswegen sind die Geschäftspraktiken beim Verkauf dieser Schiffe sehr viel weniger dokumentiert als der Export von U-Booten, der von den Prüfern bei Ferrostaal um das Jahr 2009 herum durchleuchtet wurde.

Doch es gibt eine ganze Reihe von Hinweisen dafür, dass es beim deutschen Export von Überwassereinheiten wie auch bei der Ausrüstung von Kriegsschiffen nicht viel sauberer zugeht als bei U-Booten. Da ist zunächst einmal der inzwischen historische Arms Deal, das große Rüstungspaket, das der südafrikanische ANC Ende der 90er-Jahre auf den Weg brachte und bei dem europäische Rüstungshersteller gigantische Schmiergeldsummen zahlten (siehe Kapitel 6). Eine Thyssen-Tochter lieferte Fregatten – und Prüfer fanden später dubiose Zahlungen in zweistelliger Millionenhöhe, die an Briefkastenfirmen flossen.

Recherchen von CORRECTIV haben ergeben, dass die Konzerne Rheinmetall und TKMS in den vergangenen Jahren sowohl beim Verkauf von Geschützen für Kriegsschiffe der emiratischen Marine wie auch beim Verkauf von Fregatten an die algerische Marine auf die Dienste eines sehr zwielichtigen Beraters setzten, und auch weitere Auffälligkeiten bei den Geschäften werfen einen Schmiergeldverdacht auf (siehe Kapitel 8 über die arabische Welt).

Was London für den Export von U-Booten ist, ist übrigens Singapur für den Verkauf von Überwassereinheiten – über die dortige Tochter, und damit noch viel weiter weg von neugierigen Journalisten oder Staatsanwälten, wickelt ThyssenKrupp ebenfalls schon seit 2007 den Verkauf von Kriegsschiffen ab.

Wie geht der Konzern mit den ständigen Skandalen rund um den Verkauf von Kriegsschiffen um? In der Konzernzentrale in Essen heißt es, man werfe einen genauen Blick auf dieses Geschäft. Von den 40 Mitarbeiterinnen und Mitarbeitern der Compliance-Abteilung seien wegen der besonderen Risiken acht allein mit der Prüfung der Marinetochter beauftragt.[5] Die vielen Auffälligkeiten sind dann nur so zu erklären, dass die Kieler Werft in dem Konzern ein gewisses Eigenleben führt. Sowohl beim Verkauf von U-Booten nach Israel wie auch bei den millionenschweren Provisionszahlungen nach Südkorea gibt es Hinweise dafür, dass die Kieler Manager der in Essen ansässigen Compliance-Abteilung Informationen vorenthielten.

Hinzu kommen noch die umfassenden Ermittlungen, die die Staatsanwaltschaft Bremen seit einigen Jahren führt. In Bremen ist Atlas Elektronik angesiedelt. Das Unternehmen gehört zur Hälfte Rheinmetall, zur Hälfte ThyssenKrupp, das seinen Anteil unlängst von Airbus übernahm. Atlas Elektronik stellt unter anderem Simulatoren her, die neben zivilen Anwendungen auch zur Ausbildung von U-Boot- und Panzerfahrern eingesetzt werden. Und das Unternehmen rüstet Kriegsschiffe aus, etwa mit Torpedos und Sonaranlagen. Für deren Absatz in aller Welt setzte Atlas Elektronik auch Schmiergeld ein.

Die Staatsanwaltschaft Bremen verdonnerte das Unternehmen deshalb im Juni 2014 zu einer Strafzahlung in Höhe von 37 Millionen Euro, zusammengesetzt aus Bußgeld und Gewinnabschöpfung. Die Ermittler gingen davon aus, dass Atlas Elektronik im Zusammenhang mit dem Verkauf von U-Booten an Griechenland einem dortigen Vermittler 13 Millionen Euro gezahlt hatte. Zudem leistete das Unternehmen verdächtige Zahlungen, um Torpedos an das Militär Perus zu verkaufen.

Der Verkauf deutscher Kriegsschiffe und ihrer Ausrüstung ist in Sachen Korruption eine Blackbox. Abgesehen vom Verkauf von U-Booten sind in den vergangenen beiden Jahrzehnten nur wenige Puzzleteile bekannt geworden. Anders ist es beim Verkauf von Flugzeugen.

Man kann sich Klaus Bertrand (Name geändert) durchaus als einen gewissenhaften Menschen vorstellen. Im Frühjahr 2010 ging auf zwei Konten bei der Liechtensteiner Bank, für die Bertrand arbeitet, jeweils der gleiche Betrag ein: 7,75 Millionen Euro. Die Empfänger: zwei Firmen von den Britischen Jungferninseln, Harris Corporate Ltd. und Goldberg Corporate Ltd. Bertrand kam dies komisch vor. Also legte er am 8. April

2010 eine Aktennotiz an, eine sogenannte Sorgfaltspflichtprüfung. Diese Notiz ist in Justizunterlagen enthalten, die CORRECTIV vorliegen. Auf ihnen beruht die Darstellung in diesem Kapitel. Banken sind zur Prüfung verpflichtet, wenn sie einen Verdacht auf Geldwäsche hegen. Oft füllen sie auch einfach die Formulare aus, um sich abzusichern. Auf jeden Fall notierte Bertrand, woher die Gelder für Harris und Goldberg stammten und was ihr angeblicher Zweck sein sollte.

Verantwortlich für die beiden Firmen aus dem britischen Steuerparadies war Frank P. Klaus Bertrand kannte den deutschen Geschäftsmann: P. hatte ihm drei Jahre zuvor schon einmal Arbeit gemacht. Im Oktober 2007 sah sich Bertrand ebenfalls veranlasst, eine Sorgfaltsprüfung anzulegen. Damals notierte er, dass vier Firmen in vier verschiedenen Ländern – in Hongkong, in der Schweiz, auf den Kaimaninseln und auf der Isle of Man – alle dem Geschäftsmann P. zuzurechnen seien. Es ist nicht klar, was genau Bertrand zu seinen Prüfungen veranlasste. Vermutlich flossen auf den genannten Konten viele Millionen hin und her, ohne dass der Zweck der Transfers zu erkennen war.

Staatlichen Ermittlern sollte es ähnlich gehen. „Ein nachvollziehbarer, legaler wirtschaftlicher Hintergrund auch dieser Zahlungsströme ist nicht ersichtlich", notierten sie später zu den Geldtransfers in Millionenhöhe an Harris und Goldberg. Fest steht, dass die Gelder alle denselben Ursprung hatten: die Firma Vector Aerospace in London. Mindestens 50 Millionen Euro flossen von dem Unternehmen in den Jahren 2005 bis 2010 in das Konten- und Firmengeflecht rund um Frank P. Dieser verteilte das Geld anschließend von den von ihm kontrollierten Firmen auf andere Konten weiter.

Vector Aerospace wies nur einen Direktor und seine Assistentin auf. Woher hatte diese Firma die Millionen? Vector Aerospace, so konnten es Ermittler später nachvollziehen, hatte die Millionen von EADS erhalten, dem deutsch-französischen Rüstungskonzern, der heute Airbus Group heißt. Nicht weniger als 114 Millionen Euro zahlte Airbus in den Jahren 2005 bis 2010 auf ein Konto, das Vector Aerospace bei der Bank HSBC in London unterhielt. Die Mittel stammten aus einem Auftrag, den Airbus im Jahr 2003 von der österreichischen Regierung erhalten hatte: 18 Kampfjets vom Typ Eurofighter sollte der Konzern liefern, für zunächst knapp zwei Milliarden Euro. Und auf dem Konto in London war der Weg des Geldes noch längst nicht zu Ende.

In der nicht gerade skandalarmen jüngeren Geschichte Österreichs bildete die Eurofighter-Affäre lange Zeit den größten Politskandal des Landes, inzwischen abgelöst von der Ibiza-Affäre rund um den FPÖ-Politiker Hans-Christian Strache. Es ist ein komplexer, verästelter Skandal, dessen Aufklärung seit inzwischen fast 20 Jahren kaum vorankommt. Ermittler in Deutschland, Österreich und Großbritannien konnten belegen, dass etwa 100 Millionen Euro im Zusammenhang mit dem Geschäft in dunkle Kanäle geflossen sind, nicht jedoch, wer letztlich die Empfänger waren. Fest steht allerdings, dass – überraschend und quasi im allerletzten Moment – ausgerechnet der Eurofighter als teuerste Beschaffungsvariante zum Zug kam.

Doch wie schaffte es Airbus, das Geld des österreichischen Steuerzahlers zu tarnen, bis es am Ende seines Weges in einem parallelen Schattensystem auftauchte? Mit einem Buchhaltungstrick, der einen dreistelligen Millionenbetrag in den Büchern des Konzern so verwandelte, dass seinem Abfluss in das verzweigte Konten- und Firmensystem, das dem Liechtensteiner Bankangestellten Klaus Bertrand später auffallen sollte, nichts mehr im Wege stand.

Als Teil des Eurofighter-Geschäfts hatte sich Airbus verpflichtet, der österreichischen Wirtschaft Aufträge in Höhe von vier Milliarden Euro zu verschaffen. Gegengeschäfte wie dieses – auch bekannt unter der englischen Bezeichnung offset – sind häufig Teil von Rüstungsgeschäften, gerade in Schwellen- und Entwicklungsländern. Regierungen in aller Welt rechtfertigen Milliardenausgaben für Rüstungsgüter, indem ein Teil der Ware im Land gefertigt werden muss oder die Lieferanten sich verpflichten, andere Investitionen ins Land zu holen. Für den Fall, dass sich die Lieferanten nicht an die Absprache halten, wird eine Strafe festgelegt. Es kommt vor, dass westliche Rüstungsfirmen von vornherein gar nicht vorhaben, die Gegengeschäfte für ihren Kunden aufzutreiben – stattdessen kalkulieren sie die Zahlung der Strafe einfach in ihren Kosten mit ein. Beim Eurofighter-Geschäft lag die Höhe der möglichen Strafzahlung bei fünf Prozent, also bis zu 200 Millionen Euro.

Am 1. Dezember 2004 geschah im Airbus-Reich etwas Seltsames. Airbus wickelte den Eurofighter-Auftrag in einer eigenen Projektgesellschaft ab, der Eurofighter Jagdflugzeug GmbH mit Sitz in Hallbergmoos bei München. Mit ihr schloss Österreich die Verträge. Diese Firma trug also das Risiko, Österreich 200 Millionen Euro zahlen zu müssen, wenn der Konzern nicht ausreichend Gegengeschäfte auftreiben sollte. Bis zu jenem 1. Dezember. Denn an diesem Tag übertrug die Eurofighter GmbH die eventuelle Verpflichtung an die Konzernmutter Airbus – in voller Höhe. Das Seltsame daran: Zu diesem Zeitpunkt bestand das Risiko schon gar nicht mehr in diesem Maße.

Denn für den Großkonzern Airbus mit einem damaligen Jahresumsatz von 18 Milliarden Euro war es ein Leichtes, Aufträge in ausreichender Größenordnung an österreichische Firmen zu vergeben. Zumal das Unternehmen auch noch die Konzernmutter, damals DaimlerChrysler, einspannen konnte. Auch die Kontakte zu anderen Großkonzernen halfen. So vergab ThyssenKrupp gegen Zahlung einer kleinen Provision Aufträge nach Österreich.

Ein Jahr nach Unterzeichnung der Verträge, im Juli 2004, hatte sich Airbus bei der österreichischen Regierung daher schon 40 Prozent der geforderten vier Milliarden

Euro Gegengeschäfte anrechnen lassen. Das Risiko, das die Eurofighter GmbH einige Monate später an Airbus übertrug, bestand in der Höhe also schon gar nicht mehr. Und in dem Maße, in dem es weiter sank, konnte Airbus in den eigenen Büchern die eventuelle Zahlungsverpflichtung auflösen und sie sich stattdessen als eigene Mittel gutschreiben – und sie also an jenem 1. Dezember 2004 auf das Konto von Vector Aerospace verschieben.

Am selben Tag geschah noch etwas: Airbus wollte sich fortan nicht mehr selbst um das Einholen der Gegengeschäfte kümmern. Hierum sollte sich auch Vector Aerospace kümmern. Fast die Hälfte der Gegengeschäfte war zu diesem Zeitpunkt schon eingeholt. Als Ermittler später den Chef der Offset-Abteilung von Airbus nach Vector befragten, sagte er, er habe von der Firma noch nie etwas gehört. Das ist in dieser Größenordnung einer der elegantesten, skrupellosesten Kniffe in der Geschichte des organisierten Geldverschiebens.

Weitere Transfers von Vector an angebliche Vermittlerfirmen für Gegengeschäfte erfolgten dann in den Jahren 2005 bis 2010. Von ihren Konten aus verlor sich die Spur des Geldes. Ermittler haben es bis heute nicht in allen Fällen geschafft, den Weg der Millionen bis zu ihren Endempfängern zu verfolgen. Sie vermuten, dass es sich dabei Amtsträger handeln könnte. Diese Vermutung liegt nahe. Denn eigentlich sollte Airbus bei dem Geschäft außen vor bleiben.

Österreich wollte Anfang des Jahrtausends neue Kampfjets bestellen, um weiter seinen Luftraum überwachen zu können. Die bisherige Kampfflugzeugflotte, bestehend aus Jets des schwedischen Herstellers Saab, stammte noch aus den 70er-Jahren und war nur noch in Österreich im Dienst. 2005 mussten die Flugzeuge unweigerlich außer Dienst gestellt werden. Die österreichische Regierung lud zunächst nur Saab und die Hersteller des US-amerikanischen F-16-Jets ein. Sie traute es Airbus nicht zu, den noch in der Entwicklung befindlichen Eurofighter rechtzeitig liefern zu können. Doch Airbus schaffte es nicht nur, doch an der Ausschreibung teilnehmen zu dürfen. Der Konzern gewann den Auftrag auch – und das, obwohl der damalige Verteidigungsminister Herbert Scheibner für ein anderes Angebot plädiert hatte.

Wie genau Airbus den Zuschlag erreichte, ist bis heute unklar. Das politische Establishment in Österreich hatte lange Zeit kein Interesse an einer Aufklärung. So kam ein parlamentarischer Untersuchungsausschuss Mitte der Nullerjahre zu keinen nennenswerten Ergebnissen. Klar ist, dass Airbus in Österreich gut vernetzte Lobbyisten als Berater anheuerte, um österreichische Beamte im Sinne des Eurofighters zu bearbeiten. Zwei der Lobbyisten erhielten auch Geld aus dem „Vector-Netzwerk", wie österreichische Ermittler das Kontensystem rund um Vector Aerospace nannten. Allein, ob und an welche Entscheidungsträger sie das Geld weiterleiteten, ist unklar. Außerhalb des

„Vector-Netzwerks" gab es bei den Eurofighter-Geschäften ziemlich konkrete Hinweise auf Schmiergeldzahlungen. So zahlte ein EADS-Lobbyist 87.600 Euro an eine Firma, die der Ehefrau eines österreichischen Generalmajors gehörte – dieser war Mitglied der Kommission, die die Angebote zu bewerten hatte.

Airbus hatte den Eurofighter gemeinsam mit dem britischen Rüstungskonzern BAE Systems entwickelt. Die Briten hielten daher einen Anteil an der Eurofighter GmbH, die die Geschäfte mit Österreich abwickelte. BAE Systems unterhielt sein eigenes Schmiergeldsystem, welches die britische Betrugsbehörde Serious Fraud Office (SFO) lange beschäftigte.

In Österreich zahlte der Konzern über Zwischengesellschaften und fingierte Beraterverträge etwa zwölf Millionen Euro an einen österreichischen Lobbyisten, der der konservativen ÖVP nahestand. Was er mit dem Geld machte, ist unklar, denn der Lobbyist erhielt das Geld in bar. Die österreichische Staatsanwaltschaft klagte den Lobbyisten wegen Geldwäsche an, konnte den Richter jedoch nicht von ihren Argumenten überzeugen. Der Richter urteilte: „Die Sache stinkt, aber sie stinkt nicht genug."

Bei einer Besprechung mit BAE-Systems-Managern war jedenfalls laut einem Teilnehmer von einer „Umkehr der Eurofighter-Entscheidung" die Rede gewesen. Die „Eurofighter-Entscheidung" – sie wurde zum größten Polit- und Korruptionsskandal Österreichs der vergangenen beiden Jahrzehnte. Inzwischen sind fast 20 Jahre vergangen, seit das Geschäft eingefädelt wurde. Staatsanwälte in Österreich und Deutschland haben ermittelt, in Österreich gab es mehrere Untersuchungsausschüsse – aufgeklärt ist die Affäre nicht.

Nicht zu vergessen ist, dass der deutsche Staat einen Anteil von 20 Prozent an Airbus hält. Es war also ein Staatskonzern, der die Beziehungen zu einem Nachbarland belastete – indem er Steuergeld durch einen Buchungstrick in eine schwarze Kasse verwandelte. Denn letztlich war es der österreichische Steuerzahler, der das Kontensystem rund um Vector Aerospace finanzierte. Österreich wirft Airbus vor, angebliche Gegengeschäftskosten in Höhe von 183,4 Millionen Euro in den Kaufpreis einkalkuliert und verschleiert zu haben. Airbus bestreitet jedes Fehlverhalten.

Laut den Regeln der Ausschreibung hätte der Konzern mit Gegengeschäften verbundene Kosten separat ausweisen müssen. Es ist einer der zentrale Vorwürfe, die Österreich dem Unternehmen, und damit auch dem staatlichen Anteilseigner Deutschland, bis heute macht. „In weiterer Folge diente ein Großteil des Betrages von 183,4 Millionen Euro dazu, eigene und fremde Kosten für sowohl nicht kriminelle Geschäfte, die unter anderem auch der Anbahnung und Abwicklung der so genannten Gegengeschäfte dienten, als auch kriminelle Handlungen zu finanzieren", heißt es dazu in österreichischen Justizunterlagen.

Bei ihren Bemühungen, das politische Establishment Österreichs zu ihren Gunsten zu beeinflussen, machten die skrupellosen Airbus-Manager nicht einmal vor einer der wichtigsten Einrichtungen jeder Demokratie halt: den Medien, und in diesem Fall dem öffentlich-rechtlichen Rundfunk. Bei einer Durchsuchung von Airbus-Büros in Deutschland fanden Ermittler einen Ordner mit österreichischen Medienberichten aus den Jahren 2002 und 2003 über den Eurofighter-Ankauf. Darunter fand sich auch ein siebenseitiges Papier mit dem Titel „Die Aufgaben". Darin diskutiert der unbekannte Verfasser, wie man Einfluss auf die österreichischen Medien gewinnen könne. Er wünschte sich „permanente Berichterstattung in einem Leitmedium" und fasste dafür eine Sendung des öffentlich-rechtlichen Rundfunks ORF ins Auge, die chronisch unterfinanziert sei.

„Jede Art von Produktionskostenzuschuss – sowohl die Geld-, als auch die Sachleistung wird zur gewünschten Berichterstattung führen", heißt es in dem Papier. Der unbekannte Autor führt aus, dass die „geleistete Lobbying-Arbeit" bei hochrangigen ORF-Managern erfolgreich gewesen sei. Und nicht nur das: Er schlug auch vor, den Generalmajor, der Mitglied der Bewertungskommission war und an dessen Frau Airbus Geld gezahlt hatte, auf eine Besuchsreise durch österreichische Zeitungen zu schicken – offensichtlich, um dort als angeblich neutraler Militär aufzutreten. Es ist nicht klar, ob „Die Aufgaben", die der unbekannte Verfasser zusammentrug, auch abgearbeitet wurden.

Die Staatsanwaltschaft München verurteilte Airbus 2018 zu einem Bußgeld von 81,25 Millionen Euro. Da die Ermittler den Geldfluss an die Endempfänger nicht nachvollziehen konnten, behalfen sie sich mit einer Krücke: Der Konzern sei bei der Buchführung seinen Pflichten nicht nachgekommen.

Festhalten lässt sich: Airbus zahlte 114 Millionen Euro an Vector. Davon tauchte die Hälfte in dem Kontensystem auf, das den Liechtensteiner Bankangestellten Bertrand stutzig werden ließ. Wo der andere Teil ist, ist völlig unbekannt. Und vielleicht wäre nicht einmal das „Vector-Netzwerk" aufgeflogen. Airbus hatte in Österreich schon einen Untersuchungsausschuss hinter sich gebracht, die dortigen Staatsanwälte ihre Ermittlungen aufgegeben. Dann wurde 2011 in Rom ein Finanzbetrüger verhaftet. Ermittler vermuteten, dass er mit der Mafia zusammenarbeitete. Über die Mafia wollte der Betrüger nicht aussagen. Doch er erzählte den italienischen Ermittlern, dass er für Airbus ein umfangreiches Kontensystem aufgebaut hatte – ebenjene Parallelwelt rund um Vector Aerospace.

Bei ihren Bemühungen, den Eurofighter nach Österreich zu verkaufen, zeigten die Airbus-Manager auch politisch keinerlei Skrupel. Sie störten sich nicht daran, die rechtspopulistische Partei FPÖ heftig zu umgarnen, die kurz vor den Eurofighter-Verhandlungen ihren politischen Durchbruch erzielt hatte. So berichteten von Airbus bezahlte Lobbyisten von einem Treffen mit dem damaligen FPÖ-Generalsekretär Peter Sichrovsky. Der FPÖ-Finanzminister Karl-Heinz Grasser versuchte der Öffentlichkeit später weiszumachen, er sei wegen der hohen Kosten gegen den Kauf des Eurofighters gewesen. Doch in einem vertraulichen Bericht über das Treffen heißt es: „Grasser 100% Überzeugung – will nicht alles unterschreiben."

Bei dem Treffen ging es laut dem Bericht, den Ermittler später bei einer Airbus-Firma in Deutschland fanden, um Gegengeschäfte in Kärnten, der Heimat von Jörg Haider. Der rechte Politiker durfte seine Wünsche äußern. Und tatsächlich zahlte Airbus später aus dem „Vector-Netzwerk" vier Millionen Euro an eine österreichische Stiftung – mit dem Geld sollte ein Technologiepark in Kärnten gefördert werden, den Haider ins Spiel gebracht hatte.

Doch die Kontakte zwischen Airbus und der FPÖ gingen noch weiter – der Konzern pflegte mit aller Macht die politische Landschaft in Österreich und machte auch vor ihrem ganz rechten Rand nicht halt. So zahlte Airbus 6,6 Millionen Euro an die Werbeagentur eines FPÖ-Politikers – ein späterer Untersuchungsausschuss kam zu dem Schluss, dass die Agentur nur für ein Drittel dieses Werts tatsächlich Leistungen erbracht hatte. Gar acht Millionen Euro erhielt ein weiterer österreichischer Lobbyist über eine Briefkastenfirma in London – sein Auftrag war es, Jörg Haider gewogen zu halten. Wo die Millionen blieben, ist unklar. Die Tätigkeitsberichte der Briefkastenfirma waren voller Wunderlichkeiten – so waren die Namen von FPÖ-Politikern, mit denen sich der Lobbyist angeblich getroffen hatte, durch Buchstabenspielereien verfremdet. Aus Haider wurde Laider, aus Grasser wurde Lasser. Der Lobbyist bestritt später, die Millionen weitergereicht zu haben.

Festhalten lässt sich: Bei der Geburtsstunde der europäischen Rechtspopulisten unserer Zeit war die deutsche Rüstungsindustrie mit von der Partie. Denn ihr Aufstieg begann mit den Wahlerfolgen der FPÖ in Österreich um die Jahrtausendwende. Vielleicht dachten die beteiligten Airbus-Manager damals – wenn sie überhaupt an etwas anderes als Geld dachten –, diese seien nur eine unbedeutende Fußnote. Stattdessen waren sie der Beginn des Aufstiegs der europäischen Rechtspopulisten.

## Kapitel 4

# Russland: Alte Netzwerke

**Von David Crawford**

Seit dem Fall der Berliner Mauer 1989 betrachten die exportorientierten deutschen Konzerne Russland und die übrigen Nachfolgestaaten der Sowjetunion als lukrativen Markt. Doch der Schaden, den ihre Geschäftspraktiken dort hinterlassen, ist groß. Die Liste der deutschen Konzerne, die in der Korruptionsgeschichte Osteuropas Fußspuren hinterlassen haben, ist lang. Dieses Kapitel konzentriert sich auf einige wenige. Dazu zählen auch die, die auf ihrer Suche nach Gewinnen dubiose Netzwerke von ehemaligen Geheimdienstlern aus dem Kalten Krieg nutzten. Unter dem Strich standen Gewinne für die Konzerne und gute Gehälter für die beteiligten Manager, aber langfristige Probleme für die beteiligten Unternehmen wie auch die Politik in Deutschland und der Welt. Deutsche Konzerne haben in der Region wissentlich Umweltschäden in Kauf genommen, darunter die unnötige, aber gezielte Verlängerung nuklearer Risiken an der Unglücksstelle in Tschernobyl.

Besonders in Russland haben Schmiergeldzahlungen aus Deutschland den Lauf der jüngeren Geschichte geändert. Deutsche Geschäftsleute haben in dem Land das Entstehen einer Kleptokratie – im Sinne einer Herrschaft von Gangstern – befördert und Wladimir Putin geholfen, seine Macht zu zementieren. Der politische Schaden ist erheblich. Deutschland exportierte Korruption und musste im Gegenzug mit den bisherigen Folgen der Amtszeit Putins umgehen: ein Krieg in der Ostukraine, der Abschuss eines Passagierflugzeugs von Malaysia Airlines mit der Kennung MH-17, das russische Eingreifen in den syrischen Bürgerkrieg und der damit verbundene Flüchtlingsstrom in die Türkei. Hinzu kommen die Versuche Moskaus, westliche Demokratien zu destabilisieren und den Aufstieg von Populisten zu fördern.

Der deutsche Export von Korruption nach Russland erstreckt sich auf zahlreiche Felder, darunter auch medizinisches Gerät und Fahrzeuge. Dieses Kapitel beschränkt sich aus Platzgründen auf wenige Beispiele aus dem Energie-, Banken- und Computersektor.

Der Energiekonzern RWE, gegründet 1898 in Essen, ist einer der größten in Europa. In Deutschland hat er wegen seiner Bedeutung für die Stromversorgung und seiner kommunalen Anteilseigner auch politischen Einfluss. RWE kann auf eine traditionsreiche Geschichte zurückblicken. Über ein dunkleres Kapitel dieser Geschichte ist bisher wenig bekannt. Anfang der 90er-Jahre war es eine der größten sicherheitspolitischen Herausforderungen für die Bundesrepublik, dass im Chaos nach dem Fall der

Sowjetunion kein waffenfähiges Plutonium in die Hände von Terroristen geriet. Und was machte RWE in jener Zeit? Der Konzern verwickelte mehrere nukleare Funktionäre der ehemaligen Sowjetunion in illegale Aktivitäten. Und das ironischerweise von Beginn an mit kräftiger Unterstützung durch die Bundesregierung. Es begann mit einem auf den ersten Blick unschuldig wirkenden Brief vom 20. November 1992 an den damaligen Wirtschaftsminister Jürgen Möllemann.

Victor Michailow, der russische Minister für Atomenergie, klagt in dem CORRECTIV vorliegenden Schreiben über die Schwierigkeiten seines Ministeriums, ausreichende Mittel für Sicherheitsmaßnahmen in russischen Atomkraftwerken zu finden. Bald folgte ein Brief seines Stellvertreters Victor Sidorenko. Er bittet das Bundesministerium für Wirtschaft darum, für drei russische Beamte Anfang Dezember Termine im Ministerium und in anderen Einrichtungen in Deutschland zu arrangieren. Der Brief fiel in eine Zeit, in der die Regierung von Boris Jelzin große Probleme hatte, das nukleare Erbe der Sowjetunion zu bewältigen. Das Schreiben zeugte auch von politischer Klugheit. Die Absender verstanden, dass Möllemanns Ministerium Kontakt zu deutschen Konzernen hatte und dass sie auf diesem Weg das Umweltministerium unter Klaus Töpfer umgehen konnten.

Die Briefe brachten mehrere Figuren miteinander in Verbindung, die in den folgenden Jahren eine negative Rolle in der nuklearen Proliferation spielen sollten. Dazu zählte neben dem erwähnten Vizeminister Sidorenko auch Georgi Schascharin, Leiter einer staatlichen Nuklearfirma in Russland. Die Briefe an das Wirtschaftsministerium wirkten wie eine Bitte, die russischen Vertreter bei deutschen Konzernen einzuführen. Zum Beispiel bei RWE Nukem. Die Firma war unter anderem auf die Behandlung und Lagerung von Nuklearabfällen spezialisiert. Doch tatsächlich benötigten die russischen Vertreter keine Hilfe. Denn bereits ein Jahr zuvor, am 7. November 1991, hatte die RWE Nukem GmbH eine Vereinbarung mit Schascharin geschlossen – eine Vereinbarung über Schmiergeld. Jede Unterstützung der Bundesregierung für russische Atomprojekte wäre also über RWE Nukem auch russischen Empfängern des Schmiergelds zugeflossen.

Wie aus einem Brief vom 28. August 1992 von RWE Nukem an Schascharin hervorgeht, vereinbarte der Konzern mit dem Funktionär eine Kommission in Höhe von vier Prozent für Aufträge am AKW Kola und zwei Prozent am AKW Balakowo. Ein Jahr später erhöhten Konzernvertreter diese auf drei Prozent. Für RWE Nukem lohnte sich der Einsatz des Schmiergelds. Es half dem Konzern, Aufträge im Wert von 25,5 Millionen DM am AKW Balakowo zu erhalten. Dies ergibt eine Auswertung von Unterlagen zu Kommissionszahlungen auf ein Konto von Schascharin bei der Degussa Bank im Jahr 1996.

Der Vizeminister Sidorenko, der sich Anfang der 90er-Jahre an Möllemann gewandt hatte, tauchte zwei Jahre später in einer der größten und rätselhaftesten Affären der Bundesrepublik jenes Jahrzehnts auf. Er befand sich an Bord jener Lufthansa-Maschine aus Moskau, die am 10. August 1994 in München landete – mit 363,4 Gramm waffenfähigem Plutonium an Bord. Bayerische Ermittler hatten Grund genug, davon auszugehen, dass Sidorenkos Anwesenheit an Bord direkt mit Plänen zusammenhing, über zehn Kilo Plutonium für Hunderte Millionen US-Dollar zu verkaufen. Ab dieser Menge Plutonium ist es möglich, eine Atombombe zu bauen.

Drei Tage vor dem Flug hatte ein BND-Agent mit dem Codenamen „Rafa", der für das bayerische Landeskriminalamt im Einsatz war, folgende unglaublich klingende Geschichte in Erfahrung gebracht: Ein russischer Minister für Nuklearenergie würde an Bord des Fluges sein, um bei der Unterbringung des Plutoniums zu helfen und anschließend mit Millionen Dollar in seinem Diplomatengepäck zurückzufliegen. Am Flughafen wartende Ermittler stellten fest, dass es sich um Sidorenko handelte. Sie verhinderten den Verkauf des Plutoniums und verhafteten die Schmuggler. Sidorenko jedoch genoss diplomatische Immunität. Er bestritt später, von dem Plutonium gewusst zu haben. Die Details finden sich in einem Bericht eines Untersuchungsausschusses des Bundestags zu der Affäre.[1]

Das bayerische Ministerium für ländliche Entwicklung und Umwelt behauptete, es habe Sidorenko eingeladen, um eine Zusammenarbeit zwischen Bayern und Russland zu besprechen. Doch der damalige Staatsminister im Bundeskanzleramt und Geheimdienstkoordinator Bernd Schmidbauer geht bis heute davon aus, dass Sidorenko beteiligt war an dem Versuch, waffenfähiges Plutonium an Kriminelle zu verkaufen. Im Gespräch mit CORRECTIV sagt Schmidbauer, deutsche Behörden hätten die Rolle von Sidorenko damals heruntergespielt, um die sonst guten Beziehungen zur Regierung von Boris Jelzin nicht zu belasten. „Wir hatten nicht vor, die Schuld in dieser Deutlichkeit der russischen Seite anzuhängen. Der wurde geschont."

Diesen Eindruck erweckt auch der Bericht des Bundestags, der diesbezüglich lediglich die Version der bayerischen Regierung wiedergibt. Schmidbauer sagt, er habe Sidorenko anschließend nicht mehr an deutsch-russischen Regierungskontakten teilhaben lassen. „Es war eine relativ unruhige Zeit, weil relativ viel Korruption und Kommerz in sensiblen Bereichen da war. Es war eine Umbruchsituation", sagt er rückblickend.

In den Nullerjahren hinterließ RWE Nukem erneut Spuren in Ermittlungsakten zum Thema Korruption. Ein litauischer Staatsanwalt fragte sich 2008, warum der Konzern Tausende Euro an Berater in dem Land zahlte, obwohl diese quasi keine Mitarbeiter hatten und kein einziges Dokument über ihre Gegenleistungen vorzeigen konnten. Dies geht aus Rechtshilfegesuchen hervor, die der Ermittler an Deutschland stellte. Er bekam wenig Hilfe aus Deutschland. Das Bundeszentralamt für Steuern antwortete ihm, dass die Verantwortlichen bei Nukem die Vorwürfe zurückwiesen.

Sehr viel konkreter waren die Vorwürfe in der Ukraine. RWE Nukem baute dort ein Zentrum zur Lagerung und Behandlung von nuklearen Abfällen aus dem Unglücksreaktor Tschernobyl. Der Auftrag war defizitär. Bei einem Gespräch im November 2005 vereinbarte ein Projektleiter von RWE Nukem mit dem Leiter des ehemaligen Reaktors Schmiergeld in Höhe von drei Prozent der Auftragssumme, wenn der Auftraggeber 15 bis 20 Millionen Euro mehr zahle. Für die Abwicklung des Schmiergelds bot der Manager von RWE Nukem zwei Möglichkeiten an. Eine Option sei ein Beratervertrag mit einem Zentrum für nukleare Sicherheit in Tschernobyl. „Das ist die beste Option für uns, denn es läuft über unsere Bücher, eine normale Vereinbarung, ein Vertrag, und wir haben keinerlei Probleme", sagte er. Als zweite Möglichkeit bot der deutsche Manager an, ein Konto in Deutschland unter einem falschen Namen einzurichten. Der ukrainische Reaktormanager erhalte dann eine Karte, mit der er Geld von dem Konto abheben könne.

Was der Manager von RWE Nukem nicht wusste: Jemand hatte das Gespräch mit einer Kamera aufgezeichnet. Es war wenig später im ukrainischen Fernsehen zu sehen. RWE Nukem trennte sich von dem Projektleiter und einigte sich anschließend außergerichtlich über die Trennung. Der Fall zeigt, wie gefährlich Schmiergeld sein kann. Denn an einer nuklearen Unglücksstelle haben die Empfänger plötzlich kein Interesse mehr daran, dass die Gefahren möglichst schnell beseitigt werden – je länger die Baustelle besteht, desto länger können sie von den Baufirmen kassieren.

Nach der Ausstrahlung der versteckten Aufnahme im ukrainischen Fernsehen interessierten sich deutsche Ermittler für die Korruptionsvorwürfe. Vielleicht spielte das eine Rolle bei der Entscheidung von RWE, sich der Nukleartochter und ihrer korruptionsverseuchten Vergangenheit in Osteuropa zu entledigen. 2006 verkaufte der Konzern RWE Nukem. Doch selbst dieser Verkauf rief noch Ermittler auf den Plan. Wie hier zum ersten Mal berichtet wird, prüfte Ende der Nullerjahre zunächst das Finanzamt Düsseldorf und dann das Finanzamt Essen-Süd den RWE-Konzern wegen des Verkaufs von Nukem. Die Ermittler verdächtigten den damaligen Vorstand der RWE AG der Steuerhinterziehung.

Mehrere Aspekte des Verkaufs wirkten seltsam. So wurde RWE Nukem erst einmal von einer GmbH zur nächsten GmbH verkauft, bis die Firma den finalen Käufer erreichte. RWE verkaufte laut CORRECTIV vorliegenden Unterlagen die eigene Tochter für etwa 14 Millionen Euro. Doch ein halbes Jahr später kamen Buchprüfer zu dem Schluss, dass die Beteiligung 780 Millionen Euro wert war. Lag das daran, dass Manager von RWE Nukem an den weiteren Zwischenstationen beteiligt waren? Und warum kamen verschiedene Gutachten von verschiedenen Wirtschaftsprüfern zu völlig unterschiedlichen Bewertungen von RWE Nukem? Es ist nicht klar, welche Antworten die Ermittler letztlich auf diese Fragen fanden. RWE sagte auf Anfrage, der Verkaufspreis sei angemessen gewesen. Die Steuerermittlungen hätten nichts ergeben.

Die Firma Nukem gehört heute einem russischen Konzern. Alle Vorwürfe beziehen sich ausschließlich auf die Zeit, in der das Unternehmen zu RWE gehörte.

Zurück nach Russland, wo die deutsche Bankenindustrie sich nicht davor scheute, einer Clique von Oligarchen und ehemaligen Geheimdienstleuten die Plünderung der Ressourcen des Landes zu ermöglichen. Mitte der 90er erfuhr der damalige Telekommunikationsminister Wladimir Bulgak aus der lokalen Presse, dass eine Sammlung von staatlichen Beteiligungen in der Branche an einen ausländischen Käufer namens First National Holding mit Sitz in Luxemburg verkauft worden war. Beunruhigt rief er seine Kontakte in der Branche an. Doch falscher Alarm. Der Investor war ein seriöses ausländisches Unternehmen: die Commerzbank.[2] Was Bulgak nicht wusste: Die Commerzbank verschleierte die wahren Besitzverhältnisse. Fünf Jahre lang behauptete die Bank, der Besitzer zu sein. Tatsächlich gehörte das Firmenpaket jedoch Leonid Reiman.

Reiman war beim Zusammenbruch des Kommunismus Funktionär beim staatlichen Telefonnetz in Sankt Petersburg. Als er einige Jahre später selbst Minister für Telekommunikation und ein enger Vertrauter von Wladimir Putin wurde, hatte er sich bereits Anteile an Staatsfirmen gesichert. Laut Unterlagen deutscher Ermittler nutzte Reiman sein Amt, um sich zu bereichern und über Briefkastenfirmen Beteiligungen im Wert von insgesamt einer Milliarde US-Dollar aus Russland zu schleusen, die er in Steuerparadiesen versteckte. Eine Schlüsselrolle dabei spielten die Commerzbank und Verbindungen über Dänemark.

Mitte der Nullerjahre kamen Staatsanwälte in Deutschland und weiteren Ländern dem Raubzug auf die Spur und ermittelten gegen mehrere Manager der Bank wegen Geldwäscheverdacht. Ein Vorstandsmitglied trat Ende 2005 wegen der Affäre zurück. Mit internen Kritikern ging die Bank dabei wenig zimperlich um. Ein Angestellter des Moskauer Büros wies auf die Risiken hin. Er wurde in ein Bürogebäude in Frankfurt versetzt, das ansonsten leer stand.

Russische Amtsträger bereichern sich und transferieren ihren Reichtum außer Landes. Dänemark spielt eine Rolle. Mittendrin ist auch eine deutsche Großbank. Eine Affäre mit diesen Grundzügen sollte sich gut zehn Jahre später wiederholen – allerdings in ganz anderen Dimensionen. Die estnische Tochter einer großen dänischen Bank soll jahrelang der russischen Elite geholfen haben, Milliarden außer Landes zu bringen. Prüfer stießen auf 200 Milliarden Euro in fragwürdigen Transaktionen, womit es sich um den größten Geldwäscheskandal der Geschichte handeln könnte. Zumindest ein Whistleblower behauptete, dass die US-Tochter der Deutschen Bank eine wichtige Rolle bei der Geldwäsche gespielt habe.

Die Deutsche Bank soll auch an einer anderen Geldwäscheaktion namens „Global Laundromat" mitgewirkt haben. In den Jahren 2010 bis 2014 schleusten russische Kriminelle mit Verbindungen zum Kreml und zu den Geheimdiensten einen zweistelligen Milliardenbetrag mithilfe westlicher Banker außer Landes. Eine Reihe von Medien unter Führung des Organized Crime and Corruption Reporting Centre (OCCRP) deckten den Skandal im März 2017 auf.[3]

Noch eine weitere deutsche Bank machte in Russland dank ihrer Verbindungen ins Umfeld von Putin lange Zeit gute Geschäfte. Als Matthias Warnig im März 1990 einen Job bei der Dresdner Bank erhielt, hatte er einen vielleicht unschlagbaren Vorteil. Etwas mehr als ein Jahr zuvor hatte Warnig noch für die Stasi Berichte über die Bank geschrieben. Als seine Einheit kurz vor dem Ende der DDR im Februar 1990 aufgelöst wurde, gelang Warnig, der schon als 19-Jähriger zur Stasi gegangen war, also ein fliegender Wechsel. Warnig sollte sich um das Russland-Geschäft der Dresdner Bank kümmern.

Dabei waren seine Kontakte aus der Vorwendezeit hilfreich. In Sankt Petersburg war Wladimir Putin für Kontakte der Stadtverwaltung zu ausländischen Unternehmen zuständig, die sich für den neuen Markt interessierten. Nach Aussagen von zwei ehemaligen Stasi-Mitarbeitern trafen sich Warnig und Putin in der Spätzeit der DDR in Dresden. Putin spionierte in jener Zeit für den KGB und Warnig für die Stasi. Die beiden Männer bestreiten, sich hier bereits gekannt zu haben.[4] Sicher ist, dass beide später gute Bekannte wurden. Warnig wurde einer der führenden Investmentbanker in Russland. Laut Freunden des Bankers besuchten Putin und seine Frau ihn regelmäßig in seinem 120 Kilometer von Sankt Petersburg entfernten Landhaus.

Die Dresdner Bank spielte zumindest einmal eine unrühmliche Rolle im Machtkampf zwischen Putin und den Oligarchen des Landes. Als sich der russische Staat Mitte der Nullerjahre auf skrupellose Weise des Ölkonzerns Yukos bemächtigte, erhielt die Dresdner Bank den Auftrag, eine wichtige Gasbeteiligung des Konzerns zu bewerten. Und zwar ohne Ausschreibung, die eigentlich vom Gesetz vorgesehen ist. Später wurde Warnig Geschäftsführer des Pipelineprojekts Nord Stream.

Korruption made in Germany hatte bereits zuvor eine wichtige Rolle an einem Wendepunkt der jüngeren russischen Geschichte gespielt, wie CORRECTIV 2015 enthüllte. Im Jahr 1999 gab es in Russland trotz Korruption und Willkür noch so etwas wie Rechtsstaatlichkeit. Es bestand Gewaltenteilung, im Parlament gab es kritische Stimmen, und

Teile der Justiz arbeiteten unabhängig. Boris Jelzin war noch Präsident. Eines seiner vielen Probleme in jenem Jahr: Undeklariertes Vermögen seiner Familie geriet in der Schweiz in den Fokus von Ermittlern. Der russische Generalstaatsanwalt ermittelte deswegen gegen Jelzin und seine Verwandten. Im März 1999 tauchte jedoch ein Video auf, das angeblich den Leiter der Behörde im Bett mit zwei Frauen zeigte. Viele Beobachter gingen davon aus, dass das Video vom Inlandsgeheimdienst fingiert worden war. Der Generalstaatsanwalt trat zurück, und die Behörde erholte sich nie wieder von diesem Angriff.

Chef des Geheimdienstes war damals Wladimir Putin. Er sorgte Ende des Jahres 1999 für eine damals ungewöhnliche Geste gegenüber der Ermittlungsbehörde. Sie durfte im Ausland einen Kredit über 30 Millionen US-Dollar zur Finanzierung eines neuen Computernetzwerks aufnehmen. Der Hersteller Hewlett-Packard (HP) gewann den Auftrag, obwohl der US-Konzern nicht das günstigste Angebot abgab. Doch HP zahlte mindestens 7,6 Millionen Euro Schmiergeld an Geheimdienstmitarbeiter und Mitarbeiter der Generalstaatsanwaltschaft. Zugesagt vom Russland-Chef von HP, einem Deutschen und ehemaligen Stasi-Offizier.

Die deutsche Tochter von HP wickelte den Auftrag ab. Denn die Bundesregierung gewährte eine Exportbürgschaft für den Schmiergelddeal. HP bürdete das Risiko für das Geschäft also dem deutschen Steuerzahler auf.[5] Über einen kleinen Computerhändler in Sachsen schleuste HP das Schmiergeld aus seinen Büchern. Über Briefkastenfirmen unter anderem in London erreichte es dann die Empfänger in Russland. Als CORRECTIV dies 2015 öffentlich machte, wollte HP keine Stellungnahme zu den Vorwürfen abgeben.

Noch heute ist in Russland die Legende zu hören, dass unter Putins Vorgänger Jelzin alles korrupt gewesen sei und Putin aufgeräumt habe. Doch erst Putin brachte das politische System vollständig unter seine Kontrolle. Korruption wurde institutionalisiert. Ein wichtiger Pfeiler seiner Macht ist seit jeher die Zusammenarbeit zwischen der Generalstaatsanwaltschaft und den Geheimdiensten. Die Inlandsspione machen die Drecksarbeit im Kampf gegen Oligarchen und mögliche politische Rivalen, und die Staatsanwaltschaft schaut weg. Am Anfang dieses Arrangements standen das Schmiergeld von HP und die Unterstützung durch die Bundesregierung. Das Geld sicherte Putin die Loyalität einer wichtigen Clique von Staatsanwälten und half ihm, die russische Justiz fortan zu kontrollieren.

Auch in Zentralasien spielte die deutsche Industrie eine unrühmliche Rolle bei der Entstehung einer neuen Staatenwelt nach dem Zusammenbruch der Sowjetunion.[6] Im Sommer 1992 besuchte Werner Niefer, damals Vorstandsvorsitzender der Mercedes-Benz AG, Usbekistan und traf Präsident Islam Karimow. In jenem Jahr feierte die ehemalige Sowjetrepublik den ersten Jahrestag ihrer Unabhängigkeit. Mit im Gepäck hatte Niefer ein Geschenk – allerdings ein vergiftetes.

Aus einem CORRECTIV vorliegenden Brief vom 8. Oktober 1992 an Karimow geht hervor, dass der Stuttgarter Konzern dem Staatschef in der usbekischen Hauptstadt zwei Limousinen vom Typ 300 GD und 560 SEL übergab. Zur „persönlichen Nutzung" heißt es in dem Brief, der ein Dankeschön ist. Ein Konzerninsider aus der Zeit erinnert sich im Gespräch mit CORRECTIV, dass Usbekistan damals Hunderte Fahrzeuge aus Stuttgart orderte. Hinzu kamen demnach einige Wagen für den Inlandsgeheimdienst.

Der Brief endet mit „wir wünschen Ihnen gute Fahrt und viel Freude mit diesen beiden Fahrzeugen".

Unter dem Machthaber Karimow, zu Sowjetzeiten der Parteisekretär der Sowjetrepublik Usbekistan, versanken in dem Land an der Grenze zu Afghanistan wie in der gesamten Region die Hoffnungen auf einen demokratischen Neuanfang in einem Meer von Korruption. Bis zu seinem Tod 2016 regierte der ehemalige kommunistische Vorzeigekader Karimow mit harter Hand das Land, ließ systematisch foltern, schoss 2005 im Massaker von Andischan einen Volksaufstand gegen seine Willkürherrschaft mit Panzerwagen zusammen. Während seiner Herrschaft galt Usbekistan als einer der korruptesten Staaten der Welt. Angefixt wurde der zentralasiatische Autokrat auch durch deutsche Firmen wie Mercedes-Benz.

Der oben zitierte Brief an Karimow findet sich im privaten Archiv jenes Vertreters, der für Mercedes-Benz kurz nach der Unabhängigkeit des Landes nach Usbekistan zog. Er habe den Usbeken die Macht westlicher Währungen gezeigt und Konten für die usbekische Regierung bei der Deutschen Bank eröffnet, sagt er im Gespräch mit CORRECTIV. Außerdem habe er geholfen, Gold, Geld und Baumwolle außer Landes zu bringen und so dem deutschen Autobauer den Weg in das zentralasiatische Land bereitet.

Als sich viele Jahre später Ermittler in den USA für die Geschäftspraktiken des deutschen Autobauers interessierten, war das Geschenk von Niefer bereits verjährt. Allerdings waren die Limousinen nur der Auftakt. Die spätere Daimler AG setzte diese Form des Geschäftemachens über Jahre fort. Das US-Justizministerium und die Börsenaufsicht warfen dem Konzern vor, für einen Deal von über 37 Millionen Euro für den Verkauf von 302 Bussen und vier Vans usbekischen Regierungsbeamten in den Jahren ab 1998 3,5 Millionen US-Dollar Schmiergeld gezahlt zu haben. Daimler kaufte sich 2010 mit einem Deal mit den Ermittlern in den USA frei. Der Konzern hatte mitgeholfen, Usbekistan zu einem der autoritärsten und korruptesten Staaten der Welt zu machen.

Mercedes-Benz

An den
Präsidenten der Republik Usbekistan
Herrn Islam Abquganievich Karimov
TASCHKENT
USBEKISTAN

98098

VP/VEG kw453 96145 08.10.92

Sehr geehrter Herr Präsident,

anläßlich des Besuches von Herrn Prof. Niefer in Usbekistan, Ende Juli dieses Jahres, hat die Mercedes-Benz AG Ihnen kostenlos zur persönlichen Nutzung folgende zwei Fahrzeuge übergeben:

| | | |
|---|---|---|
| 1 x | 300 GD | WDB 463 328-17-080698 |
| 1 x | 560 SEL | WDB 126 039-1A-565381 |

Diese Fahrzeuge gelten als persönliches Geschenk unseres Hauses. Wir wünschen Ihnen gute Fahrt und viel Freude mit diesen beiden Fahrzeugen.

Mit freundlichen Grüßen
Mercedes-Benz Aktiengesellschaft

Rau Fink

*„Wir wünschen Ihnen gute Fahrt und viel Freude mit diesen beiden Fahrzeugen.“ Vertreter des Autobauers Mercedes-Benz überreichen die Wagen dem usbekischen Diktator Islam Karimow.*

Und die Bundesregierung? 15 Jahre nach dem Autogeschenk an Karimow rief der deutsche Außenminister Frank-Walter Steinmeier unter der damaligen deutschen EU-Ratspräsidentschaft mit Fanfaren eine Zentralasienstrategie ins Leben. Durch Dialog und Wandel durch Annäherung sollte die Demokratisierung und Rechtsstaatlichkeit in Zentralasien und Usbekistan gefördert werden. Im Rückblick kann man sagen, dass es effektiver gewesen wäre, den deutschen Konzernen bei ihrem Auslandsgeschäft etwas besser auf die Finger zu schauen.

Auch dank Mercedes-Benz hingen die Machthaber in Usbekistan schon viele Jahre an der Korruptionsnadel. Anfänglich waren die Dosen noch einstellige Millionenbeträge, doch die Beträge wuchsen. 2013 stürzte Gulnara Karimowa, die Tochter des usbekischen Präsidenten, über eine Korruptionsaffäre mit der schwedischen Telekomfirma Teliasonera, die ihr 300 Millionen Euro gezahlt haben soll. Die Schweizer Staatsanwaltschaft fror 600 Millionen Franken auf einem Konto von Karimowa ein.

## Kapitel 5

# Griechenland: Ein unverhofftes Glück

Essen im Sommer 2011. Der Aufsichtsrat von Ferrostaal tagt. Der Finanzvorstand ist eingeladen, den Räten die finanzielle Lage des Konzerns vorzutragen. Die ist alles andere als rosig. Das Unternehmen befindet sich in einer tiefen Krise, die Korruptionsermittlungen der Münchener Staatsanwaltschaft gegen den Konzern laufen seit zwei Jahren auf Hochtouren. Kunden und Partner sind auf Distanz gegangen, das Geschäft leidet unter dem Skandal. Trotzdem kann der Finanzvorstand, als er bei seiner Präsentation auf das Jahr 2010 zurückblickt, den Räten eine positive Entwicklung vortragen: einen Gewinn von 90 Millionen Euro. Denn ein Kunde hat aus alten Verpflichtungen 220 Millionen Euro an Ferrostaal überwiesen. Sonst hätte das Unternehmen einen Verlust in dreistelliger Millionenhöhe eingefahren, sagt der Finanzvorstand. „Wir hatten Glück, dass wir davon profitiert haben."[1]

Was war dieses Glück? Die Eurokrise. Die griechische Staatsschuldenkrise jener Jahre hatte die europäische Gemeinschaftswährung an den Rand des Zusammenbruchs gebracht, zu tiefen Rissen im Zusammenhalt Europas geführt und schließlich auch weitere Länder in Südeuropa in die Krise gestürzt. Die Eurokrise war eine schlechte Nachricht für Europa und die Weltwirtschaft. Doch sie war eine gute Nachricht für Ferrostaal.

Um das zu verstehen, muss man bis in die 90er-Jahre zurückgehen. Der Kalte Krieg ist zu Ende, die Ausgaben für Rüstung sinken weltweit. Nicht jedoch in Griechenland. Die Rivalität mit der Türkei spitzt sich zu. Im Jahr 1996 kommt es zu einer gefährlichen Eskalation um eine Insel in der Ägäis, die beide Länder beanspruchen. Griechenland beschließt, aufzurüsten. Und kauft dort ein, wo es seit dem Zweiten Weltkrieg schon zahlreiche Waffensysteme gekauft hat: in Deutschland.

Nach vielen Vorverhandlungen bestellt Griechenland im Jahr 2000 drei U-Boote des Typs 214 bei der Kieler Werft HDW. Ferrostaal ist, wie in Kapitel 3 beschrieben, als Vertriebspartner von ThyssenKrupp mit von der Partie. Der Essener Konzern kümmerte sich zudem um die Gegengeschäfte. Zwei Jahre nach der ersten Bestellung greifen die Griechen noch einmal zu: Sie bestellen ein viertes Boot vom Typ 214, das zunächst nur als Option vereinbart war. Außerdem beauftragen sie die deutschen Bootsbauer, vier von acht in den 70er-Jahren gelieferten Booten des älteren Typs 209 zu modernisieren. Im Gegenzug verpflichtete sich HDW, eine marode Staatswerft zu kaufen, in der einige der deutschen U-Boote auch gebaut werden sollen. Das ist das Gegengeschäft, um das sich Ferrostaal kümmert.

Das erste Boot wird von HDW schnell gebaut, 2005 ist es fertig. Doch danach beginnen die Probleme, die das Geschäft zu einem großen Fiasko werden lassen: Griechenland hat gar nicht mehr das Geld, die Boote auch zu bezahlen. Nicht anders sieht es bei den Kampfpanzern aus, die Griechenland 2003 für 1,7 Milliarden Euro beim deutschen Rüstungskonzern Krauss-Maffei Wegmann bestellt hatte. Auch hier hat sich die griechische Republik übernommen und ist mit ihren Zahlungsverpflichtungen im Rückstand.

Im Jahr 2009 hat der Zahlungsrückstand allein bei den U-Booten eine halbe Milliarde Euro erreicht.[2] Die Situation ist verfahren. Dann revidiert die nationale Statistikbehörde Ende des Jahres die Höhe des griechischen Haushaltsdefizits und löst damit die griechische Staatsschuldenkrise und die Eurokrise aus. Plötzlich ist klar, dass Griechenland seine Schulden nicht würde bezahlen können. Und, so absurd es klingt, das ist aus Sicht der deutschen Rüstungsindustrie und damit auch Ferrostaals die Lösung des Problems.

Während der Dramatik des Jahres 2010 thematisieren die Medien immer wieder die Hilfe, die Deutschland und Frankreich den eigenen Banken und Kapitalanlegern zukommen lassen. Um ein Übergreifen der Krise auf das Zentrum Europas zu verhindern, werden ihre Ansprüche bei den Verhandlungen zwischen Griechenland, der EU und dem Internationalen Währungsfonds besonders berücksichtigt. Doch offensichtlich nutzt die Bundesregierung die Verhandlungen über die Finanzhilfen auch, um dafür zu sorgen, dass Griechenland nicht nur seine Schulden bei den deutschen Banken begleicht, sondern auch die deutschen Panzer und U-Boote bezahlt.[3] Ein Teil der deutschen Steuermilliarden, die die Finanzspritzen garantieren, landet also nicht in Griechenland, sondern in der deutschen Rüstungsindustrie.

Das ist das „Glück", von dem der Finanzvorstand von Ferrostaal im Sommer 2011 den Aufsichtsräten des Konzerns berichtet. Denn Ferrostaal hat schon nicht mehr mit der Bezahlung der U-Boote durch Griechenland gerechnet. Doch dank der Eurokrise erhält Ferrostaal noch eine Rate in Höhe von 220 Millionen Euro. Der Finanzvorstand kann für das Jahr 2010 schwarze Zahlen präsentieren. „Ich würde es nicht einen unverdienten Gewinn nennen, weil wir dafür gearbeitet haben, aber in gewissem Maße war dies ein sehr großer Einmaleffekt", bringt er es vor den Räten auf den Punkt.

Doch warum kaufte sich Griechenland U-Boote und Panzer, die es sich gar nicht leisten konnte? Die Antwort: Korruption. Die deutsche Rüstungsindustrie hatte ihre Waren mit erheblichen Schmiergeldzahlungen an Griechenland verkauft. Griechenland nimmt einen besonderen Platz in der deutschen Korruptionsgeschichte ein. In kaum ein anderes Land flossen derart exorbitante Schmiergeldsummen. Ferrostaal, ThyssenKrupp, Daimler, der Panzerbauer KMW, Daimler, die Deutsche Bahn und allen voran Siemens

– die Liste der deutschen Unternehmen, die sich beteiligten, ist lang. Die Folgen für Europa waren und sind verheerend.

Um die Jahrtausendwende erreichte das deutsch-griechische Schmiergeldfestival seinen Höhepunkt. Der Beitritt zur Eurozone und die damit verbundenen günstigen Finanzierungskonditionen auf den Kapitalmärkten lösten einen Wirtschaftsboom aus. Die Olympischen Spiele kehrten 2004 auf symbolträchtige Weise in ihr Geburtsland zurück und sorgten für einen zusätzlichen Bauboom. Besonders die deutsche Rüstungsindustrie verkaufte ihre Produkte an ein Land, das sich diese schon damals nicht leisten konnte. Doch Vermittlernetzwerke wie der „Gebetskreis" um Graf von Pückler beförderten die Geschäfte. Bis heute ist nicht geklärt, wie viel Schmiergeld bei dem Verkauf der U-Boote floss. Griechische Ermittler sollen von bis zu 140 Millionen Euro ausgegangen sein. Klar ist nur, dass über einen lokalen Ferrostaal-Partner etwa 55 Millionen Euro an Dritte flossen. Dazu zählten auch Mitglieder des „Gebetskreises". Hinzu kamen noch weitere Zahlungen im Zusammenhang mit dem Kauf einer Werft als Teil der Gegengeschäfte. In der Werft sollten einige der U-Boote gefertigt werden, damit die Milliardenausgaben für deutsche Rüstungsgüter auch Arbeitsplätze in Griechenland schufen.

Während der „Gebetskreis" auch als „Team A" firmierte, kümmerte sich „Team B" um den Kauf der Werft. Der Manager der Werft soll ebenfalls erhebliche Millionensummen erhalten haben. Denn die Werft befand sich fast zur Hälfte im Besitz der Belegschaft. Offensichtlich dienten die Millionen dazu, mögliche Widerstände gegen die Übernahme der Werft zu verhindern. Auch Gewerkschaftsvertreter von ThyssenKrupp sollen hierbei eine unrühmliche Rolle gespielt haben.

Die deutschen U-Boot-Geschäfte mit Griechenland sind in einer Hinsicht besonders. Die Empfänger von Zahlungen flogen auf, obwohl die eingeschalteten Mittler ein Nachvollziehen der Zahlungswege unmöglich machen sollten. Ein griechisches Gericht verurteilte unter anderem den früheren griechischen Verteidigungsminister Akis Tsoschatzopoulos zu einer langen Haftstrafe. Er soll aus diesem und weiteren Geschäften über 55 Millionen Euro Schmiergeld kassiert haben. Die U-Boote waren nicht das einzige Rüstungsgut, das Griechenland während des Wirtschaftsbooms in den Nullerjahren in Deutschland kaufte. 2003 bestellte Athen zunächst 170 Kampfpanzer vom Typ Leopard 2 und 24 Panzerhaubitzen für 1,7 Milliarden Euro bei Krauss-Maffei Wegmann, kurz KMW. Außerdem erhielt Griechenland noch 333 Leopard-Panzer vom Typ 1 und 2 aus den Beständen der Bundeswehr. Rheinmetall modernisierte die Panzer für über 200 Millionen Euro.

Der Kauf von U-Booten mag aus Sicht der Mittelmeernation Griechenland, zu der viele Inseln gehören, militärisch noch sinnvoll erscheinen. Doch Panzer? Panzer brauchen offenes, weites Gelände. Das ist in dem Land, in dem der Legende nach 300 Hopliten ausreichten, um eine persische Armee an einem der vielen Bergpässe auf dem Weg nach Athen für einige Tage aufzuhalten, schlicht nicht zu finden. Warum also kaufte Griechenland Hunderte Panzer aus Deutschland? Auch hier ist die Antwort: Korruption.

Im Dezember 2013 wurde Antonis Kantas verhaftet, einer der ranghöchsten Beamten des griechischen Verteidigungsministeriums. Er packte bei der Staatsanwaltschaft aus und übergab die Listen, mit denen er Buch über die Schmiergeldzahlungen führte. Auch die Lieferanten der deutschen Panzer fanden sich darin. Das Landgericht München verhängte 2015 wegen Bestechung beim Verkauf der Panzerhaubitzen ein Bußgeld gegen den Panzerbauer KMW. Die Staatsanwaltschaft München erhob 2017 Anklage gegen mehrere KMW-Manager und zwei ehemalige Bundestagsabgeordnete wegen Steuerhinterziehung im Zusammenhang mit Zahlungen an Mittler in Griechenland. Die U-Boote und die Panzer sind nur zwei Beispiele von vielen. Bei quasi allen deutschen Rüstungsexporten nach Griechenland ist Korruption nachgewiesen worden oder steht als ernst zu nehmender Verdacht im Raum.

Griechenland hat also viele Milliarden Euro für Rüstungsgüter ausgegeben, die es sich nicht leisten konnte. Und das zu überhöhten Preisen, weil das Schmiergeld in die Beschaffungskosten einkalkuliert war. Teilweise wurden die Waffensysteme nicht einmal in den Dienst gestellt. Bei Ausbruch der griechischen Staatsschuldenkrise 2009 machten die Rüstungsausgaben des griechischen Staates acht Prozent des Bruttoinlandsprodukts aus, mehr als viermal so viel wie bei den allermeisten anderen Nato-Staaten. Damit war die deutsche Rüstungsindustrie mit dafür verantwortlich, dass die griechische Schuldenkrise, die den Euro gefährdete und die Bundesregierung in die dramatischen Rettungsverhandlungen zwang, überhaupt erst derart eskalierte. Denn die Empfänger von deutschem Schmiergeld in der politischen Klasse und im Militär Griechenlands sorgten eben dafür, dass der Staat auch hier über seine Verhältnisse gelebt hatte.

Mit ihrem Verhalten bei den Verhandlungen über die Griechenlandhilfen im Jahr 2010 sprang die Bundesregierung also nicht nur der deutschen Rüstungsindustrie bei, sondern auch der Schmiergeldbranche. Ihr Verhalten kam einer staatlichen Beihilfe für kriminelle Geschäfte gleich, wie sie in der Geschichte des Schmiergelds einmalig sein dürfte. Mit ihrem Einsatz für die Schmierindustrie stützte die Bundesregierung eine politische Ökonomie in Griechenland, die das Land seit dem Zweiten Weltkrieg im Griff hat und die dafür sorgt, dass dort die Aussichten auf eine bessere wirtschaftliche und soziale Entwicklung gering sind.

Diese politische Ökonomie lässt sich in die Geschichte zurückverfolgen. Kein Land in Westeuropa hat derart unter dem Zweiten Weltkrieg und der deutschen Besatzung gelitten wie Griechenland. Die Wehrmacht legte mit ihrer brutalen Herrschaft den Grundstein für die Spaltungen nach dem Krieg, die der Kalte Krieg erst einmal zementierte. Erst Mitte der 70er-Jahre ließ das Land den auf die Besatzung durch die Wehrmacht folgenden Bürgerkrieg und die anschließende Militärdiktatur hinter sich. Anschließend übernahm ein Zweiparteiensystem die Macht: Die Parteien Pasok und Nea Dimokratia regierten das Land.

Doch es bestand kein demokratischer Wettbewerb zwischen den beiden. Stattdessen bereicherten sich die Parteien und ihre Vertreter in stillschweigendem Einverständnis. Unter anderem ließen sie sich ihre Wahlkämpfe von ausländischen Konzernen finanzieren, die im Gegenzug Aufträge erhielten. Auch deutsche Konzerne zahlten Ende der 90er-Jahre Geld an Pasok-Vertreter. Dieses Einverständnis bestand zwischen den Parteien, aber auch mit der Bevölkerung. Sie akzeptierte letztlich, dass sich Politiker, führende Beamte und Unternehmer an den Ressourcen des Staates laben durften. Die Bevölkerung wurde im Gegenzug mit Arbeitsplätzen in der Staatswirtschaft, günstigen Gütern des täglichen Bedarfs und Sozialleistungen versorgt und von allzu anstrengenden Steuerbelastungen verschont.

Teil dieses Arrangements sind die griechischen Gewerkschaften, die mit eisernen Klauen ihre Pfründe verteidigen, und auch die Medien, die sich größtenteils im Besitz von Unternehmen und reichen Reederfamilien befinden. Über die vielen Korruptionsskandale im Lande recherchierten vor der Finanzkrise nur wenige, auf sich allein gestellte Journalisten. Dieses Arrangement, dieser *contrat social*, hielt einige Jahrzehnte lang. Der Beitritt Griechenlands zum Euro im Jahr 2001, und damit der Zugang zu günstigen Finanzierungsbedingungen an den Kapitalmärkten, ermöglichte ihm eine letzte Blüte. Doch das Land lebte längst über seine Verhältnisse. Die 2008 einsetzende weltweite Finanzkrise zerstörte zwar nicht das Arrangement, aber doch das politische System, das es getragen hatte. Wie anderswo in Europa zersplitterte das Parteiensystem, Pasok und Nea Dimokratia und die mit ihnen verbundenen Klientelnetzwerke hatten die Fleischtöpfe nicht länger nur für sich.

In der griechischen Wirtschaftsgeschichte ist Korruption untrennbar mit deutschen Unternehmen verbunden. Das gilt für keinen anderen Konzern mehr als für Siemens. Das Land nahm im Schmiergeldskandal des Konzerns eine zentrale Rolle ein. Manager der dortigen Niederlassung verteilten sogar Geld in anderen Länder in der Region – Griechenland bildete für Siemens also eine Art regionalen Schmiergeld-Hub. Das Land hatte schon lange eine besondere Rolle für den Konzern gespielt. Eine Tochter des Firmengründers Werner von Siemens heiratete in den 20er-Jahren den griechischen Geschäftsmann Ioannis Voulpiotis. Dieser leitete nicht nur die griechische Siemens-Niederlassung, sondern hatte auch Funktionen in den Bereichen Telekommunikation und

Rundfunk des Landes inne. Voulpiotis sorgte dafür, dass in den folgenden Jahrzehnten quasi jeder wichtige Infrastrukturauftrag in dem Land an Siemens ging.[4]

Bereits als Siemens mit anderen Unternehmen 1926 das erste Telefonnetz des Landes aufbaute, sollen drei bis fünf Prozent der Auftragssumme auf Schweizer Bankkonten geflossen sein. Während der Besetzung durch die Wehrmacht spielte Voulpiotis eine wichtige Rolle bei der Plünderung des Landes durch deutsche Konzerne. Die Ausbeutung ging nach dem Krieg weiter. Als Deutschland und Griechenland in den 50ern ein Abkommen über Wirtschaftshilfe schlossen, sah ein nicht veröffentlichtes Memorandum vor, dass Siemens im Gegenzug einen Auftrag zur Modernisierung des staatlichen Telefonsystems erhalten sollte – und zwar ohne Ausschreibung.

Der Siemens-Manager Voulpiotis wurde nach dem Krieg in Griechenland angeklagt. Der Sondergerichtshof für Nazi-Kollaborateure sprach ihn jedoch frei. Nach einigen Jahren in Deutschland kehrte Voulpiotis nach Griechenland zurück und nahm seine frühere Siemens-Rolle wieder auf. Neben Voulpiotis hatte Nikolaos Christoforakos auf der Anklagebank gesessen. Er war der Vater jenes griechischen Siemens-Managers, der auf dem Höhepunkt des Schmiergeldskandals 2009 durch eine Flucht nach Deutschland seiner Verhaftung in Griechenland entging. Weil er auch die deutsche Staatsbürgerschaft besaß, lieferte ihn Deutschland nicht an die griechische Justiz aus.

Im Sommer 2018 schien der nächste große Schmiergeldskandal Griechenland zu erschüttern. Und dieses Mal ging es nicht um Rüstungsgüter, die zwar viele Steuermilliarden kosten, aber den Bürger sonst nicht weiter betreffen. Dieses Mal ging es um das Gesundheitssystem. Mehrere Insider hatten bei der Staatsanwaltschaft schwere Vorwürfe gegen den Schweizer Pharmakonzern Novartis erhoben. Das Unternehmen soll Ärzte und hochrangige Beamte bestochen haben, um die eigenen Medikamente zu verkaufen. Zu den Beschuldigten zählten zehn Spitzenpolitiker, darunter der Notenbankpräsident, ein griechischer EU-Kommissar und ein früherer Ministerpräsident.

Der zu dem Zeitpunkt amtierende Ministerpräsident Alexis Tsipras von der linken Partei Syriza versprach im Parlament, die Affäre aufzuklären. „Das griechische Volk muss erfahren, wer aus Schmerz und Krankheit eine Methode der Bereicherung gemacht hat", sagte der Politiker.[5] Der Fall sei typisch für das alte politische Establishment des Landes, von dem sich die Griechen jetzt trennen müssten. Vertreter von Tsipras' Partei sprachen von dem größten Skandal seit der Schaffung des modernen Griechenlands vor 200 Jahren. Vier Milliarden Euro seien dem Land verloren gegangen.

Ursprünglich hatte das US-amerikanische FBI die Ermittlungen ausgelöst. Mehrere Insider, die zu Kronzeugen wurden, berichteten dann griechischen Ermittlern nicht nur von den angeblichen Zahlungen an Spitzenpolitiker. Laut CORRECTIV vorliegenden

Unterlagen beschrieben sie auch detailliert ein System, mit dem griechische Ärzte angeblich dazu gebracht wurden, Novartis-Produkte zu verschreiben.[6] So soll Sandoz, die Novartis-Tochter für Generika, Ärzte mit Luxusreisen beschenkt haben und die Kosten für den Besuch von Kongressen in aller Welt gezahlt haben. Außerdem ließ ihnen der Konzern laut Aussage der Insider über Marktumfragen, deren Ergebnisse nie veröffentlicht wurden, Geld zukommen. Sandoz-Vertreter füllten nach Aussage der Kronzeugen die Fragebögen für die Studien teilweise selbst aus. Die Novartis-Konzernzentrale habe dann das Geld an die Ärzte überwiesen – genannt „B-Money". Das Programm habe „Exactly" geheißen, also „Genau". Es sei das größte Projekt dieser Art bei Novartis gewesen. Bis zu drei Novartis-Medikamente konnten so den griechischen Patienten aufgedrückt werden.

Doch das Programm sei so schnell gewachsen, dass es den Beteiligten zu heikel geworden sei. Deswegen sei das Projekt gestoppt worden. Schon zuvor habe es bei Novartis in Griechenland sogenannte „Clean Days" gegeben. Ursprünglich einmal im Jahr, später zwei bis drei Mal im Jahr sei die IT-Abteilung von Schreibtisch zu Schreibtisch gegangen und habe alle Unterlagen über die fiktiven Studien und die Zahlungen an die Ärzte von den Computern gelöscht.

Der Fall Novartis zeigt auch, wie tief die griechischen Medien in die Korruption in ihrem Land verwickelt sind und damit die Eliten nicht ausreichend kontrollieren. Der Konzern nutzte sein Werbebudget, um sich Einfluss in den Medien zu kaufen. In einem Fall vermittelte laut Aussage der Insider ein führender Journalist des Landes, der aus einer der wichtigen konservativen Familien Griechenlands stammt, Termine zwischen nicht weniger als fünf Kabinettsmitgliedern und Konzernvertretern. Novartis soll ihn dafür entlohnt haben, indem es über die Werbeagentur des Journalisten Anzeigen zu überhöhten Preisen schaltete. An dem „B-Money" aus Basel mögen sich, wenn die Vorwürfe der Kronzeugen zutreffen, viele Ärzte, Journalisten und Beamte bereichert haben.

Doch wie groß ist der griechische Novartis-Skandal wirklich? Im Frühjahr 2019 schien von dem Skandal erst einmal wenig übrig zu sein. In dem Bericht, den die Staatsanwaltschaft im April dieses Jahres an das Parlament schickte, war von den zehn Namen hochrangiger Politiker nur noch einer übrig geblieben: ein ehemaliger Gesundheitsminister. Novartis selbst sagte, eine interne Untersuchung habe keinerlei Hinweise auf Zahlungen an griechische Beamte gefunden.

Die markigen Worte von Tsipras im Parlament könnten schlicht ein Versuch gewesen sein, die politischen Gegner mithilfe der Justiz anzugreifen. Seine Regierung wurde im Herbst 2019 abgewählt. Novartis einigte sich im Juni 2020 mit der US-Regierung sowie der dortigen Börsenaufsicht auf eine Strafzahlung in Höhe von knapp 350 Millionen US-Dollar. Der Deal beendete auch die Ermittlungen in Sachen Griechenland.

Griechenland hat auf Druck der internationalen Geldgeber tiefe Einschnitte in seinen Sozialsystemen hinter sich. Doch an den Machtstrukturen und der fehlenden Rechtsstaatlichkeit hat sich wenig geändert. Ausländische Direktinvestitionen bleiben aus, das Wirtschaftswachstum ist mager. Wegen der Verquickung von Interessen ist die Wirtschaft ineffizient. Nur ein Beispiel: Die Kosten für mobiles Internet sind in Griechenland so hoch wie sonst nirgends in Europa. Kartellstrukturen verhindern günstigere Preise für die Verbraucher.

Das Parteiensystem hat sich – wie in vielen Ländern Europas – als Folge der Weltfinanzkrise aufgefächert. Als die Griechen 2015 Syriza an die Regierung wählten, hatten sie Hoffnung. Hoffnung, dass die Korruption des alten Parteiensystems samt seiner Freunde in Deutschland überwunden werden kann. Diese Hoffnung haben sie heute verloren. Syriza hat es nicht vermocht oder nicht gewollt, das Land zu verändern. Die allmächtigen Reeder zahlen weiterhin keine Steuern, und der griechische Staat hat nicht genug Einnahmen, um den aufgeblähten Rentenapparat zu bezahlen. Unabhängig von der Parteienlandschaft ist es immer noch dieselbe Handvoll von Familien, die hinter den Kulissen wichtige Einnahmequellen kontrolliert und erheblichen Einfluss auf die Politik hat.

Neben den Schmiergeldern aus dem Ausland haben die führenden Unternehmerfamilien und das politische Establishment weitere Einnahmequellen zur Verfügung. Laut verschiedenen Schätzungen macht die Schattenwirtschaft ein Viertel der griechischen Wirtschaft aus – also jener Teil, von dem der Staat und damit die Bildungs- und Sozialsysteme mangels Steuereinnahmen nicht profitieren. Die mächtigen Familien, oft aus der Schifffahrt stammend, kontrollieren einen florierenden Tabak-, Öl- und Treibstoffschmuggel. Auch die Veruntreuung von EU-Geld scheint weiter zu florieren. Selbst politisch gut vernetzte Geschäftsleute, die sich den organisierten Betrugsbanden in den Weg stellen, müssen in Athen um ihr Leben fürchten. Auch höchste Regierungsstellen schauen weg.[7] Im staatlichen Bildungs- und Gesundheitssystem ist Korruption Alltag. Wer in den staatlichen Krankenhäusern vernünftig behandelt werden will, muss Krankenschwestern und Ärzte, die so ihre mickrigen Gehälter aufbessern, gesondert bezahlen. Ähnlich läuft es in den Schulen.

Griechenland leidet unter erheblichem brain drain: Die jungen und qualifizierten Leute verlassen das Land. Das ist verständlich angesichts einer darbenden Wirtschaft und geringer Aufstiegschancen in einer Gesellschaft, in der Posten innerhalb von Patronagenetzwerken und nicht nach Qualifikation vergeben werden. Doch Europa und damit auch Deutschland brauchen ein starkes, gesundes Griechenland. Seine Lage am Mittelmeer und an der südöstlichen Spitze Europas verleiht dem Land sowohl in militärischer Hinsicht als auch in Hinblick auf die Migrationsrouten aus dem Nahen Osten strategische Bedeutung. Europa nicht wohlgesinnte Mächte versuchen gezielt, die Schwäche des Landes auszunutzen, um in Europa Einfluss zu gewinnen und die Europäische Union bei ihren Entscheidungen zu blockieren. Das gilt insbesondere für Russland. Als Tsipras Ministerpräsident war, unterhielt Moskau besonders gute Beziehungen zu seiner Partei Syriza. Auch China versucht, in Griechenland und damit in Europa über wirtschaftliche Investitionen Einfluss zu gewinnen.

Wer Korruption als Kavaliersdelikt abtut, sollte sich immer die Eurokrise vor Augen halten. Ein Land, dessen Wirtschaftsleistung gerade einmal ein Prozent der gesamten Wirtschaftsleistung der EU ausmacht, brachte die Gemeinschaftswährung an den Rand des Zusammenbruchs. Der Hauptgrund: Korruption und schlechte Regierungsführung. Griechenland lebte nach Einführung des Euro vollkommen über seine Verhältnisse. Davon profitierte neben den Banken in London, Paris und Frankfurt vor allem die deutsche Rüstungsindustrie. Sie setzte mit Panzern, U-Booten und weiterer Ausrüstung fast fünf Milliarden Euro in Griechenland um. Die Rechnung dafür bezahlte jedoch allein Griechenland selbst. Während sich der Finanzvorstand von Ferrostaal nach der Eurokrise über die letzte, unerwartete Rate aus Griechenland freute, ging von den in Deutschland bestellten U-Boote nur eines je in Betrieb.

## Kapitel 6

# Südafrika: Die belastete Demokratie

Andrew Feinstein sitzt allein auf einer Toilette im südafrikanischen Parlamentsgebäude und kämpft mit den Tränen. Alles war vergebens. Es ist der 21. Januar 2001, und Feinstein weiß, dass seine Karriere im African National Congress (ANC) – die Freiheitsbewegung, für die er ein Jahrzehnt lang alles gegeben hat, an deren Ideale er geglaubt hat, deren Anführer er bewundert hat – vorbei ist. Der ANC wird ihn ausschließen, ihn wie einen Aussätzigen behandeln. Zerbrochen ist die Karriere des Abgeordneten an Korruption made in Germany – und an den Bemühungen in Südafrika, sie unter den Tisch zu kehren.

An jenem Januartag, so schildert er es später in seinem Buch „After the Party“[1], sammelt sich Feinstein und geht zurück in eine Besprechung mit seinen ANC-Kollegen. Es ist ein Treffen der ANC-Arbeitsgruppe, die sich mit Korruptionsvorwürfen rund um ein gigantisches Rüstungsprogramm auseinandersetzt. Die Aufklärung durch das Parlament hat noch gar nicht richtig begonnen. Doch die ANC-Spitze hat festgelegt, dass sich die Regierung nichts zu Schulden kommen ließ. Feinstein realisiert, dass die anderen Mitglieder keinen Widerstand leisten werden. Am nächsten Tag treffen sich die Parlamentarier noch einmal. Diesmal ist die Fraktionsspitze mit dabei. Hin und her gerissen zwischen seinen Überzeugungen und seiner Loyalität zur Partei, setzt sich Feinstein dafür ein, dass die fähigsten Ermittler des Landes die Vorwürfe untersuchen.

Genau das wollen die anderen verhindern. Sie setzen Feinstein unter Druck. Der Abgeordnete hat keine Verbündeten. Seine Kollegen bringen Feinstein auch noch dazu, vor der Presse eine Erklärung vorzulesen, die deutlich macht, dass der zuständige Ausschuss des Parlaments die Vorwürfe nicht mit voller Kraft aufklären wird. Es ist eine Demütigung für Feinstein, von dem die Öffentlichkeit bis dahin eine Aufklärung der Affäre erwartet hat. Eine Woche später wird ihn der ANC aus dem Parlamentsausschuss entfernen, der die Finanzen der Regierung prüft. Wenige Monate später wird Feinstein mit einem Brief an Nelson Mandela seinen Rücktritt als Abgeordneter erklären.

Feinstein wollte die größte Korruptionsaffäre seines Landes aufklären. Er wollte verhindern, dass die junge Demokratie gleich in ihren ersten Jahren eine fatale Bürde zu tragen bekommt. Der ANC hingegen hatte kein Interesse daran und setzte Feinstein vor die Tür. Das ist lange her – doch unter den Konsequenzen leidet das Land bis heute. Die Affäre ist die Keimzelle eines fatalen Kriegszugs von ANC-Spitzenpolitikern gegen die Institutionen des eigenen Landes. Am Ende müssen kriminelle Geschäftsleute aus dem

Umfeld der Partei den Staat nicht mehr plündern – sie haben Teile des Staates einfach übernommen.

Die Geschichte von Feinstein und dem ANC begann mit einer Irrfahrt. Die Eltern seines Vaters wollten Anfang des 19. Jahrhunderts vor Pogromen in Litauen nach New York fliehen – doch stattdessen setzte das Schiff die Flüchtenden in Kapstadt ab, in Südafrika. Feinsteins Mutter hatte den Völkermord an den Juden in Wien überlebt und reiste nach den Schrecken des Krieges nach Südafrika aus. Dort trafen sich die Eltern von Andrew Feinstein. Es ist auch diese Vorgeschichte seiner Familie, die Feinstein sich dem ANC zuwenden lässt. Der ANC lehnt Rassismus ab. Hinzu kommt ein eindrückliches Erlebnis. Im Juni 1986 begehen Schergen des Apartheidregimes in Kapstadt, wo Feinstein gerade studiert, ein Massaker in der informellen Siedlung Crossroads. 60.000 Menschen sind plötzlich obdachlos. Feinstein beteiligt sich an den Hilfsmaßnahmen. Um dem Militärdienst zu entkommen, studiert Feinstein später in Großbritannien. Als er auf seinem kleinen Schwarz-Weiß-Fernseher in seinem Zimmer in Cambridge sieht, wie Nelson Mandela am 11. Februar 1990 würdevoll aus dem Apartheidgefängnis tritt, gibt er seine Pläne für eine Promotion auf. Stattdessen kehrt er nach Südafrika zurück und schließt sich dem ANC an.

Bei den ersten freien Wahlen in der Geschichte des Landes wird Feinstein am 27. April 1994 zum Abgeordneten im Parlament der Provinz Johannesburg gewählt. Er ist einer der ganz wenigen weißen Amtsträger im ANC. In seinem Buch schreibt Feinstein, dass er sich deswegen zunächst wie ein Hochstapler vorkommt. Schließlich hat er, anders als seine ANC-Kollegen, nicht jahrzehntelang unter schwierigsten Bedingungen im Untergrund gegen die Apartheid gekämpft, profitiert aber jetzt dennoch vom Fall des Unrechtsregimes. Doch der ANC kann die Finanzkenntnisse des studierten Ökonomen gut gebrauchen, und Anfang 1997 ersetzt Feinstein einen ausgeschiedenen Abgeordneten im nationalen Parlament. Feinstein arbeitet vor allem daran mit, die öffentlichen Finanzen und das Verhalten von Regierungsbeamten zu kontrollieren. Im September 2000 kommt er zum ersten Mal mit dem Geschäft in Berührung, das seine politische Karriere nur wenige Monate später jäh beenden wird.

Nach dem Ende der Apartheid stand Südafrika vor einem Berg von Problemen. Doch der ANC war Mitte der 90er der Meinung, dass das Land vor allem eines brauche: milliardenschwere Kampfjets und Kriegsschiffe. Das Parlament der neuen Demokratie hatte zwar empfohlen, die Streitkräfte zu modernisieren. Der Fokus sollte dabei allerdings auf einer defensiven Haltung liegen. Ausgaben für die wirtschaftliche und soziale Entwicklung Südafrikas sollten Priorität haben. Denn Südafrika war keiner militärischen Bedrohung ausgesetzt. Der ANC brachte dennoch 1997 ein Rüstungspaket auch mit offensiven Waffensystemen auf den Weg, das „Strategic Defence Procurement Package", kurz SDPP. Mit der Unterzeichnung am 3. Dezember 1999 bestellte die Regierung unter anderem 52 Kampfjets bei dem britischen Rüstungskonzern BAE Systems sowie U-Boote und Fregatten bei deutschen Werften. Das Paket über zunächst 30 Milliarden südafrikanische Rand ging einfach nur als der Arms Deal in die Geschichte des Landes ein: das Waffengeschäft.

Nur knapp zwei Jahre später also, im September 2000, hört Feinstein auf dem morgendlichen Weg ins Parlament im Radio, dass der Rechnungshof dem Parlament einen Bericht über Unregelmäßigkeiten rund um den Arms Deal vorlegen wird. Feinstein weiß, dass er als Mitglied des Ausschusses zur Kontrolle des Haushalts damit befasst sein wird. Wie in vielen Parlamenten leitet die Opposition den Ausschuss. Er verbuchte in den ersten Jahren der jungen Demokratie einige Erfolge. Feinstein sitzt der ANC-Gruppe des Ausschusses vor. Er und seine Kollegen machen sich gleich an die Arbeit, als sie den Bericht des Rechnungshofs in den Händen halten. Der Bericht führt eine lange Liste von Unregelmäßigkeiten bei der Vergabe der Rüstungsaufträge auf, darunter eklatante Interessenkonflikte von Entscheidungsträgern.

Als Erstes setzt der Ausschuss eine öffentliche Anhörung ein. Feinstein und seine Kollegen informieren den damaligen Vizepräsidenten Jacob Zuma, den Verteidigungsminister und die Parlamentssprecherin, die sie ermutigen. Dann jedoch folgt der erste Vorgeschmack auf das, was kommen wird: Der damalige Fraktionsschef Tony Yengeni bestellt Feinstein und einen Kollegen vor der Sitzung ein. Als er hört, dass eine richtige Untersuchung der Vorwürfe auch die Auswertung von Kontounterlagen beinhalten würde, versucht er, die Anhörung zu verhindern.

„Ich glaube nicht, dass eine öffentliche Anhörung eine gute Idee ist“, sagt Yengeni „Diese Angelegenheit sollte intern behandelt werden.“

„Die Sitzung fängt leider in wenigen Minuten an ... Wir können sie jetzt nicht mehr absagen“, antwortet Feinstein und eilt zum Sitzungszimmer.

In dem bis zum Bersten gefüllten Raum trifft er Yengeni kurz darauf wieder. Der ANC-Politiker ist in ein Gespräch mit dem Chef einer staatlichen Rüstungsfirma vertieft. „Ich habe die beiden Haupttypen einbestellt und die Linie vorgegeben“, hört Feinstein Yengeni sagen. Dann geht es los. Die Abgeordneten befragen Vertreter des Verteidigungsministeriums zu den Kosten der Rüstungsgeschäfte und zu den Vorwürfen des Rechnungshofs. Sie staunen vor allem darüber, dass die Kosten für die Beschaffung von Kampfflugzeugen der europäischen Firmen BAE Systems und Saab so hoch sind. Es ist klar, dass die Ungereimtheiten rund um den Arms Deal einer gründlichen Aufklärung bedürfen. Die lokale wie die internationale Presse feiert die Ausschusssitzung als Beleg einer funktionierenden Demokratie. Feinstein ist aufgeregt und nervös zugleich. Während der Apartheid wäre eine solche Befragung von Beamten durch gewählte Volksvertreter undenkbar gewesen. Doch das Gespräch mit dem Fraktionsvorsitzenden des ANC lässt Böses erahnen.

Als Nächstes planen Feinstein und seine Ausschusskollegen eine Resolution des Parlaments, die den Umfang der Untersuchungen festlegen soll. Es gelingt ihnen: Das Parlament Südafrikas beschließt am 2. November 2000 die Aufklärung der Korruptionsvorwürfe. Nur einige Tage später wird Feinstein klar, warum: Die Parteioberen hatten gar nicht mitbekommen, welchen brisanten Punkt das Parlament beschlossen hatte. Die Resolution war zu tief in der umfangreichen Tagesordnung verborgen gewesen. Auf einer folgenden Sitzung von ANC-Parlamentariern wird deutlich, was die neue Linie ist. Zunächst legt der Vorsitzende des Verteidigungsausschusses los. Es folgt der Auftritt von Essop Pahad, dem Leiter des Präsidententamts mit Ministerrang. „Wer verdammt noch mal glaubt ihr, wer ihr seid, dass ihr die Integrität der Regierung, der Minister und des Präsidenten infrage stellt?“, beschimpft er die ANC-Mitglieder der Parlamentskommission. Er brüllt, dass die Parlamentarier die Resolution zurückziehen sollen.

Ein ANC-Veteran, der wie Mandela während der Apartheid auf der Gefängnisinsel Robben Island einsaß, sagt nach der Sitzung erschöpft zu Feinstein: „Weißt du, Kamerad, viele Jahre in Robben Island haben mich nicht gebrochen, aber vielleicht schafft es der ANC unter Thabo Mbeki.“ Mbeki ist zu dem Zeitpunkt Präsident. Ein hochrangiger ANC-Funktionär versucht, Feinstein zu warnen. Der Abgeordnete könne nicht gewinnen. „Warum nicht?“, fragt Feinstein. „Weil wir Gelder von einigen der erfolgreichen Bieter bekommen haben. Was meinst du, wie wir die Wahl 1999 finanziert haben?“

Feinstein und seine Kollegen aus dem Parlamentsausschuss reisen dennoch noch nach Pretoria, um sich dort mit den Behörden zu treffen, die der Parlamentsbeschluss für die Ermittlungen empfohlen hat. Einer der Ermittler nimmt Feinstein und einen weiteren Abgeordneten beiseite und führt die beiden tief in den Keller des Gebäudes, in einen gesicherten Aktenraum. Dort entnimmt er einem Safe Unterlagen. Kontoauszüge, Briefe, Bankbelege. „Dies ist ein substanzieller Teil der belastenden Unterlagen, die Gelder von einigen der erfolgreichen Bieter mit (Verteidigungsminister, Anm. d. V.) Joe Modise verbinden“, sagt der Beamte. Die Ermittler bräuchten nicht mehr als einige Wochen, um die wenigen noch fehlenden Stücke in der Beweiskette zu finden.

Doch irgendwann in jenem Dezember – wie Feinstein erst später klar wird – hat die Spitze der Partei beschlossen, jede Untersuchung der Korruptionsvorwürfe rund um den Arms Deal zu blockieren. Im Januar scheitert Feinstein wie eingangs beschrieben mit seinem letzten Versuch, eine umfassende Aufklärung durchzusetzen. Wenig später wird er aus dem Ausschuss entfernt. Führende Beamte des Rechnungshofs werden abgesetzt. Bei der nächsten Anhörung des Prüfausschusses des Parlaments verlesen die Abgeordneten noch einige Fragen, die sie zuvor von Mitgliedern der Regierung erhalten haben.

Wenn zur Demokratie auch die Kontrolle der Regierungsausgaben und die Rechenschaft von Ministern gegenüber dem Parlament zählen, dann flackerte ihr Licht in Südafrika nur sehr kurz. Doch warum trat der ANC diese Flamme so schnell wieder aus? Die Antwort ist einfach: Schmiergeld. Zum Beispiel die Entscheidung für die Kampfjets der britischen Rüstungsfirma BAE Systems, die gemeinsam mit dem schwedischen Hersteller Saab ein Angebot abgab. Ihr Angebot war zweimal so teuer wie das eines italienischen Bieters. Doch während des Bieterverfahrens hatte die Regierung plötzlich entschieden, dass Kosten kein Kriterium mehr sein sollten.

Die entscheidende Rolle dabei spielte Verteidigungsminister Joe Modise, einer der Helden des ANC-Kampfes gegen die Apartheid. Modise hatte während der Apartheid den bewaffneten Arm des ANC angeführt. Doch schon im Untergrund soll Modise manches Mal eigene Interessen verfolgt haben. So soll der skrupellose Kommandeur Guerillas nur deshalb zu gefahrvollen Einsätzen über die Grenze nach Südafrika geschickt haben, um Luxusgüter für sich selbst zu beschaffen. Nach dem Ende der Apartheid wurde Modise Verteidigungsminister des Landes. Auch in diesem Amt zeigte er kein Interesse an sauberen Geschäften.

Der britische Kampfjet Hawk hatte es 1997 nicht einmal auf die Bieterliste geschafft. Der Jet war zu teuer und entsprach nicht den Anforderungen der südafrikanischen Luftwaffe. Doch nach einem Treffen zwischen britischen Offiziellen und Modise blieb der Kampfjet im Rennen. Und nicht nur das: Gegen den Widerstand von Modise' Vorgänger im Amt sowie der Luftwaffe wurden die technischen Anforderungen an den Hawk angepasst. Auf einem informellen Treffen mehrerer ANC-Granden, darunter Modise sowie der damalige Vizepräsident Thabo Mbeki, fiel die Entscheidung für den Hawk. Dieser Ablauf ist in dem Abschlussbericht des südafrikanischen Rechnungshofs über den Arms Deal beschrieben. Allerdings nicht in der Version, die dem Parlament im Herbst 2001 vorgelegt wurde. Denn die Regierung hatte die Passage zu Modise zuvor einfach umgeschrieben.

BAE Systems zahlte unter anderem fünf Millionen Rand an einen Veteranenfonds des Milizflügels des ANC. Präsident des Fonds auf Lebenszeit: Joe Modise. Die Partei verwendete das Geld im Wahlkampf 1999. Darüber hinaus soll Modise auch persönlich Schmiergeld in Millionenhöhe von am Arms Deal beteiligten Rüstungsfirmen erhalten haben. Und nach seinem Ausscheiden aus dem Parlament wurde er Vorsitzender einer Firma, die als Zulieferer vom Arms Deal profitiert hatte. Die britische Betrugsbehörde Serious Fraud Office (SFO) kam später zu dem Schluss, dass BAE Systems Provisionen

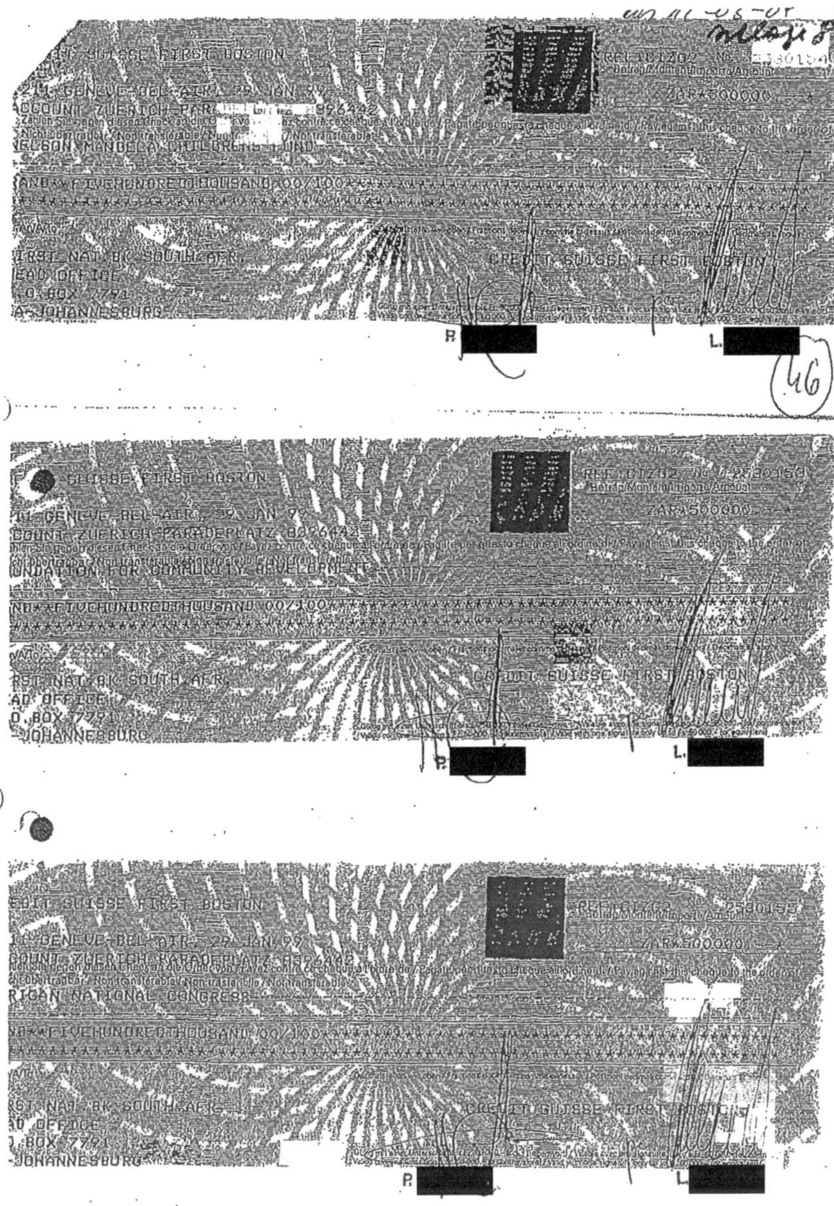
SUISSE FIRST BOSTON
GENEVE-BEL-AIR, 29 JAN 99
ZAR*500000
NELSON MANDELA CHILDRENS FUND
RAND**FIVEHUNDREDTHOUSAND 00/100**
FIRST NAT BK SOUTH AFR
HEAD OFFICE
P.O.BOX 7791
JOHANNESBURG
CREDIT SUISSE FIRST BOSTON
P. [redacted] L. [redacted]

46

SUISSE FIRST BOSTON
GENEVE-BEL-AIR, 29 JAN 99
ZUERICH-PARADEPLATZ
ZAR*500000
FOUNDATION FOR COMMUNITY DEVELOPMENT
FIVEHUNDREDTHOUSAND 00/100
SOUTH AFR
OFFICE
JOHANNESBURG
CREDIT SUISSE FIRST BOSTON
P. [redacted] L. [redacted]

SUISSE FIRST BOSTON
GENEVE-BEL-AIR, 29 JAN 99
ZUERICH-PARADEPLATZ
ZAR*500000
AFRICAN NATIONAL CONGRESS
FIVEHUNDREDTHOUSAND 00/100
SOUTH AFR
OFFICE
BOX 7791
JOHANNESBURG
CREDIT SUISSE FIRST BOSTON
P. [redacted] L. [redacted]

*Diese drei Schecks, ausgestellt auf den Nelson Mandela Children's Fund, die Foundation for Community Development und den African National Congress, sind ein Stück deutsche Korruptionsgeschichte. Diese schwer lesbaren Kopien wurden im Haus eines deutschen Thyssen-Managers gefunden.*

in Höhe von mindestens 116 Millionen britischen Pfund nach Südafrika gezahlt hatte. Doch nicht nur aus Großbritannien floss Schmiergeld nach Südafrika.

Zu den interessantesten Dokumenten der deutschen Korruptionsgeschichte zählen drei Schecks. Sie tragen den 29. Januar 1999 als Datum. Das war zwei Wochen vor dem 15. Februar, also dem Tag, an dem mit dem Ende der steuerlichen Absetzbarkeit von Schmiergeldzahlungen im Ausland angeblich der große Einschnitt in der Geschichte der Schmiergeldbranche Gesetz werden sollte. Die Schecks räumen mit dieser Mär auf – die Gesetzesänderung war seit mehreren Monaten bekannt. Ausgestellt wurden sie von der Bank Credit Suisse First Boston am Zürcher Paradeplatz. Einer der Empfänger ist unscheinbar: die „Foundation for Community Development". Der zweite jedoch trägt bereits den Namen einer der großen politischen Ikonen des 20. Jahrhunderts: der „Nelson Mandela Childrens Fund". Und der dritte Scheck ist in seiner Direktheit gerade zu aufreizend lapidar: der „African National Congress".

Deutsche Ermittler fanden die drei Schecks für den ANC und die beiden Wohltätigkeitsorganisationen – in Höhe von jeweils einer halben Million südafrikanischer Rand – bei einem Düsseldorfer Manager im Rüstungsgeschäft von Thyssen. Zusammen mit einer Notiz: „Dear C.[2], please keep CONFIDENTIAL, just FYI!."[3]

Um beim Arms Deal zum Zuge zu kommen, hatte sich die deutsche Rüstungsindustrie zu zwei Bieterkonsortien zusammengeschlossen. Die Hamburger Werft Blohm + Voss und die Thyssen-Tochter Thyssen Rheinstahl Technik (TRT) bildeten das deutsche „Fregatten-Konsortium". Sie sollten drei Fregatten im Wert von sieben Milliarden südafrikanischen Rand (knapp eine Milliarde Euro) bauen. Der Essener Konzern Ferrostaal, die Kieler Howaldtswerke-Werft sowie TRT bildeten das deutsche „U-Boot-Konsortium", das den Auftrag zur Lieferung von drei U-Booten im Wert von etwa 660 Millionen Euro erhielt. Im Jahr 2008 wurden die Boote vom Typ 209 ausgeliefert. Ähnlich wie für die britischen Kampfjets hatte es auch für die deutschen Kriegsschiffe zunächst nicht gut ausgesehen.

Die südafrikanische Regierung hatte für den Bau der U-Boote zunächst einen italienischen Rüstungskonzern ausgewählt. Der Chef des Unternehmens flog nach Südafrika, um den Vertrag zu unterzeichnen – nur um zu hören, dass die Deutschen doch noch das Rennen gemacht hatten. Gegen eine Zahlung von 15 Millionen US-Dollar könnten die Italiener den Auftrag aber doch noch retten, wurde ihm beschieden – so zumindest schilderten es später einige Quellen gegenüber Feinstein. Sie sagten auch, dass sich eine Schlüsselfigur bei den Bestechungszahlungen mit den Bietern nur allein und an informellen Orten treffen wollte: Chippy Shaik. Der indischstämmige Shaik hatte mit seinen Brüdern schon zu Apartheidzeiten in den Untergrundstrukturen des ANC mitgearbeitet. Sein Bruder Schabir Shaik kümmerte sich in jener Zeit um die finanziellen

Mittel der Partei und anschließend auch um die Finanzen des späteren Präsidenten Jacob Zuma – dazu später mehr.

Chippy Shaik traf sich auch mit Vertretern der deutschen Rüstungsindustrie. Und die notierten mit deutscher Gründlichkeit, was besprochen worden war. „Bei einem unserer Treffen bat er um nochmalige ausdrückliche Bestätigung, dass die mit ihm mündlich getroffene Absprache zur Zahlung im Erfolgsfalle an ihn und eine von ihm vertretene Gruppe in Höhe von drei Millionen US-Dollar gilt", hielt der Düsseldorfer Thyssen-Manager im August 1998 in einer Notiz fest. „Ich habe ihm dies bestätigt und angeboten, jederzeit diese Vereinbarung schriftlich zu formulieren, und dabei vorgeschlagen, diese in einen Safe mit nur gemeinsamer Zugriffsmöglichkeit zu legen."

Während seines Besuchs in Südafrika, den der Thyssen-Manager in der Notiz zusammenfasste, habe Shaik seine Bedeutung herausgestellt. Das Angebot eines spanischen Konkurrenten für den Bau der Fregatten sei 20 Prozent günstiger gewesen. „Insofern sei es keine einfache Übung gewesen, uns auf Platz 1 zu bringen." Am 3. Mai 2000 flossen die drei Millionen US-Dollar auf ein Offshore-Konto, geführt von der Bank Barclays auf den britischen Kanalinseln – ein Steuerparadies. Der Thyssen-Partner Ferrostaal zahlte noch einmal die gleiche Summe an Chippy Shaik.

Auch seine Brüder profitierten. Schabir Shaik war Direktor bei einem südafrikanischen Ausstatter der Fregatten – ein eklatanter Interessenkonflikt. Über Shaik zahlte der französische Eigentümer dieser Firma, ein Rüstungskonzern, der die Waffensysteme der Fregatten lieferte, dem damaligen Vizepräsidenten Zuma jährlich eine halbe Million Rand, um die Untersuchungen des Parlaments zu stoppen. Zuma hatte Feinstein zunächst bei seinen Bemühungen um Aufklärung ermutigt. Als der Vertrag über die Zahlungen zwischen der französischen Firma und Schabir Shaik unterzeichnet war, wechselte er jäh den Kurs.

Auch der dritte der Brüder, Mo Shaik, tauchte bei dem Rüstungsdeal auf. Shaik hatte während der Apartheid im Untergrund für den Geheimdienst des ANC gearbeitet. Seine Ausbildung dafür soll er teilweise in der DDR erhalten haben. Wie sein Bruder Schabir stand er Jacob Zuma nahe und leitete während dessen späterer Präsidentschaft für kurze Zeit den Auslandsgeheimdienst Südafrikas. Ähnlich wie bei den U-Booten hatten zunächst nicht die Deutschen, sondern eine spanische Firma den Zuschlag für den Bau der Fregatten erhalten. Doch dann reiste der damalige Vizepräsident Mbeki nach Hamburg, wo das Fregatten-Konsortium sein Hauptquartier aufgeschlagen hatte. Das Bieterverfahren wurde noch einmal geöffnet. Mo Shaik wurde für einige Monate zum Generalkonsul des Landes in der Hansestadt ernannt. Kaum hatten die deutschen Werften den Auftrag erhalten, wurde er wieder abberufen.

Die bei dem Thyssen-Manager in Düsseldorf gefundene Notiz stammte von einer weiteren Schlüsselfigur der Affäre: dem griechisch-südafrikanischen Geschäftsmann Tony Georgiadis, der als Berater die Interessen von ThyssenKrupp in Südafrika vertrat. Georgiadis stammt aus einer vermögenden griechischen Reederfamilie. Er stand zunächst dem weißen Politiker F. W. de Klerk nahe, später entwickelte er Kontakte zur Spitze des ANC. ThyssenKrupp zahlte 22 Millionen US-Dollar an Firmen von Georgiadis. Ferrostaal zahlte in den Jahren 2000 bis 2004 noch einmal 16,5 Millionen Euro. Ferrostaal zahlte zudem einem weiteren Berater, Tony Ellingford, die gleiche Summe.[4] Georgiadis und Ellingford waren die Türöffner, sie stellten die deutschen Rüstungsmanager den führenden ANC-Politikern vor.

Ein Bericht der Wirtschaftskanzlei Debevoise & Plimpton kam zu dem Schluss, dass Ferrostaal in Südafrika unter dem Strich insgesamt über Mittelsmänner 40 Millionen US-Dollar für „politische Zwecke“ ausgegeben hatte – und damit nicht weniger als ein Viertel des eigenen Umsatzes.[5] Nicht eingerechnet sind dabei die Auffälligkeiten, auf die Wirtschaftsprüfer auch bei den sogenannten Gegengeschäften stießen, zu denen sich Ferrostaal als Teil des Arms Deal verpflichtet hatte. Solche Gegengeschäfte sollen als Investitionen die Wirtschaft in den Ländern ankurbeln, die große Rüstungspakete bestellen. Sie sollen Arbeitsplätze schaffen und dienen den einheimischen Regierungen als Legitimation für die Rüstungsausgaben. Doch tatsächlich fließt immer wieder nur ein Bruchteil der vereinbarten Summen. Die Rüstungsfirmen kalkulieren lieber von vornherein die niedrigen Strafzahlungen ein, die für den Fall eines Ausbleibens der Investitionen vereinbart sind. Und die Gegengeschäfte – in die wie bei den Rüstungsaufträgen selbst oft genug dubiose Berater involviert sind – können als Fassade für schmierige Zahlungen dienen.

Ferrostaal sollte in Südafrika zum Beispiel einen Hafen entwickeln sowie Stahl- und Aluminiumhütten. Ein Großteil dieser Projekte wurde nie richtig gebaut. Und auch bei diesen Gegengeschäften stießen die Prüfer später an mehreren Stellen auf die Shaik-Brüder sowie auf Verbindungen zu Verteidigungsminister Modise. Nur ein Beispiel: 2005 gründete Ferrostaal ein Gemeinschaftsunternehmen mit einer von Chippy Shaik kontrollierten Firma. Zwei Jahre später verkaufte es einen Anteil an der gemeinsamen Firma an das Unternehmen von Shaik – verlangte dafür aber nur einen Bruchteil seiner eigenen Investition in die Firma. Wirtschaftsprüfer wunderten sich später darüber, dass Ferrostaal Kredite an Firmen, die die Gegengeschäfte umsetzen sollten, direkt abschrieb. Es entstand der Eindruck, dass sie nie zurückgezahlt werden sollten.[6]

Der für die Gegengeschäfte verantwortliche Ferrostaal-Mitarbeiter behauptete laut einer internen Gesprächsnotiz, dass das Unternehmen über diese Gegengeschäfte „nützliche Aufwendungen“, also Bestechungsgelder, abgewickelt habe. Andere stritten das ab. Jedenfalls waren in die Gegengeschäfte auch politisch gut vernetzte Berater wie Georgiadis involviert, und Zahlungen flossen über Briefkastenfirmen.

Der Parlamentarier Andrew Feinstein bekam also schmerzlich zu spüren, dass der ANC kein Interesse daran hatte, diese Zahlungen aufzuklären. Doch die Korruptionsvorwürfe rund um den Arms Deal spielten dennoch eine Rolle in der Politik jener Zeit. Mitte der Nullerjahre lieferten sich Thabo Mbeki und Vizepräsident Zuma einen erbitterten Machtkampf. Zuma war der designierte Nachfolger von Mbeki, doch dieser strebte – im Widerspruch zu den Vorgaben der südafrikanischen Verfassung – eine dritte Amtszeit an. Den Machtkampf zwischen den beiden ANC-Schwergewichten hätte es vermutlich ohnehin gegeben, doch die Korruptionsvorwürfe rund um den Arms Deal lieferten dem erbitterten Duell die Nahrung. Beide waren in den 90er-Jahren zutiefst in das Rüstungsgeschäft verstrickt gewesen.

Zuma und Mbeki konnten kaum gegensätzlicher sein. Während Mbeki in Großbritannien Volkswirtschaft studiert hatte, stammte Zuma aus ärmlichen Verhältnissen. Als er als 20-Jähriger eine zehnjährige Gefängnisstrafe antrat, weil er unter dem Apartheidregime keinen Militärdienst leisten wollte, konnte er kaum lesen und schreiben. Von 1975 bis 1990 lebte er im Exil. Er arbeitete im Geheimdienst des ANC und leitete seine Sicherheitsabteilung. Die Kader des ANC waren ständig Mordversuchen durch die Apartheid-Geheimdienste ausgesetzt. Der ANC suchte nach Spitzeln in den eigenen Reihen. Es war eine Zeit des ständigen gegenseitigen Misstrauens in der Untergrundbewegung. Zuma soll dabei auch von der Folter und der brutalen Ermordung zweier ANC-Kader gewusst haben, die der eigene Sicherheitsdienst der Spitzelei verdächtigte.

Dass sich Zuma später als veritabler Überlebenskünstler entpuppen sollte, dürfte er vor allem zwei Eigenschaften zu verdanken haben: seiner Zeit als Geheimdienstler, in der er das Strippenziehen und Manipulieren erlernt hatte. Und seiner Fähigkeit, als Mann aus armen Verhältnissen auf der Straße die Menge hinter sich zu bringen. Doch nun sah es erst einmal so aus, als sei die Karriere von Zuma als Präsident Südafrikas zu Ende, bevor sie überhaupt begonnen hatte. 2005 klagten Ermittler Zuma und seinen Finanzberater Schabir Shaik wegen ihrer Verstrickung in die dubiosen Zahlungen rund um den Arms Deal an.

Shaik wurde wegen Zahlungen von einer Tochter des französischen Ausstatters der Fregatten, die er für Zuma eingefädelt hatte, zu 15 Jahren Gefängnis wegen Bestechlichkeit verurteilt. Er verbrachte lediglich zwei Jahre in Haft und wurde dann aus – vermutlich vorgeschobenen – medizinischen Gründen entlassen. Die Anklage gegen Zuma ließ ein Gericht nicht zu. Doch Mbeki nutzte die Gelegenheit und feuerte seine Vizepräsidenten. Die Verurteilung von Shaik ist daher in diesem Kontext zu sehen: Mbeki zielte auf seinen Konkurrenten Zuma. Um Aufklärung ging es ihm nicht. Doch

Zuma schaffte ein Comeback und wurde am 18. Dezember 2007 zum Präsidenten des ANC gewählt, womit auch der Weg ins Präsidentenamt geebnet war.

Doch zehn Tage später nahm die nationale Staatsanwaltschaft einen neuen Anlauf und klagte ihn wegen seiner finanziellen Verbindungen zu Schabir Shaik an. Die Anklage umfasste nicht weniger als 783 Punkte: darunter Korruption, organisierte Kriminalität und Betrug. Zuma lebte auf großem Fuß und hatte mit verschiedenen Frauen fast zwei Dutzend Kinder gezeugt. Seine Finanzen waren außer Kontrolle, und in der Not hatte er sich Shaik zugewandt, der in der Untergrundzeit die Kasse des ANC verwaltet hatte.

Shaik – und auch Nelson Mandela – half Zuma immer wieder aus der Klemme, und das laut der Anklage der Staatsanwaltschaft eben auch mit Mitteln aus dunklen Kanälen. Shaik behauptete, dass die Zahlungen an Zuma nur zinsfreie Kredite gewesen seien. Zugleich stand Zuma vor Gericht, weil er die Tochter eines befreundeten ANC-Kaders vergewaltigt haben soll. Die Anklage wegen Korruption und die Vergewaltigungsvorwürfe würden jeden anderen Spitzenpolitiker scheitern lassen – nicht jedoch Zuma. Ein Gericht sprach Zuma aus Mangel an Beweisen vom Vergewaltigungsvorwurf frei. Und im September 2008 erklärte ein Gericht die Anklageerhebung in Sachen Korruption wegen Verfahrensfehlern für ungültig.

Es sei offensichtlich, dass die Anklage auf das Vorgehen von Mbeki gegen einen politischen Rivalen zurückzuführen sei, argumentierte der Richter. Doch er machte auch deutlich, dass er nicht in der Sache, sondern nur über das Verfahren geurteilt hatte. Er forderte eine Aufklärung der Korruptionsvorwürfe. „Nur eine Untersuchungskommission kann unser Land richtig von diesem Krebs befreien, der unsere Politik auffrisst und den Ruf von Integrität, der so eifrig aufgebaut wurde nach dem Ende der Apartheid“, schrieb der Richter.

Bei den Wahlen im Mai 2009 wurde Zuma zum Nachfolger von Mbeki im Präsidentenamt gewählt. Damit begann eine dunkle Zeit, unter der Südafrika bis heute leidet. Denn um die Korruption der Vergangenheit unter dem Deckel zu halten, war Zuma bereit, den südafrikanischen Staat zu zerstören. Systematisch ersetzte Zuma im Sicherheitsapparat, in der Justiz und in der Verwaltung des Landes die wichtigsten Beamten mit ihm ergebenen Lakaien. Für die Berufungen war Loyalität ihm gegenüber das entscheidende Kriterium. Um Kompetenz ging es nicht.

So brachte Zuma unter anderem die Polizei und die nationale Staatsanwaltschaft unter seine Kontrolle. Der Präsident baute parallele, teilweise informelle Strukturen im Staat auf, die nur ihm gegenüber loyal waren. Im Inlandsgeheimdienst entstand zum Beispiel eine Sondereinheit, deren Angehörige gegenüber niemandem Rechenschaft ablegen mussten und die erhebliche Summen veruntreuten. Mit diesem Vorgehen schwächte Zuma den südafrikanischen Staat derart, dass er sich gegen das, was folgen sollte, nicht mehr ausreichend wehren konnte. Der südafrikanische Journalist Jacques Pauw beschreibt diesen Prozess in seinem lesenswerten Buch „The President's Keepers", auf das sich diese Darstellung stützt.[7] Nach Lesart von Pauw hatte Zuma in seiner zweiten Amtszeit, die 2014 begann, nur noch ein Ziel: sich den erneuten Gang ins Gefängnis zu ersparen. Während der Apartheid saß Zuma aus politischen Gründen ein. Dieses Mal wäre es wegen Korruption und Bereicherung gewesen.

Zu Beginn seiner zweiten Amtszeit machte sich Zuma an den Angriff auf die letzte Institution des südafrikanischen Staates, die noch unabhängig und effizient arbeitete: das Finanzamt. Der South African Revenue Service (SARS) hatte auch international einen guten Ruf. Im Oktober 2014 setzte Zuma einen neuen SARS-Chef ein, der über keinerlei Erfahrung in der Leitung einer derartigen Behörde verfügte. Der vorherige Chef wurde abgesetzt. Den Boden dafür bereitete eine Kampagne gegen SARS, für die Zuma auch die Institutionen nutzte, die er zuvor unter seine Kontrolle gebracht hatte. Kurz vor dem Wechsel an der Spitze erschienen in der Presse einige Artikel über eine angebliche „rogue unit", also eine Gruppe abtrünniger Beamter, im SARS, die sich später als frei erfunden herausstellten. Der bisherige SARS-Chef musste nach seiner Entlassung noch einmal seinen alten Arbeitsplatz aufsuchen und die Akten aus seinem Safe, also das Innerste des Inneren der Finanzbehörde, an eine Mitarbeiterin des neuen, Zuma-treuen Behördenleiters übergeben.

Mit seinem rabiaten Vorgehen gegen die Finanzbehörde hatte Zuma eine der wichtigsten Institutionen des Staates zu Fall gebracht. Denn das Finanzamt finanziert den Staat und damit auch die Aufgaben, die er für die Gesellschaft wahrnimmt.

Was bewog Zuma dazu? Der Autor Pauw hat einige Erklärungsansätze. SARS ermittelte schon lange und umfassend gegen den florierenden Tabakschmuggel. Nördlich von Südafrika liegt mit Malawi ein wichtiges Anbaugebiet für Tabak. Der Tabak wird vielfach nach Südafrika geschmuggelt und dort von kleinen wie großen Tabakfirmen unversteuert zu Zigaretten verarbeitet. Die Erlöse aus diesem Geschäft flossen teilweise auch an einen der Söhne von Zuma, Edward. Es ist unklar, ob das Geld auch bei Zuma persönlich landete. Es ist jedoch laut Pauw wahrscheinlich, dass Edward immer wieder größere Summen Bargeld bei dem zu einer Luxusresidenz ausgebauten Domizil von Zuma in der Provinz KwaZulu-Natal vorbeibrachte. Der Ausbau der Residenz erfolgte auch mit staatlichen Mitteln. Laut einer Schätzung kostete der Ausbau am Ende eine Viertelmillion Rand.

Eigentlich hätte Zuma die staatlichen Zuschüsse versteuern müssen. Doch der Politiker gab über lange Zeiträume einfach keine Steuererklärung ab. Klar ist nur, dass seine Finanzen chaotisch und dubios waren. Bei einer wahrheitsgetreuen Erklärung über seine

Einkünfte hätten sich vermutlich noch mehr Staatsanwälte an seine Fersen geheftet als ohnehin schon. So war Zuma während seiner Präsidentschaft zum Beispiel gleichzeitig Angestellter einer Sicherheitsfirma. 2011 traf Zuma einige Vertreter der organisierten Kriminalität aus der Region am westlichen Kap, die mit der Steuerbehörde in Konflikt geraten waren. Im Gegenzug für die Lösung dieser Probleme sollen die Mafiosi angeboten haben, mithilfe ihrer Klientelnetzwerke dem ANC bei einer Wahl Stimmen zu besorgen.

Im Jahr 2016 geschah in der südafrikanischen Geschäftswelt dann etwas Außergewöhnliches. Vier Großbanken kündigten aus Eigeninitiative die Konten der Firma Oakbay Investments. Weitere Banken folgten und meldeten Dutzende von auffälligen Transaktionen der Firma an die Behörden. Auch die externen Buchprüfer der Firma gaben das Mandat zurück. Oakbay war KPMG, einer der großen vier Buchprüfungsgesellschaften, zu heiß. Oakbay Investments war die Holding der drei Gupta-Brüder Ajay, Atul und Rajesh. Die Guptas waren zu Beginn der 90er-Jahre aus Indien nach Südafrika gekommen. Sie bauten eine der größten Unternehmensgruppen Südafrikas auf. Dabei bereicherten sie sich mit fragwürdigen Methoden am südafrikanischen Staat – bis es ihnen während der zweiten Amtszeit von Zuma gelang, Teile des Staat selbst zu übernehmen.

2015 gelang es ihnen, über einen Mittelsmann sogar den südafrikanischen Finanzminister zu bestimmen. Der Mittelsmann, Fana Hlongwane, war übrigens in den 90er-Jahren Berater des damaligen Verteidigungsministers Joe Modise gewesen und hatte laut der britischen Antibetrugsbehörde SFO über Briefkastenfirmen zahlreiche Zahlungen der britischen Rüstungsfirma BAE Systems erhalten. Die drei Gupta-Brüder umgingen Umsatzsteuern und erhielten Kredite von Staatsfirmen, die sie nie zurückzahlten. Immer wieder pumpten Staatsfirmen Geld in gemeinsame Projekte mit Gupta-Firmen. Die Milliarden, die die Brüder absahnten, bunkerten sie angeblich in Dubai.

Banken sind weltweit wenig zimperlich, was die Auswahl ihrer Kunden betrifft. Die Branche wird seit Jahren von einem Manipulations- und Geldwäscheskandal nach dem anderen erschüttert. Und nach jedem Unternehmensskandal stellt man fest, dass einer der vier großen Buchprüfer alles abgesegnet hat. Dass es also in Südafrika im Jahr 2016 die Banken und die Buchprüfer waren, die von sich aus ihre Geschäftsbeziehungen mit den Gupta-Brüdern verabschiedeten, ist außergewöhnlich. Die Episode zeigt, wie tief der südafrikanische Staat unter Zuma gesunken war. Man kann auch sagen: wie wehrlos er geworden war. Die Polizei, die Staatsanwaltschaft, der Inlandsgeheimdienst, die Steuerbehörde: Sie alle unternahmen nichts, um die Plünderung des Staates zu stoppen. Laut Pauw hatte SARS bereits 2013 umfassende Ermittlungen gegen das Geflecht der Gupta-Unternehmen eingeleitet. Diese wurden jedoch nicht fortgeführt.

Eine zweite Episode illustriert den Einfluss der Guptas. Inzwischen abgeschnitten von den Banken, waren die Guptas auf eine Steuerrückzahlung in Höhe von 71 Millionen Rand zur weiteren Finanzierung ihrer Geschäfte angewiesen. Doch sie kamen auf eine abenteuerliche Idee: Da sie in Südafrika bereits keinen Zugang zu Banken mehr hatten und absehbar war, dass ihr Spiel irgendwann zu Ende sein würde, sollten die Steuerbehörden das Geld für sie außer Landes bringen: Indem diese das Geld direkt auf eines ihrer Konten im Ausland anwiesen. Das Finanzamt weigerte sich. Also schlugen die Guptas vor, das Geld stattdessen an einen von einem Anwalt verwalteten Trust zu zahlen. Auch das lehnten die Finanzbeamten ab, doch der von Zuma eingesetzte SARS-Chef setzte sich durch. Im Juni 2017 floss das Geld.

Es ist eigentlich unvorstellbar: Hier zahlte nicht ein Steuersünder Geld an einen Strohmann, um es vor der Steuerbehörde zu verheimlichen, sondern das Finanzamt selbst zahlte das Geld an einen Anwalt anstelle des Erstattungsberechtigten. Und wurde so Teil einer Struktur zum Verschleiern von Zahlungen, welche einzig und allein dem Plündern staatlicher Ressourcen diente.

Wenig später, am 1. Juni 2017, wachten die Südafrikaner bei den „Gupta Leaks" auf und realisierten das ganze Ausmaß des Einflusses, den die Guptas auf ihren Staat hatten. Mehrere Kabinettsmitglieder und einige Familienmitglieder von Präsident Jacob Zuma zählten zu jenen, die sie bei ihren Geschäften unterstützten. Südafrika hatte den Tiefpunkt erreicht. Spätestens seit den „Gupta Leaks" ist nicht mehr nur von einer Plünderung des Staates die Rede, sondern von seiner Übernahme. Den Höhepunkt ihrer Macht hatten die Guptas im Dezember 2015 erreicht. Zuma feuerte abrupt seinen Finanzminister und ersetzte ihn durch einen unbekannten Hinterbänkler. Nach Recherchen südafrikanischer Medien hatten die Guptas zuvor den Posten verschiedenen Politikern angeboten – ganz so, als entschieden sie über die Zusammensetzung des Kabinetts. Die Kapitalmärkte reagierten panisch, die südafrikanische Währung stürzte ins Bodenlose. Vier Tage später nahm Zuma die Ernennung zurück.

Erst die Zukunft wird zeigen, wie schwer der Schaden ist, den die Präsidentschaft von Jacob Zuma und seine Liaison mit Blutsaugern wie den Gupta-Brüdern angerichtet haben. Zumindest seine persönliche Fortune hatte ein Ende. Die Skandale, die Zuma am Ende seiner zweiten Amtszeit umrankten, sind zu zahlreich, um sie hier aufzuführen. Im März 2016 entschied das Verfassungsgericht Südafrikas, dass Zuma einen Teil der staatlichen Zuschüsse für seinen Luxuslandsitz zurückzahlen musste. Einen Monat später entschied ein Gericht in Pretoria, dass die nationale Staatsanwaltschaft die 783 Anklagepunkte gegen Zuma wegen Korruption und Betrug zu Unrecht fallen gelassen hatte.

Um nach dem Ausscheiden aus dem Präsidentenamt nicht in einer Gefängniszelle zu landen, versuchte Zuma, eine seiner Ex-Frauen als Nachfolgerin durchzusetzen. Doch auf einer dramatischen ANC-Versammlung im Dezember 2017 gewann der Gegenkandidat. Damit war Zumas politische Karriere beendet, und am 14. Februar 2018 trat er zurück. Unter Jacob Zuma hat Südafrika Züge einer Kleptokratie entwickelt. Da überrascht es nicht, dass das Land die Geister, die der Arms Deal rief, noch immer nicht losgeworden ist. Und ohne Aufklärung werden sie nie ruhen und die Republik Südafrika für immer belasten.

2011 hatte Zuma noch einmal eine zahnlose Kommission eingesetzt, die die Vorwürfe rund um den Arms Deal angeblich aufklären sollte. 2016 kam die Kommission zu dem Ergebnis, dass bei den Geschäften keine Korruption involviert gewesen sei. Im März 2018, zwei Wochen nach dem Rücktritt von Zuma und zehn Jahre nach der ersten Anklageerhebung, erhob die nationale Staatsanwaltschaft erneut Anklage wegen Korruptionsverdacht gegen Zuma. Fast 20 Jahre nach dem Geschäft ist Südafrika der Wahrheit über die Korruptionszahlungen nicht näher gekommen. Dabei heilt nicht nur die Zeit, sondern auch die Wahrheit viele Wunden. Diese Lektion lernte die junge Demokratie Südafrika nach dem Ende der Apartheid mit ihrer Wahrheits- und Versöhnungskommission. Täter und Opfer aus der Apartheid standen sich gegenüber. Alles kam auf den Tisch, und der friedliche Übergang von einem autoritären Regime zu einer Demokratie gelang.

Als es um die eigenen dunklen Kapitel ging, wollte der ANC von dieser Lektion jedoch nichts mehr wissen. Die Wahrheit darüber, wie der Arms Deal zustande gekommen war, durfte nicht ans Tageslicht kommen. Doch es lässt sich eine Linie ziehen vom Arms Deal bis hin zur teilweisen Übernahme des Staates durch die Guptas viele Jahre später. Denn der Angriff auf unabhängige Institutionen wie Parlamentskommissionen, den Rechnungshof und die Justizbehörden, die den Staat vor derartigen Angriffen schützen können, begann in jenem Moment, als Andrew Feinstein und seine Kollegen im Parlament fest entschlossen waren, den Korruptionsvorwürfen rund um den Arms Deal auf den Grund zu gehen.

Von diesem Moment hat sich Südafrika nicht mehr erholt. „Der Arms Deal ist der vergiftete Brunnen der Politik in Südafrika seit der Apartheid", brachte es der Autor Mark Gevisser in einer Biografie von Thabo Mbeki auf den Punkt. So sieht es auch Andrew Feinstein. „Der Arms Deal war der Punkt, an dem der ANC seinen moralischen Kompass verlor", sagt er im Gespräch mit CORRECTIV. „Es war der Punkt, an dem es normal wurde, sich für die Finanzierung von einzelnen Politikern oder der Partei an staatlichen Mitteln zu bedienen."

Und Deutschland? Deutschland hat die südafrikanische Demokratie zwei Mal verraten. Zum ersten Mal, als sich deutsche Konzerne am Sündenfall der neuen Republik beteiligten, den vielen dubiosen Zahlungen rund um den Arms Deal am Ende der 90er-Jahre. Während der Friedensnobelpreisträger Nelson Mandela, als Freiheitsikone verehrt, noch der Regierung und seiner Partei vorstand, reisten ihre Vertreter nach Südafrika und besprachen mit ANC-Vertretern die Details der Zahlungen. Und dann noch einmal Mitte der Nullerjahre, während die deutsche Justiz wenig dazu beitrug, den Skandal aufzuklären. Die Staatsanwaltschaft Düsseldorf stellte 2010 ihre Ermittlungen ergebnislos ein. Es sei nicht aufzuklären, wohin das Geld letztlich gegangen sei. Von ihren Kollegen in Südafrika sei auch keinerlei Hilfe zu erwarten, argumentieren die Ermittler. Da zumindest hatten sie recht.

Doch angesichts der vielen Hinweise für dubiose Zahlungen bleibt wegen der dünnen Ergebnisse der Ermittler ein fader Beigeschmack zurück. ThyssenKrupp einigte sich mit den Ermittlern auf eine Strafzahlung wegen steuerlicher Vergehen im Zusammenhang mit den Provisionszahlungen. Sonst gab es in Deutschland keinerlei Konsequenzen. Auch in diesem Fall zeigte die Politik kein Interesse daran, die dunkle Seite des deutschen Kriegsschiffexports aufzuklären: Werften in Kiel, Bremen und Hamburg sind ihr näher als eine Demokratie auf der anderen Seite des Erdballs. Dieses Versagen ermöglichte es Zuma & Co, das Ausmaß der Korruption rund um den Arms Deal zu vertuschen und dabei die Institutionen, die die südafrikanische Demokratie braucht, vielleicht irreparabel zu beschädigen. „Die Übernahme des Staates unter Zuma wäre meiner Meinung nach ohne den Arms Deal nicht möglich gewesen“, sagt Feinstein.

Das Beispiel Südafrika zeigt also vor allem eines: Es ist nicht nur die Korruption selbst, die eine Demokratie beschädigt. Die anschließenden Bemühungen, Aufklärung zu verhindern, können noch viel größeren Schaden anrichten. Die Korruption rund um den Arms Deal, so Feinstein, „hat unsere jungen demokratischen Institutionen komplett zerfressen. Das Parlament als Institution wurde kompromittiert.“ Der lange Kampf von Feinstein um Transparenz hat im Land wenigstens eine Spur hinterlassen: Er ist zum geflügelten Wort geworden. Wenn heute ein Kritiker mundtot gemacht wird, dann wird er „gefeinsteint“.

## Kapitel 7

# Brasilien: Schwarzes Blut

Curitiba, Brasilien, am 4. August 2015. Die Öffentlichkeit ist Mário Góes sichtlich unangenehm. Jahrzehntelang hat der Geschäftsmann im Verborgenen gearbeitet, jetzt sitzt er an einem Tisch im Gerichtssaal und sieht Kameras auf sich gerichtet. Mit der linken Hand hält er sich an dem Mikrofon fest, das seine brüchige Stimme verstärken soll.Der Richter Sérgio Moro befragt Góes zu den zahllosen Beraterverträgen, abgeschlossen im Namen einer seiner brasilianischen Firmen, die die Polizei bei einer Durchsuchung seines Hauses in Rio de Janeiro fand.[1]

Sérgio Moro: „Wurde irgendeiner dieser Verträge umgesetzt?"

Mário Góes: „Keiner von ihnen wurde realisiert."

Sérgio Moro: „Es sind also Scheinverträge?"

Mário Góes: „Leider ja."

Sérgio Moro: „Diese Verträge haben nichts mit irgendwelchen technischen Leistungen zu tun, die Sie erbracht haben?"

Góes ist über 70 Jahre alt, seine Augen liegen hinter einer verdunkelten Brille. Noch einmal bringt der Geschäftsmann sein Bedauern zum Ausdruck. „Nein, leider nein."

Damit ist klar: Die Verträge, die Góes abgeschlossen hatte, waren nur eine Fassade. Eine Fassade, um Schmiergeldzahlungen zu verschleiern. Von Konten in der Schweiz – und auch bei der Deutschen Bank in Frankfurt unterhielt er ein Konto – bezahlte er Entscheidungsträger im brasilianischen Ölkonzern Petrobras. Auf einem Spreadsheet führte er Buch, wem welche Gelder zustanden.

Góes ist eine der Schlüsselfiguren in einem Korruptionsskandal der Superlative: Petrolão, der Schmiergeldskandal im brasilianischen Ölkonzern Petrobras, der die siebtgrößte Wirtschaft der Welt bis heute in Atem hält. Quasi die komplette Bauindustrie des Landes hatte sich zusammengetan, um überhöhte Preise für Aufträge von Petrobras abzusprechen. Dafür bestachen die Unternehmen hochrangige Manager im Konzern. Geschäftsleute mit besten Kontakten in das Konzerninnere wickelten die Zahlungen für sie ab. Geschäftsleute wie Mário Góes.

In der Vernehmung geht es auch um einen der Petrobras-Manager, denen Góes Geld zukommen ließ. Er habe ihn gekannt, sagt Góes, aber nie mit ihm über das Schmiergeld gesprochen. Von einem Mitarbeiter des Managers, der in die Zahlungen involviert war, habe er gewusst, dass die Gelder an den Manager gingen – und an „die Partei". Doch wer hinter „der Partei" gestanden habe, welche politischen Implikationen damit verbunden gewesen seien, habe er gar nicht wissen wollen – das sei im zu heiß, zu gefährlich gewesen, behauptet Góes gegenüber dem Richter. Er habe nur die Zahlungen abgewickelt.

Der Petrobras-Skandal hat in Europa wenig Aufmerksamkeit erfahren – obwohl er einer der größten Schmiergeldskandale in der Geschichte der Korruption sein dürfte. Und obwohl Unternehmen aus zwei europäischen Länder eine wichtige Rolle spielten, aus der Schweiz sowie den Niederlanden. Schmiergeld in Höhe von weit über eine Milliarde Schweizer Franken flossen über Schweizer Konten. 40 Schweizer Banken waren involviert. Das niederländische Unternehmen SBM Offshore, ein Hersteller von Spezialschiffen zur Förderung von Öl auf dem Meer, zahlte mehrere Hundert Millionen Euro an einen brasilianischen Geschäftsmann, der wie Mário Góes mit dem Geld Entscheidungsträger im Petrobras-Konzern bestach. Ein früherer Vorstandschef von SBM Offshore ist der erste CEO eines europäischen Unternehmens, der in den USA nach dem „Foreign Corrupt Practices Act" (FCPA) verurteilt wurde.

Im Zuge des Skandals flog auch ein Schmiergeldsystem im Konzern Odebrecht auf, einem der beteiligten basilianischen Baukonzerne. Odebrecht einigte sich mit dem US-amerikanischen Justizministerium sowie Ermittlern in der Schweiz und in Brasilien Ende 2017 auf eine Strafzahlung von 3,5 Milliarden US-Dollar. Es ging um Bestechung in zehn südamerikanischen und zwei afrikanischen Ländern. Mit dieser Summe löste Odebrecht den Rekord ab, den Siemens seit seiner Einigung mit den US-Behörden nach dem FCPA-Gesetz zehn Jahre zuvor gehalten hatte.

Mário Góes war ein wichtiger Knotenpunkt des unsichtbaren, weitverzweigten Netzes, das die politische und wirtschaftliche Klasse um den Konzern Petrobras gesponnen hatte. Man schob sich gegenseitig Gefälligkeiten zu, sprach Preise und Aufträge ab, und zwar zulasten der Staatskassen und damit der Steuerzahler eines Landes, das immer noch von enormen sozialen Gegensätzen geprägt ist. Weil der Staat noch immer nicht genug Geld für Bildung, Soziales und Gesundheit ausgibt. Wir werden Góes später, am Ende dieser Geschichte über Brasilien, noch einmal begegnen. Und zwar zusammen mit seinen alten und neuen Bekannten aus Konzernen in Hamburg und Essen.

Doch es war nicht nur die Baubranche, nicht nur die wirtschaftliche Elite Brasiliens, die den Konzern plünderte. Denn der Staatskonzern Petrobras ist auch ein politischer Konzern. Sein enormes Investitionsbudget ist eine Art zweiter Haushalt – und vor allem ein großer Topf, der Begehrlichkeiten nicht nur in der Wirtschaft, sondern auch in der Politik weckt. Das Schmiergeldsystem, das den Konzern erfasste, reichte tief in die politische Klasse des Landes. Und zwar auch bis in „die Partei“, von der Mário Góes in seinem Geständnis sprach, die Partei, die Brasilien seit 2002 regiert: die Arbeiterpartei.

Blickt man auf ihre Entstehung zurück, auf die Biografien ihrer wichtigsten Vertreter Luiz Inácio Lula da Silva und Dilma Rousseff, die als Aktivisten im Namen der Unterdrückten, als Kämpfer gegen eine brutale Militärdiktatur begonnen hatten und die beide das Präsidentenamt erreichten, verwundert das. Denn sie traten einst an, um das Land jenen Eliten zu entreißen, die sich bei Petrobras zulasten der Bevölkerung bedienten und jene Gleichheit vor dem Gesetz untergruben, für die die Arbeiterpartei in einem Land mit großen Gegensätzen gekämpft hatte. Die Geschichte des Petrobras-Skandals, soweit sie bis heute bekannt ist, ist die Geschichte einer politischen Bewegung, der wie dem südafrikanischen ANC einst die Sympathien der Welt zuflogen und die, angekommen an den Fleischtöpfen der Macht, vom Weg abkam. Und wie in Südafrika waren auch hier europäische Firmen mit am Werk.

Als Luiz Inácio Lula da Silva am 27. Oktober 1945 in einer kleinen Stadt, etwa 150 Meilen von der Hafenstadt Recife entfernt, geboren wurde, sprach nichts dafür, dass er einer der bekanntesten Arbeiterführer und Politiker des 20. Jahrhunderts werden sollte. Er war das siebte Kind in einer Familie, die vom Anbau von Mais, Maniok, Kartoffeln und Bohnen lebte. Lula stammt aus einer Region, in der es in seiner Kindheit weder Strom noch fließendes Wasser, weder Bildung noch Gesundheitsversorgung gab. Das sollte seine späteren politischen Positionen stark prägen. Seine Eltern waren Analphabeten, seine Mutter verlor vier Babys.

Lulas Vater hatte sich noch vor seiner Geburt nach São Paulo aufgemacht, um dort zu arbeiten – wie es bis heute viele Arbeiter der Region tun. Lula sah seinen Vater das erste Mal, als er vier Jahre alt war. Insgesamt lebte er nur drei Jahre mit seinem Vater, der die Familie für eine andere Frau verließ. Als Lula etwa sieben Jahre alt war, ging er nicht etwa zur Schule, sondern schlug sich mit dem Verkauf von Erdnüssen im Hafen von Santos durch. Hier formten sich wohl sein Überlebenswille und seine Einsichten in die menschliche Natur, wie der Autor Richard Bourne in seiner Lula-Biografie schreibt, auf die sich die folgende Darstellung stützt.[2]

Als Lula 19 Jahre alt war, im Jahr 1964, stürzte eine Militärjunta die Regierung und errichtete eine Diktatur, die 20 Jahre lang dauern sollte. Lula arbeitete zur Zeit des Putsches bereits in der Metall verarbeitenden Industrie in São Paulo. Die Autoindustrie, auch deutsche Firmen, hatte begonnen, sich in Brasilien anzusiedeln. Lulas Leben war lange von Armut geprägt: Als er Ende der 60er einen neuen Job antrat, hatte er an seinem ersten Arbeitstag kein Geld, um ein Mittagessen zu bezahlen. Auch den Bus konnte er sich zunächst nicht leisten: Lula musste bis zu zwei Stunden zu Fuß zur Arbeit gehen.

Im Alter von 24 Jahren übernahm Lula seinen ersten Posten in der Gewerkschaft der Metallarbeiter. Es war der Beginn einer langen Karriere als Arbeiterführer und Oppositionspolitiker, während der Lula Streiks organisierte und Ansprachen vor Zehntausenden Arbeitern hielt. Besonders in der massiven Streikwelle am Ende der 70er-Jahre – allein 1979 legten mehr als drei Millionen Arbeiter die Arbeit nieder, davon ein Viertel in der Metallindustrie – war Lula involviert. Lula zählte dabei zu den Arbeiterführern, die auf eine eigene Partei drängten: die Partido de los Trabajadores, kurz PT, gegründet am 10. Februar 1980. Denn die Oppositionsparteien, die sich in den späten Jahren der Militärdiktatur entwickelt hatten, repräsentierten eine bürgerliche Elite des Landes, die auf die Arbeiter herabblickte und sich politisch nicht für sie einsetzte.

Lula hingegen wollte Politik für die Arbeiter machen. Zwei vorherige tragische Erlebnisse prägten dabei die Leitplanken seiner Politik in jener Zeit: sozialer Ausgleich und ein Überwinden der Militärdiktatur. 1971 starb seine erste Frau, als sie im siebten Monat ihrer ersten Schwangerschaft Hepatitis bekam. Die Ärzte konnten weder sie noch das ungeborene Kind retten. Eine bessere Gesundheitsversorgung für die unteren Schichten Brasiliens wurde daraufhin ein wichtiges Ziel von Lulas Politik. Wenige Jahre später, 1975, wurde sein Bruder Frei Chito, der einer kommunistischen Gruppe angehörte, vom Militärregime verhaftet und gefoltert. Auch dies bestärkte Lula in seinem Kampf für Freiheit und Demokratie.

Ende der 80er-Jahre war die Militärdiktatur in Brasilien am Ende, mürbe gemacht auch durch die von Lula organisierten Arbeiterstreiks. 1989 ließ das Regime freie Präsidentschaftswahlen zu. Lula trat zum ersten Mal für die Arbeiterpartei für das höchste Amt im Staate an. Er sollte noch drei weitere Anläufe brauchen, bis er am 27. Oktober 2002 mit 61,3 Prozent zum brasilianischen Präsidenten gewählt wurde.

Es war ein bemerkenswerter Sieg der Demokratie, dass ein in Armut aufgewachsener Sohn analphabetischer Eltern an die Spitze des Staates rücken und fortan eine Politik des sozialen Ausgleichs – vor allem mithilfe eines Ausbaus der Gesundheitsversorgung für die Armen – betreiben konnte. Von den Verhaftungen von PT-Funktionären unter der Militärdiktatur bis hin zum Boykott seiner Wahlkämpfe durch die Medien des Landes, die sich in der Hand einer Elite befanden, die die Klassengegensätze aufrechterhalten wollte – Lula setzte sich gegen alle Widerstände durch. Auch weil er die Sprache des Volkes sprach. Die brasilianische Präsidentschaftswahl 2002 zeigt wie kaum eine andere die grundsätzliche Idee der Demokratie: Eine benachteiligte Mehrheit konnte ihre Interessen gegen eine kleine, mächtige Minderheit durchsetzen. Am 1. Januar 2003 war es geschafft: Luiz Inácio Lula da Silva wurde als Präsident Brasiliens vereidigt.

Auch wirtschaftlich brachen in Brasilien neue Zeiten an. Ab 2004 wuchs die Wirtschaft jedes Jahr zwischen vier und sechs Prozent. Den ersten Ritterschlag erhielt das Land schon im Jahr 2001, als der Ökonom Jim O'Neill von der Investmentbank Goldman Sachs den Begriff BRIC erfand als Bezeichnung für die wichtigsten Volkswirtschaften unter den Schwellenländern: Russland, Indien und China, und Brasilien war dabei im Club der neuen Schwergewichte. Angesichts des strukturell schwächeren Wachstums in den entwickelten Volkswirtschaften in Europa und Nordamerika schien in diesen Ländern die Zukunft der Weltwirtschaft zu liegen. Spätestens mit einem Mitte der Nullerjahre einsetzenden Rohstoffboom diente das Kürzel BRIC den internationalen Kapitalmärkten und Investoren fortan als Chiffre für eine Machtverschiebung in der Weltwirtschaft, weg von den G7-Staaten, hin zu den florierenden Schwellenländern.

Eine Schlüsselrolle kam dabei Petrobras zu. Gegründet 1953, gilt der Konzern Petroleo Brasileiro SA (kurz Petrobras) als das größte Unternehmen der Südhalbkugel. Sein Umsatz entspricht acht Prozent der brasilianischen Wirtschaftsleistung, der Konzern zeichnet für zehn Prozent aller Investitionen in dem Land verantwortlich. Sein Investitionsbudget ist doppelt so hoch wie das Budget der brasilianischen Regierung für Infrastrukturausgaben. An den Konzern haben sich in zwei Richtungen viele Firmen angehängt. So ist eine Kette entstanden, an der weite Teile der brasilianischen Wirtschaft aufgehängt sind. Auf der einen Seite beauftragt Petrobras Baufirmen und Ingenieurbüros, vergibt milliardenschwere Bauaufträge für Förderstätten und Raffinerien. Auf der anderen Seite verarbeiten Chemiefirmen und Düngemittelhersteller die Petrobras-Produkte entlang der Wertschöpfungskette weiter.

In den Nullerjahren machte Petrobras bedeutende Ölfunde vor der brasilianischen Küste. Der Konzern stieß im Santos-Becken auf riesige Ölfelder. 2007 entdeckte er das Feld Tupi, 250 Kilometer vor Rio de Janeiro gelegen. Es gilt als der größte Ölfund in der westlichen Hemisphäre in den vergangenen Jahrzehnten. Ein Jahr später fanden die Petrobras-Ingenieure das ähnlich große Jupiter-Feld. Die Entdeckungen wälzten den brasilianischen Ölsektor um. Das Land wurde für viele Jahre zum bedeutendsten Markt für Ausrüster der Ölförderung auf dem Meer.

Lula nannte das Tupi-Feld, das später nach ihm benannt wurde, „die zweite Unabhängigkeit" Brasiliens. Die Einnahmen aus der Ölförderung sollten das Land endgültig in die erste Liga der globalen Wirtschaftsmächte katapultieren. Während die Aufnahme in den BRIC-Club und die Vergabe internationaler Sportgroßereignisse wie der Fußballweltmeisterschaft 2014 und der Olympischen Spiele 2016 auch Bedeutung als Symbole hatten, sollten die harten Öleinnahmen den tatsächlichen Aufstieg des Landes in den Kreis der Industrienationen finanzieren. Brasilien schien seine Vergangenheit als ein von einer brutalen Militärdiktatur regiertes Armenhaus hinter sich zu haben. Es schien nur eine Frage der Zeit, bis sich durch das Wirtschaftswachstum auch die enormen sozialen Gegensätze in dem Land ausgleichen würden.

Das Wachstum zog auch deutsche Konzerne an. Der Stahl- und Rüstungskonzern ThyssenKrupp begann im Herbst 2006 mit dem Bau eines Stahlwerks in einer Meeresbucht, 70 Kilometer von Rio de Janeiro entfernt. Der Lastwagenhersteller MAN investierte Mitte der Nullerjahre umfangreich in dem Land. Der von der Energiewende hierzulande gebeutelte Versorger E.on beteiligte sich auf der Suche nach Wachstum noch 2012 an einem brasilianischen Stromerzeuger.

Doch 2005 warf ein Skandal einen ersten Schatten auf die anscheinend hell erleuchtete Zukunft. Am 6. Juni dieses Jahres berichtete der Parlamentsabgeordnete Roberto Jefferson, dass die regierende Arbeiterpartei im Parlament die Zustimmung von Abgeordneten für ihre Politik mit monatlichen Zahlungen in Höhe von etwa 10.000 Euro erkauft hatte. Medien tauften den Skandal schnell „Mensalão", eine Anlehnung an den portugiesischen Ausdruck für „monatliche Zahlungen". Die Schmiergelder stammten aus den Werbebudgets staatlicher Firmen. Eine Werbeagentur leitete die Gelder über Offshore-Konten an den damaligen Schatzmeister der Arbeiterpartei. Nur drei Jahre nach dem Wahlsieg Lulas wurde zum ersten Mal sichtbar, dass die Arbeiterpartei bereit war, sich für den eigenen Machterhalt auch der Ressourcen des Staates zu bedienen.

Fast die gesamte Führungsriege der Arbeiterpartei rund um Präsident Lula war betroffen. Der prominenteste Rücktritt war der von José Dirceu, des Büroleiters von Präsident Lula mit Ministerrang. Dirceu hatte von den 60er-Jahren an in linken Gruppen gegen die Militärdiktatur gekämpft. Als einer der Gründer der Arbeiterpartei arbeitete Dirceu seit den 80er-Jahren eng mit Lula zusammen. Dirceu soll eine Hauptrolle im Mensalão-Skandal gespielt haben. 2012 verurteilte ihn der brasilianische Bundesgerichtshof unter anderem wegen Korruption, Veruntreuung und Geldwäsche zu sieben Jahren Haft. Der Mensalão-Skandal traf die Arbeiterpartei hart, konnte aber dem Wirtschaftsboom und der positiven Wahrnehmung des Landes durch internationale Investoren nichts anhaben. Doch er war nur ein Vorbote eines viel größeren Skandals, in dem auch Dirceu wieder eine Hauptrolle spielen sollte: Petrolão.

Monaco, 31. Januar 2012. Der Franzose Bruno Chabas ist seit einem Monat Vorstandsvorsitzender von SBM Offshore, einem Hersteller von Spezialschiffen für die Öl- und Gasförderung auf dem Meer. Die Firma ist niederländisch, ihre Büros befinden sich jedoch in Monaco und Marly, einer Gemeinde in der Schweiz. An diesem Tag erreicht SBM Offshore ein Telefonanruf. Am Apparat ist ein Anwalt, der für Noble Energy arbeitet. Mit dem Öl- und Gasförderer aus Texas arbeitet SBM Offshore in einigen afrikanischen Ländern zusammen. Was der Anwalt Chabas erzählt, hört sich für ihn unglaublich an: Auf einem Laptop hat Noble E-Mails gefunden, aus denen hervorgeht, dass SBM in dem ölreichen westafrikanischen Land Äquatorialguinea Bestechungsgeld gezahlt hat, um Aufträge zu erhalten.

Die E-Mails auf dem Laptop stammten von Hanny Tagher, einem ägyptischstämmigen Geschäftsmann. Tagher leitete bis zum Jahr 2007 das globale Marketing von SBM Offshore. Chabas findet heraus, dass Tagher immer noch als Berater für SBM tätig ist. Außerdem schaut er sich zum ersten Mal genauer Papiere an, die er bei seinem Amtsantritt in seinem Safe fand. Aus den Unterlagen geht hervor, dass Tagher hinter einer Briefkastenfirma auf den Britischen Jungferninseln steckt, an die SBM Offshore in den vergangenen Jahren fast 30 Millionen US-Dollar überwiesen hat: Moswen Investments. Chabas startet eine interne Untersuchung. Er lässt alle Zahlungen in den Jahren 2005 bis 2011 an Hanny Tagher und weitere Berater im Vertrieb auflisten. Am 12. April liegt das Ergebnis vor: 275,4 Millionen US-Dollar.[3]

Schnell identifizieren die internen Aufklärer aus der Rechtsabteilung von SBM sogenannte ***red flags***, Auffälligkeiten. Besonders ein Name springt ihnen ins Auge: Julio Faerman. Laut CORRECTIV vorliegenden Unterlagen floss an ihn allein die Hälfte aller Zahlungen in den Jahren 2005 bis 2011, knapp 140 Millionen US-Dollar. Und zwar nicht nur direkt an seine Firmen in Brasilien, sondern auch an Briefkastenfirmen mit den üblich fantasievollen Namen wie Bien Faire, Jandell Investments, Journey Advisors oder Hades Production. Ansässig allesamt auf den Britischen Jungferninseln und mit Konten in der Schweiz. Dorthin überwies SBM die Gelder. Für manche Zahlungen können die Aufklärer bei SBM nicht einmal eine Rechnung finden. Bald ist ihnen klar, dass SBM ein Schmiergeldsystem unterhielt, das sich über mehrere afrikanische Länder erstreckte. Doch es ist der Fall Julio Faerman, der SBM Offshore besonders nervös macht. Petrobras ist mit Abstand der größte Kunde des Unternehmens. SBM lieferte die Spezialschiffe, mit denen der Energiekonzern die Ölfelder vor der brasilianischen Küste abbaut. Die Ermittler stellen auch fest, dass Faerman dem Unternehmen interne Unterlagen von Petrobras besorgt hat.

SBM-Chef Chabas zitiert Hanny Tagher zu sich. Am 27. März 2012 stellt er ihn zusammen mit zwei Vertretern der Rechtsabteilung zur Rede. Tagher beschreibt, wie er im Auftrag von SBM Geschäfte in Äquatorialguinea einwarb. Und schlägt vor, gegenüber Noble Energy nur die drei BMW X5 zuzugeben, die er dort wichtigen Leuten als Geschenk zukommen ließ. Dann kommt das Gespräch auf Brasilien. Chabas befragt Tagher zu dem dortigen Berater Julio Faerman.[4]

„Worum geht es bei ihm?“, fragt Chabas.

Tagher weicht aus. „Das war leider eine sehr persönliche Beziehung zwischen (dem vorherigen CEO, Anm. d. V.) Didier und ihm. Deswegen durften viele Sachen nicht hinterfragt werden." Er selbst habe sich im Wesentlichen nur um den Papierkram gekümmert.

Dann kommt Chabas zur Sache: „Und hast du irgendeine Idee, was er damals mit dem Geld gemacht hat?"

„Es ging darum ... Ich weiß, dass es da eine Provision gab, mehr als drei Prozent, aber die Standardgeschichte war, dass ein Prozent für ihn war und zwei Prozent für andere ..." Tagher lässt offen, an wen der Berater Faerman zwei Drittel der Provisionen weiterleitete.

Der Hausjurist Jonathan Taylor, der auch in der Besprechung sitzt, spricht die naheliegende Vermutung aus: „Also, das waren Leute von Petrobras."

„Ja."

Damit ist es raus, der Berater von SBM Offshore hat in Brasilien Bestechungsgeld an Entscheidungsträger bei Petrobras gezahlt. Im Gegenzug vergab Petrobras Aufträge in schwindelerregender Höhe an SBM Offshore. Petrobras wird 2014 mitteilen, dass das Auftragsvolumen für SBM Offshore bei nicht weniger als 27 Milliarden US-Dollar liege.

Die schmierigen Geschäfte von SBM mit Petrobras sind in Brasilien lange Zeit nur ein Teil des Petrobras-Skandals, genannt Petrolão, eine Verschmelzung der portugiesischen Wörter für Öl und Skandal. Die Ölfunde der Nullerjahre finanzierten nicht den weiteren Aufstieg Brasiliens, sie beförderten eher die politischen Skandale des Landes in eine bis dahin unbekannte Finanzdimension. Der anschließende Fall der Beteiligten wie der Wirtschaft wird umso tiefer sein.

Bereits seit dem Jahr 2008 ermittelten Staatsanwälte im Bundesstaat Paraná in einem Geldwäschefall. Dabei stießen sie auf Schmiergeldzahlungen von Unternehmern, um Aufträge von einer Petrobras-Raffinerie zu erhalten. Fortan nannten die Staatsanwälte ihre Ermittlungen „Lava Jato", Autowäsche. Die Beteiligten hatten ihre Verabredungen an einer Tankstelle samt Autowaschanlage getroffen. Nach und nach kam das ganze Ausmaß zutage. Ein Dutzend Firmen, das Who's who der brasilianischen Baubranche, hatte ein Kartell gegründet. Sie sprachen ab, wer von Petrobras welche Aufträge bekommen sollte. Mit Schmiergeld sorgten sie dafür, dass Petrobras überhöhte Preise zahlte. Damit verschwanden Milliarden, die eigentlich dem Konzern und damit dem brasilianischen Staat gehörten.

Zu den Entscheidungsträgern bei Petrobras, die in den Skandal verwickelt waren, zählte auch Renato Duque, zuständig für Engineering & Services. Duque war von der

Arbeiterpartei in den Konzern entsandt worden. Sowohl der eingangs erwähnte Mário Góes als auch der SBM-Berater Julio Faerman pflegten gute Kontakte zu ihm. Faerman und Duque bereisten mitunter gemeinsam mit ihren Frauen Weingüter in Argentinien.[5]

Bei dem Petrobras-Skandal handelt es also nicht nur um ein Baukartell, das seinen Auftraggeber plündert. Die Affäre hatte auch eine politische Dimension, die bis an die Spitze des Staates reichte: Das Schmiergeldsystem rund um Petrobras diente der illegalen Parteienfinanzierung. Die Baufirmen schmierten nicht nur Manager des Ölkonzerns, sondern zahlten auch an die Arbeiterpartei sowie weitere Parteien. Damit sicherten sie das Schmiergeldsystem politisch ab. Die Korruption gefährdete so nicht nur ein sauberes Funktionieren der Wirtschaft, sondern auch die Demokratie. Wenn nicht mehr der Erfolg an der Urne, sondern Bestechungszahlungen und schwarze Kassen über die Erfolgsaussichten politischer Parteien entscheiden, ist das Herz der Demokratie angegriffen.

Und die Manager in Europa, in Monaco und im schweizerischen Marly hatten keinerlei Hemmungen, dieses Gift anzurühren. Laut der Anklageschrift gegen mehrere Manager von SBM Offshore, Julio Faerman und drei Direktoren von Petrobras, die brasilianischen Ermittler nannten sie „Schwarzes Blut", verlangte der von der Arbeiterpartei in den Konzern entsandte Direktor Duque im Jahr 2010 die Zahlung von 300.000 US-Dollar für den Wahlkampf der Lula-Nachfolgerin Dilma Rousseff.[6] Faerman sagte aus, dass Geld geflossen sei. Die Arbeiterpartei bestreitet, dass es die Zahlung gegeben hat.

Die Arbeiterpartei ist jedenfalls in den Skandal verstrickt. Dilma Rousseff, die 2010 Lula im Präsidentenamt nachfolgte, war von 2003 bis 2010 die Aufsichtsratsvorsitzende des Konzerns. Sie bestreitet, von den Schmiergeldzahlungen gewusst zu haben. Rousseff hat daher als Konzernaufseherin versagt. Als Politikerin verwahrte sie sich gegen eine parlamentarische Kontrolle des Staatskonzerns. „Ich glaube, dass Petrobras eine wichtige Firma ist, in strategischer Hinsicht für Brasilien, aber auch als größte Firma, größter Arbeitgeber, größter Nachfrager von Waren und Dienstleistungen. Es ist eine Firma, die erhalten bleiben muss", sagte sie 2009 als Ministerin zu der Frage, ob das brasilianische Parlament das Geschäftsgebaren von Petrobras überprüfen sollte.[7]

Die Verbindungen zwischen dem Skandal und der Arbeiterpartei gehen darüber hinaus: Am 15. April 2015 wurde der Schatzmeister der Partei, João Vaccari Neto, verhaftet. Er soll von den Auftragnehmern von Petrobras in der Baubranche irreguläre Parteispenden angenommen haben. Neto wurde bereits im Sommer 2015 zu einer Gefängnisstrafe von 15 Jahren verurteilt. Auch Jose Dirceu, der alte Weggefährte Lulas, der wegen seiner Verwicklung in den früheren Mensalão-Skandal inzwischen bereits im Gefängnis saß, erhielt wegen Korruption und Geldwäsche im Zusammenhang mit der Petrobras-Affäre eine weitere Haftstrafe von 23 Jahren.

Zurück nach Deutschland. Es ist der September 2011. Im Essener Hauptquartier von Ferrostaal referiert der Vorstandsvorsitzende Jan Secher dem Aufsichtsrat die finanzielle Lage. Und die ist schlecht. Seit zwei Jahren ist das Unternehmen wegen des hauseigenen Korruptionsskandals in den Schlagzeilen. Die Kunden sind irritiert, die Aufträge sind eingebrochen, und neue sind auch nicht in Sicht. Auch weil der Vorstand zerstritten ist. Ein Streitpunkt ist das Geschäft mit Großprojekten. Jenes Kerngeschäft, bei dem Ferrostaal als Generalunternehmer schlüsselfertige Industrieanlagen für andere Firmen baut und finanziert. Einige wollen dieses sogenannte EPC-Geschäft aufgeben. EPC steht für Engineering, Procurement, and Construction.

Zu den Gegnern gehört das Vorstandsmitglied Andreas Pohlmann. Er ist Anwalt, kommt von Siemens und war dort an der Aufarbeitung des Schmiergeldsystems beteiligt. Jetzt soll er bei Ferrostaal über die Einhaltung der Regeln wachen. Schon zuvor, am 20. Juli 2011, hatte Pohlmann seine Ablehnung deutlich gemacht. An diesem Tag schrieb er eine Minute vor Mitternacht eine CORRECTIV vorliegende E-Mail an Jan Secher, den damaligen Chef von Ferrostaal: „Möchte ich noch mal klarstellen, dass ich als Mitglied des Vorstands der Ferrostaal AG aus den bekannten Gründen grundsätzlich keine Genehmigung von EPC-Projekten erteilen werde."

Andere wollen an diesen Geschäften festhalten. Der Aufsichtsrat tut sich schwer, eine neue Strategie zu finden. Doch ohne klare Strategie kein überzeugendes Auftreten am Markt. Also: keine neuen Aufträge. Aufsichtsratschef Georg Thoma moniert die Qualität der Projektvorschläge, die ihm auf den Tisch gelegt werden.[8] Und es gibt noch eine weitere Belastung: Im Hintergrund laufen die Verhandlungen mit der Staatsanwaltschaft München. Es zeichnet sich bereits eine saftige Strafzahlung ab, 149 Millionen Euro sind es am Ende, zu deren Zahlung das Landgericht München die Firma im Dezember 2011 verdonnert. Die Finanzabteilung rechnet aus: Etwa im März 2012 geht dem Unternehmen das Geld aus. Wird der traditionsreiche Konzern, 1920 gegründet, sein 100-jähriges Bestehen gar nicht mehr feiern können? In die Knie gezwungen nicht von einer Wirtschaftskrise, sondern vom eigenen Korruptionsskandal?

Zwei Monate später, im Dezember 2011, befasst sich der Vorstand mit einer neuen Projektvorlage: Petrobras. Der Ölkonzern braucht weitere Spezialschiffe für den Abbau der immensen Ölvorkommen vor der brasilianischen Küste. Ferrostaal will sich an der Ausschreibung beteiligen. Die Firma baut zwar keine Schiffe, will jedoch in gewohnter Weise zwei andere Parteien zusammenbringen und sich um Projektmanagement und Finanzierung kümmern. Das Auftragsvolumen: 750 Millionen Euro. Mit diesem Auftrag würde sich die Finanzsituation des Konzerns verbessern. Also macht sich das Unternehmen an die Arbeit. Ein Projektteam klärt die Bedingungen vor Ort in Brasilien, die Finanz- und Rechtsabteilung prüfen.

Die Prüfung fördert vor allem Bedenken zutage. Die Finanzabteilung zum Beispiel weist darauf hin, dass der vorgesehene lokale Partner, die brasilianische Baufirma Tome Engenharia, mangels Größe und Erfahrung zu viele Risiken mit sich bringe. Auch der Cashflow setze bei dem Projekt erst sehr spät ein. Doch Ferrostaal braucht schnell Geld. Und dann meldet sich auch noch die Compliance-Abteilung mit Bedenken. Sie merkt an, dass der staatliche Konzern Petrobras schon mehrfach negativ aufgefallen sei und möglicherweise in eine Korruptionsaffäre innerhalb der Arbeiterpartei von Präsidentin Dilma Rousseff verwickelt sei. Mehr als zwei Jahre vor dem Bekanntwerden der Petrobras-Affäre gab es in der Branche also schon Informationen über Schmiergeldzahlungen an die brasilianische Arbeiterpartei.[9]

Am 6. Dezember 2011 lehnt der Ferrostaal-Vorstand das Projekt erst einmal als zu riskant ab. Eine Beteiligung komme allenfalls als Subunternehmen infrage. Am 10. Januar 2012 berät der Vorstand ein letztes Mal über den Petrobras-Auftrag – und bleibt bei seinem Nein.[10] Die entscheidende Rolle spielen die Sorgen rund um den vorgesehenen lokalen Partner in Brasilien. Es könne ein großer Schaden entstehen, falls der lokale Projektpartner pleitegehe. Der Vorstand ruft das Projektteam aus Brasilien zurück, alle Arbeiten an dem Projekt seien sofort einzustellen. Was auch immer den Konzern aus der Krise führt, es wird kein Auftrag aus Brasilien sein.

Einige Monate später ist Ferrostaal in ruhigeres Fahrwasser geraten. Am Ende des Jahres 2011 hat der Konzern die vom Landgericht München verhängte Strafzahlung akzeptiert und die Korruptionsaffäre hinter sich gelassen. Auch der Eigentümerwechsel ist vollzogen: Ebenfalls Ende 2011 kauft MPC aus Hamburg die Mehrheit an dem Konzern. Am 1. März 2012 nimmt der neue Vorstand, berufen von den neuen Eigentümern, die Arbeit auf. Ferrostaal ist bereit für ein neues Kapitel in seiner langen Geschichte. Dieses neue Kapitel beginnt einige Monate später mit einer guten Nachricht: Am 14. August 2012 verkündet der neue Ferrostaal-Vorstand, dass die Firma zusammen mit einem lokalen Partner einen Großauftrag aus Brasilien an Land gezogen habe: 700 Millionen Euro für die Ausstattung von sechs Spezialschiffen für den Staatskonzern Petrobras. Die Schiffe sollen auf einem Ölfeld in der Nähe von Rio de Janeiro eingesetzt werden.

Wie kann das sein? Der Ferrostaal-Vorstand, der bis Ende Februar amtierte, hatte doch jegliche Arbeit an dem Auftrag unterbunden. Selbst Ferrostaal sagt heute, man könne die Entscheidungsfindung im Unternehmen heute nicht mehr ganz nachvollziehen. Fest steht: Die Monate um den Jahreswechsel 2011 zu 2012 waren eine Zeit des Übergangs. Der alte Vorstand bereitete sich auf sein Ausscheiden vor, wollte keinerlei riskante oder fragwürdige Projekte mehr absegnen. Der neue Vorstand stand bereits in den Startlöchern.

Am 7. Februar 2012, also drei Wochen vor der offiziellen Übernahme durch die neuen Eigentümer, gab Ferrostaal ein Angebot an Petrobras ab. Obwohl der Vorstand um Jan Secher dies erst kurz zuvor untersagt hatte. So erhielt Ferrostaal im August 2012 die wichtigen Aufträge aus Brasilien. Noch einmal einige Monate später geschah etwas Merkwürdiges: Am 1. April 2013 schloss die brasilianische Ferrostaal-Tochter einen Beratervertrag mit einer brasilianischen Firma namens Riomarine Ltd. Der Vertrag sah ein Erfolgshonorar in Höhe von 2,2 Millionen US-Dollar im Zusammenhang mit Spezialschiffen für Petrobras vor.[11]

Riomarine ist nicht irgendeine Firma. Wir sind ihr zu Beginn des Kapitels bereits begegnet: Es ist eine der Firmen von Mário Góes, die sich in seiner Vernehmung als Fassade für Schmiergeldzahlungen entpuppt hat. Die Konten und Briefkastenfirmen von Góes waren eine der wichtigsten Drehscheiben in dem Korruptionsskandal rund um Petrobras. Ende 2015 verurteilte ihn das Gericht zusammen mit dem Who's who des Petrobras-Skandals wegen Geldwäsche und Bestechung zu 18 Jahren und vier Monaten Gefängnis. Der bereits 75-jährige Geschäftsmann machte einen Deal mit den Ermittlern und erhielt deswegen ab August 2016 Hafterleichterungen.

Der Vertrag zwischen Ferrostaal und Góes wirft also Fragen auf. Vor allem der Zeitpunkt: Im April 2013 hatte Ferrostaal den Auftrag längst in der Tasche. Warum dann noch ein Erfolgshonorar? War der Vertrag von Ferrostaal mit der Firma Riomarine von Mario Góes ein Scheinvertrag, um Schmiergeld zu verschleiern? Ferrostaal weist das auf Anfrage entschieden zurück. Aber der Zeitpunkt, zu dem der Vertrag geschlossen wurde, legt diesen Verdacht nahe, außerdem die vereinbarten Ratenzahlungen. Denn es ist bei Schmiergeldverträgen gängige Praxis, die „Provisionen" den Erlösen des bereits laufenden Auftrags zu entnehmen. Und im Sommer 2015 sagte Góes vor Gericht in Brasilien aus, er habe im Namen seiner Firma Riomarine auch Scheinverträge abgeschlossen.

„Es gibt keine uns bekannten Hinweise darauf, dass Vergütungen, die Riomarine von der FIA do Brasil erhalten hat, zur Bestechung von Geschäftspartnern oder in anderer rechtswidriger Weise verwendet worden sind", teilt Ferrostaal CORRECTIV schriftlich mit. FIA do Brasil ist eine brasilianische Tochterfirma von Ferrostaal. Man habe sich an Góes gewandt, weil die Firma in Brasilien nach Erhalt der Aufträge durch Petrobras selbst nicht ausreichend Personal für die Bearbeitung der Aufträge von Petrobras zur Verfügung gehabt habe. „Erfahrungen mit Petrobras gab es weder bei Ferrostaal noch bei MPC." Góes hingegen habe bereits umfangreiche Geschäftsbeziehungen zu Petrobras unterhalten. Góes habe die Geschäftsführung auch bei der Zusammenarbeit mit dem lokalen Partner im Bieterkonsortium unterstützt, der Firma Tome Engenharia. „Vor diesem Hintergrund wurde vor Abschluss einer Vertragsbeziehung eine ausführliche Compliance-Überprüfung unter Einbindung externer Expertise durchgeführt. Zu diesem Zeitpunkt lagen keine Hinweise vor, die gegen eine Zusammenarbeit sprachen", schreibt Ferrostaal.

Angesichts der zentralen Rolle, die Góes später in dem Petrobras-Skandal spielte, verwundert das. Zumal man bei MPC, dem Eigentümer von Ferrostaal, Góes schon seit den 70er-Jahren kennt. Die Eigentümer von MPC, die Hamburger Geschäftsfamilie Schroeder, sind schon seit Jahrzehnten im Schiffsgeschäft auch in Brasilien aktiv. Einer von ihnen sagt im Gespräch, er kenne Góes schon von klein auf. Und er sei entsetzt gewesen, als die Rolle von Góes im Petrobras-Skandal aufflog.[12]

Ferrostaal teilt mit, man habe die Zusammenarbeit mit Góes sofort beendet und alle Unterlagen Petrobras zur weiteren Aufklärung übergeben. Weder Ferrostaal noch Petrobras oder die brasilianischen Ermittlungsbehörden hätten bei der Vergabe der Aufträge Unregelmäßigkeiten festgestellt.

Es gibt in der Tat ein wichtiges Argument, das gegen den Verdacht spricht, Góes sei Schmiergeldbote für Ferrostaal gewesen. Der Essener Konzern schloss den Beratervertrag mit einer brasilianischen Firma ab und zahlte die Honorare auf brasilianische Konten. Für schmierige Zahlungen setzen Konzerne jedoch quasi ausschließlich Verträge mit Briefkastenfirmen in Steuerparadiesen ein. Andererseits beschrieb Góes vor Gericht auch, wie er über ein Tauschsystem Gelder zwischen seiner Firma Riomarine und einer seiner Briefkastenfirmen, Maranelle Investments in Panama, verrechnen konnte, ohne dass tatsächlich Gelder flossen. Von Maranelle flossen dann die Schmiergelder an Petrobras-Manager, zumeist über Schweizer Konten. Mit Maranelle hat sich übrigens auch die deutsche Justiz schon beschäftigt. Zur Abwicklung von Schmiergeld unterhielt die Briefkastenfirma auch ein Konto bei der Deutschen Bank in Frankfurt. Brasilianische Staatsanwälte baten ihre dortigen Kollegen, die Gelder auf dem Konto einzufrieren.[13]

Welche Folgen hatte die Petrolão-Affäre in Brasilien? Zunächst einmal stürzte die Affäre das Land in eine tiefe Wirtschaftskrise. Mit Petrobras wurde das wichtigste Unternehmen des Landes beschädigt. Im Januar 2018 einigte sich Petrobras mit seinen Aktionären auf eine Zahlung von drei Milliarden US-Dollar – Geld, das erst einmal für Investitionen an anderer Stelle fehlen dürfte. In der Affäre Petrolão saß ein erheblicher Teil der politischen und wirtschaftlichen Elite Brasiliens auf der Anklagebank. Die Arbeiterpartei hat ihre beiden wichtigsten Führer der vergangenen Jahrzehnte verloren. Dilma Rousseff wurde am 31. August 2016 ihres Amts enthoben. Der Grund: Die Regierung manipulierte laut nationalem Rechnungshof in ihrer Amtszeit den Haushalt, um Defizite zu vertuschen.

Es gibt keine Hinweise dafür, dass sie selbst in den Schmiergeldskandal verwickelt war. Doch die vielen Demonstrationen und Proteste im Zusammenhang mit dem Petrobras-Skandal kosteten sie letztlich das Amt. Und Lula? Während des Skandals war er nicht im Amt. Er versuchte allerdings ein Comeback, um seine Nachfolgerin Rousseff zu begnadigen. Allein diese Ankündigung führte zu landesweiten Protesten. Der alte Arbeiterführer hatte seine Anziehungskraft verloren, zumal auch bei Lula Verfehlungen auftauchten. So bezahlte ein Unternehmen eine Villa, die er intensiv nutzte. Im Frühjahr 2018 musste Lula wegen Korruption und Geldwäsche eine Gefängnisstrafe von zwölf Jahren antreten. Das machte seine durchaus Erfolg versprechende Kandidatur für die Präsidentschaftswahlen im Oktober 2018 zunichte.

Den vielleicht größten Schaden hinterlässt die Korruption jedoch in der politischen Kultur und den politischen Institutionen des Landes. Der Korruptionsskandal rund um Petrobras hat das Land gespalten und die alten Wunden aus der Militärdiktatur ein Stück weit wieder aufgerissen. Bereits während der Mensalão-Affäre Mitte der Nullerjahre gab es den Vorwurf an die Arbeiterpartei, den eigenen Skandal dazu zu nutzen, politische Rivalen mithilfe von Leaks an die Medien auszuschalten. Seit dem Petrobras-Skandal ist das politische Klima erst recht vergiftet. Die Anhänger der Arbeiterbewegung werfen den alten Eliten vor, mithilfe der Affäre Rache genommen zu haben für den Verlust der Macht an die PT – ein Vorwurf, der in der internationalen Presse manches Mal größeren Widerhall findet als die ursprünglichen Vorwürfe gegen die Arbeiterpartei im Zusammenhang mit dem Petrobras-Skandal.

In der Tat berichtete das Magazin „The Intercept" im Juni 2019 auf Grundlage von Nachrichten aus WhatsApp-Chats, dass die Java-Lato-Staatsanwälte bereit waren, brasilianisches Recht zu beugen, nur um die PT-Politiker zu Fall zu bringen.[14] Anhänger der Arbeiterpartei weisen zudem zu Recht daraufhin, dass sich das Gros der Politiker aus den brasilianischen Oppositionsparteien ebenfalls Korruptionsvorwürfen ausgesetzt sieht. Das soll zwar von den Verfehlungen der Arbeiterpartei ablenken. Doch tatsächlich haben auch die Vertreter anderer Parteien Zugriff auf die Pfründe von Petrobras.

Mit der Affäre ist in Brasilien insgesamt Vertrauen in politische Institutionen wie das Parteiensystem verloren gegangen. „Was wir hier hatten, war eine systemische Art der Korruption, die die Demokratie und die Rechtsstaatlichkeit unterwandert hat, weil die Arbeiterpartei um jeden Preis an der Macht bleiben wollte", sagt der auf Steuerdelikte spezialisierte brasilianische Staatsanwalt Simone Maria, der sich wie viele seiner Kollegen gegen Korruption engagiert.

Eine Folge des Petrobras-Skandals und des Vertrauensverlust war die Wahl von Jair Bolsonaro zum brasilianischen Präsidenten im Oktober 2018. Der Politiker, ein erklärter Frauenfeind und Anhänger des chilenischen Diktators Augusto Pinochet, befand sich mit seiner Forderung, in Brasilien wieder eine Militärdiktatur einzurichten, jahrzehntelang am Rande des politischen Spektrums. Jetzt gelang es ihm, die Polarisierung der Gesellschaft auszunutzen, um an die Macht zu kommen. Die Folgen der Amtszeit von Bolsonaro sind noch nicht klar.

Heute ist Brasilien eine lebhafte Demokratie, die etwas geschafft hat, was nicht viele Länder schaffen: eine bis an die Staatsspitze reichende Affäre aufzuklären. Eine wichtige Rolle hat dabei die brasilianische Justiz gespielt, die sich in der Affäre bis zu den Enthüllungen von „The Intercept" einen guten Ruf erarbeitet hatte. Bei der Aufklärung des Petrobras-Skandals sowie des Schmiergeldsystems bei dem Baukonzern Odebrecht arbeiteten die Ermittler nicht nur mit ihren Kollegen aus den USA und der Schweiz zusammen, sondern kooperierten erstmals auch mit Ermittlern aus anderen Ländern in Südamerika.

Korruption ist in Brasilien zwar weit verbreitet, zugleich ist das Land aber ein Vorreiter in Sachen Transparenz. Ähnlich wie die Behörden in den USA veröffentlicht die brasilianische Justiz sehr viele Unterlagen im Internet. Auch viele Behörden in den brasilianischen Bundesstaaten veröffentlichen konsequent Unterlagen, mit denen Bürger und Medien ihr Handeln überprüfen können. Der brasilianische Zoll veröffentlicht in einer Datenbank die Frachtpapiere (bills of lading) aller Container, die die Häfen des Landes passieren. Das ist eine wahre Fundgrube, unter anderen für Journalisten, die sich mit dem internationalen Drogenhandel beschäftigen.

Angesichts der Verschlossenheit des deutschen Zolls ist so etwas hierzulande undenkbar, und das obwohl die deutschen Häfen eine ganz wichtige Route für den Schmuggel von Kokain nach Deutschland sind. Die Behörden stehen dem machtlos gegenüber – doch ohne Daten können Journalisten und andere Akteure der Zivilgesellschaft nichts zum Kampf gegen das organisierte Verbrechen beitragen. In Sachen Transparenz mutet Deutschland im Vergleich mit Brasilien, wie wir im Kapitel 12 sehen werden, wie ein Entwicklungsland an.

Auch die Niederlande sind bei der Aufarbeitung des Skandals bei SBM Offshore einen anderen Weg als Brasilien gegangen. Das Unternehmen SBM Offshore versuchte, das Ausmaß des hauseigenen Schmiergeldskandals zu vertuschen. Eine Woche nach dem Anruf des Anwalts von Noble Energy, der die Aufdeckung des Skandals ins Rollen brachte, sah der Hausjurist Jonathan Taylor ein Dutzend Müllsäcke vor dem Nachbarbüro in der SBM-Zentrale in Monaco. Taylor ging hinein und fand den damaligen Chief Operating Officer des Unternehmens dabei vor, wie er Unterlagen schredderte.[15]

Ähnlich gingen die Aufsichtsräte vor. Am 5. April 2012 berief der ins Wanken gekommene CEO Chabas eine Sondersitzung des Aufsichtsrats ein. Zehn Stunden lang tagten die Räte in einem Hotel am Amsterdamer Flughafen. Auch einige externe Anwälte nahmen teil. Zunächst präsentierte Taylor seine Ergebnisse. Zwei der Aufsichtsräte plädierten dafür, so schnell wie möglich eine Börsenmitteilung herauszugeben. Zwei Anwälte der US-Kanzlei Paul Hastings hielten dagegen. „Ja, Bestechung ist in den Niederlanden verboten, aber es wird überhaupt nicht umgesetzt." Auch eine Mitteilung an die Börse sei nicht nötig.[16]

Dieses Lager setzte sich durch. Der Konzern berief einen Compliance-Chef, dessen Aufgabe darin bestand, den Skandal unter der Decke zu halten. Wenig später schrieb er in einer CORRECTIV vorliegenden E-Mail an Jonathan Taylor, worauf sich die interne Untersuchung zu konzentrieren habe: Allgemein seien die nächsten Schritte mit Blick auf eine Eingrenzung („containment") in Sachen Offenlegung und Berichterstattung zu planen. Und dann wurde der Compliance-Chef sehr konkret: Eine Bezugnahme auf eine Untersuchung des Brasilien-Geschäfts und des dortigen Beraters Julio Faerman sei aus dem von Taylor vorgeschlagenen Vorgehen zu löschen, „weil wir diesen Teil der Untersuchung erst einmal aussetzen wollen".

Erst im April 2014 – inzwischen hatte der Konzern weitere Aufträge von Petrobras erhalten – veröffentlichte der Konzern erste Ergebnisse seiner internen Untersuchung. Niederländische Medien hatten mit ersten Berichten Druck ausgeübt. Die Nachrichten aus den Niederlanden schlugen in Brasilien ein wie eine Bombe. Denn Präsidentin Rousseff kämpfte gerade um ihre Wiederwahl. Eine weitere Front in dem Skandal um das Unternehmen Petrobras, dessen Chefaufseherin sie jahrelang war, kam da ungelegen. Ende Oktober 2014 schaffte sie mit einer winzigen Mehrheit die Wiederwahl. Und es drängt sich der Eindruck auf, dass die niederländische Justiz dem Bemühen von SBM Offshore folgte, das so wichtige Brasilien-Geschäft durch die Aufarbeitung des Skandals möglichst wenig zu gefährden.

Im Herbst 2014 teilte das Justizministerium mit, dass es sich mit SBM Offshore gegen eine Strafzahlung auf eine Beilegung der Vorwürfe geeinigt habe. In der Mitteilung hieß es unter anderem, es gebe Beweise, dass Julio Faerman mit SBM-Geld brasilianische Beamte bestochen habe. Das war eine besonders brisante Nachricht für Petrobras und Dilma Rousseff. Die niederländische Justiz veröffentlichte sie genau zwei Wochen nach der Wahl in Brasilien. SBM Offshore sollte 240 Millionen US-Dollar zahlen. Und damit genau den Betrag, den der Konzern schon Monate zuvor beiseitegelegt hatte. War die niederländische Justiz also bereit, dem einheimischen Unternehmen zuliebe mit einer Veröffentlichung bis nach der Wiederwahl Rousseffs zu warten, um die politischen Kontakte des Unternehmens rund um den Staatskonzern Petrobras nicht noch weiter zu gefährden?

SBM Offshore ist außerhalb der Niederlande weitgehend unbekannt. Dort ist der Konzern eng mit der wirtschaftlichen Elite verknüpft. Als der Schmiergeldskandal bei dem Ölkonzern aufflog, war HAL Investments der wichtigste Aktionär. HAL Investments, 1873 in Rotterdam als Reederei gegründet, ist das Investment-Vehikel der Familie van der Vorm, einer der reichsten des Landes. HAL Investments ist einer der wichtigsten Investoren des Landes, dem auch die wichtigste niederländische Finanzzeitung gehört, „Het Financieele Dagblad". SBM Offshore verfügt zudem über viele Verbindungen zu dem wichtigsten Konzern des Landes: Shell. Eine ganze Reihe von Managern des Ölmultis wechselten nach ihrer Karriere bei Shell zu SBM Offshore.

Der Fall SBM Offshore verdeutlicht, dass in den kleinen Niederlanden eine überschaubare verschwiegene Elite aus Kaufleuten und Anwälten von Büros in Rotterdam und Amsterdam aus wie schon seit Hunderten von Jahren ihren Geschäften in aller Welt nachgeht – und in einem gemütlichen Arrangement weder Politik noch Justiz ein Interesse daran haben, die dunklen Seiten dieser Geschäfte zutage zu fördern. Vielleicht wäre es dem Unternehmen sogar gelungen, den ganzen Skandal unter Verschluss zu halten, wenn nicht der Anwalt Jonathan Taylor, dem die Vertuschung in dem Unternehmen zuwider wurde, zum Whistleblower geworden wäre. SBM Offshore ging auch nach der Einigung mit den niederländischen Behörden noch lange gerichtlich gegen Taylor vor.

Wieder einmal waren es die USA, die Korruption konsequenter verfolgten und aufklärten. Im November 2017 bekannten sich Tony Mace, CEO des Konzerns in den Jahren 2008 bis 2011, und ein weiterer ehemaliger Manager vor einem Gericht in Houston, Texas, der Bestechung in Brasilien, Angola und Äquatorialguinea schuldig. Mace dürfte der erste CEO eines europäischen Unternehmens sein, der nach dem FCPA-Gesetz verurteilt wurde.[17]

Der Petrobras-Skandal ist eine globale Affäre, denn neben den Niederlanden war ein weiterer Nachbar Deutschlands involviert. Schweizer Banken haben eine entscheidende Rolle in dem Skandal gespielt. Schmiergelder in Höhe von über einer Milliarde Schweizer Franken wurden über ihre Konten abgewickelt. Ohne ihre Beteiligung hätte der Skandal vielleicht nicht ein solches Ausmaß erreicht.

SBM Offshore zahlte Millionenbeträge an die Konten, die Julio Faermans Offshore-Firmen bei der Genfer Bank J. Safra Sarasin unterhielten. Faerman leitete das Geld an die Briefkastenfirmen von Petrobras-Managern weiter. Weit hatte es das Geld dabei nicht. Auch die Konten dieser Briefkastenfirmen lagen bei der Bank J. Safra in Genf. Ein Petrobras-Direktor führte sein Konto bei der Bank unter seinem eigenen Namen. Elf Jahre lang wurde er vom SBM-Offshore-Berater Faerman bezahlt.

Die Schweizer Bundesanwaltschaft kooperierte mit der brasilianischen Justiz und fror Gelder in Höhe von mehreren Hundert Millionen Schweizer Franken ein. Zahlreiche Verfahren laufen noch.

## Kapitel 8

# Die arabische Welt: Alles bleibt in der Familie

Der Beamte des Pharao ist hochrangig. Er sitzt auf einer Art Thron und damit höher als alle anderen. Nur der Leiter der Gesandtschaft von Händlern aus dem fremden Land darf neben ihm sitzen. Alle anderen müssen Abstand halten. Der Händler hat sich vorgenommen, den Beamten zu bestechen. Er hat dem Beamten Ware viel später geliefert, als vereinbart war. Gegen eine kräftige Zahlung soll dieser seinen Unmut jetzt vergessen. Die Händler haben auch Kontakte zu örtlichen Familienbanden geknüpft, um Einfluss auf den hohen Beamten zu erhalten.
Doch der Beamte stürzt sich in eine Tirade gegen die ausländischen Händler. Kaum hat sie geendet, ist auch die Audienz vorbei. Die Händler sind kaum zu Wort gekommen und müssen den Saal schon wieder verlassen. Es ist offensichtlich unter der Würde eines solch hochrangigen Beamten, in größerem Kreis die Details einer Einigung zu besprechen.

Die Händler – das sind Geschäftsleute des Essener Industriekonzerns Ferrostaal. Der Beamte des Pharao – das ist ein ehemaliger Viersterneadmiral, der die ägyptische Suezkanal-Behörde leitete. Das Treffen, das Mitarbeiter von Ferrostaal später in dieser Art deutschen Ermittlern beschrieben, fand im Jahr 2007 statt.

Was nach der Audienz im kleinen Kreis besprochen wurde und wie Ferrostaal den Streit mit der Behörde beilegte, ist unklar. Der Leiter der Delegation erzählte der Staatsanwaltschaft München später, er sei mit der festen Absicht, den Ex-Admiral zu bestechen, an den Nil gereist.[1] Buchprüfer fanden dazu auch einige Ungereimtheiten. Dazu zählten seltsame Rechnungen über angeblichen Materialeinkauf, an den sich niemand erinnern konnte.[2] Doch konkrete Hinweise für Bestechung ergaben die Ermittlungen nicht. Die Staatsanwaltschaft hielt den Delegationsleiter als Zeugen für unglaubwürdig.

Die Episode wirft trotzdem ein Schlaglicht auf die politischen und wirtschaftlichen Strukturen in der arabischen Welt. Die Region, Europas Nachbar auf der anderen Seite des Mittelmeers, zählt zu den weltweiten Schlusslichtern in der politischen, wirtschaftlichen und sozialen Entwicklung. Verantwortlich dafür sind die arabischen Eliten. Dieses Kapitel erläutert, wie zwei wichtige Herrschergruppen – die Herrscherfamilien in den Golfstaaten und die Sicherheitsapparate in den größten nordafrikanischen Staaten Ägypten und Algerien – ihre Länder samt den wichtigsten wirtschaftlichen Einnahmequellen kontrollieren. Dazu zählen auch Schmiergeldzahlungen internationaler Konzerne.

Im Jahr 2002 hatte die ägyptische Kanalbehörde, die seit der Unabhängigkeit des Landes den Suezkanal betreibt, Ferrostaal für etwa 15 Millionen Euro mit dem Bau eines 100-Tonnen-Schleppers beauftragt. Die Behörde ist dafür zuständig, einen reibungslosen Betrieb einer der wichtigsten Wasserstraßen der Welt zu gewährleisten. Ist ein Schiff mitten im Kanal manövrierunfähig, muss es schnell herausgeschleppt werden. Der Schlepper sollte in einer Werft in der ägyptischen Hafenstadt Port Said gebaut werden.

Der Bau des Schleppers verzögerte sich, und die Behörde weigerte sich, eine für den Fall von Mängeln oder Vertragsverletzungen eingefrorene Millionensumme, eine sogenannte Gewährleistungsgarantie, an Ferrostaal zurückzuzahlen. Um diesen Streit ging es bei der Reise der Ferrostaaler nach Ägypten im Jahr 2007.

Das Bizarre an dem Auftrag: Die Kanalbehörde hatte sich für den Bau des Schleppers bereits auf eine Werft in Port Said festgelegt, die ihr selbst gehörte. Warum also Ferrostaal mit dem Bau des Schleppers befassen und dafür bezahlen? Denn Ferrostaal beauftragte schlichtweg die Werft als Subunternehmer. Es gibt nur eine Erklärung dafür, dass die Werft schon ausgewählt war, bevor Ferrostaal eingeschaltet wurde: Verantwortliche der Kanalbehörde und der Werft hatten sich zusammengetan, um sich auf irgendeine Weise an dem Auftrag zu bedienen.

Ein ägyptischer Geschäftsmann, der seit Jahrzehnten Ferrostaal in Ägypten vertrat, sollte für das Geschäft eine Provision von vier Prozent erhalten. Der Leiter der Ferrostaal-Delegation beschrieb in seiner Aussage gegenüber deutschen Ermittlern später, wie der ägyptische Ferrostaal-Berater die Kontakte zur Kanalbehörde von seinem Vater geerbt hatte. Kontinuität herrschte auch aufseiten der Behörde. Zwar wurde ihre Spitze alle paar Jahre neu besetzt, der ehemalige Viersterneadmiral, den die Ferrostaaler trafen, war zum Beispiel noch bis 2012 im Amt. Dennoch blieb die Beziehung zur Familie des Beraters erhalten – sie wurde von Leiter zu Leiter weitergereicht.

Der Fall zeigt, wie die ägyptische Staatswirtschaft von familiären Beziehungsgeflechten durchsetzt ist, die die Ressourcen des Landes zum eigenen Vorteil aussaugen. Die ägyptische Wirtschaft ist bis heute geprägt von einer maroden Verwaltung und maroden Staatsfirmen, die oft genug von ehemaligen Militärs geleitet werden. Sie sorgen dafür, dass die Verwaltung die Interessen der Staatsspitze und der Armee umsetzt. Denn der ägyptische Staat hat vor allem ein Mantra: Sicherheit. Rechenschaft schuldet der Staat dabei niemandem. An Initiativen privater Unternehmer oder gar an den Ideen der Jugend des Landes besteht kein Interesse.

Mangels einer schlagkräftigen Privatwirtschaft hängen die Einnahmen des ägyptischen Staates zu einem wichtigen Teil von sogenannten Renteneinkommen ab. Das sind Einnahmen, die der Staat unabhängig von seiner Leistungskraft oder der seiner Wirtschaft erzielt. Wie zum Beispiel die Einnahmen aus dem Betrieb des Suezkanals.

Dem Chef der Behörde, die über diese Einnahmen wacht, kommt daher erhebliche Bedeutung zu. Der Posten hat Ministerrang und wird gewöhnlich mit einem aus der Marine ausgeschiedenen Admiral besetzt – der laut den Schilderungen des Ferrostaal-Managers seine Besucher sogar auf einer Art Thron empfängt.

Einige Jahre später reiste noch einmal eine deutsche Delegation nach Ägypten, um mit der Behörde ins Geschäft zu kommen. 2015 baute sie eine zweite Wasserstraße parallel zum ursprünglichen Suezkanal, um seine Kapazität und damit die Einnahmen zu steigern. Es war auch ein politisches Projekt. Der Militärmachthaber Abdel Fattah al-Sisi, der sich 2013 an die Macht geputscht hatte, brauchte ein gelungenes nationales Prestigeprojekt, um sich politische Legitimität zu verschaffen. Die Ägypter wurden aufgerufen, ihr Erspartes über Anleihen in den Ausbau des Suezkanals zu stecken.

Um die Straßenverbindung zwischen dem ägyptischen Festland und der Halbinsel Sinai aufrechtzuerhalten, musste der neue Kanal untertunnelt werden. Den Auftrag erhielt das deutsche Familienunternehmen Herrenknecht, der vielleicht bedeutendste Tunnelbauer der Welt. Doch Martin Herrenknecht, Vorstandsvorsitzender des Unternehmens, sprach nicht bei einem bloßen Statthalter vor, sondern beim Pharao persönlich. Er traf sich in Kairo mit al-Sisi. Mit von der Partie war Altbundeskanzler Gerhard Schröder.

Auch der deutsche Botschafter in Kairo nahm an dem Treffen teil. Das Auswärtige Amt wollte CORRECTIV jedoch über das Gespräch keine Auskunft erteilen. Der Besuch Schröders sei rein privat gewesen, der Ex-Kanzler im eigenen Jet angereist. Deswegen sei das Ministerium nicht auskunftspflichtig gegenüber der Presse. Der Botschafter habe ohnehin nichts schriftlich festgehalten. Womit sich die Frage stellt, warum dann der deutsche Botschafter überhaupt an dem Treffen teilnahm – und seine vom deutschen Steuerzahler finanzierte Arbeitszeit an jenem Tag nicht für etwas anderes verwandte, als den Geschäften zwischen al-Sisi, Schröder und einem deutschen Unternehmer beizuwohnen.

Im Nahen Osten nehmen die bewaffneten Konflikte fast unsere gesamte Aufmerksamkeit in Beschlag. Ausländische Investitionen, Rechtsstaatlichkeit, soziale Entwicklung, Bildung – das sind exotische Themen in der Medienberichterstattung über die Region. Die Regierungen in Europa sind froh, wenn stabile Regime in Nordafrika ihre Küste und damit auch die Migrantenströme im Griff haben. Dabei wäre auch eine ganz andere Entwicklung möglich. Denn die arabische Welt verfügt eigentlich über ein enormes soziales und wirtschaftliches Potenzial. Sie hat eine Bevölkerung von über 400

Millionen Menschen. Ägypten allein hat 100 Millionen Einwohner, bis 2050 könnten es 150 Millionen sein, sollten aktuelle Prognosen tatsächlich zutreffen.

Damit ist die arabische Welt ein potenzieller Absatzmarkt, der fast so groß ist wie die Europäische Union. Für Hersteller von Produkten bietet die Region – anders als China – eine unmittelbare Nähe zu den Absatzmärkten in Europa. Hinzu kommen günstige Arbeitskräfte, Rohstoffe und ein enormes Potenzial bei erneuerbaren Energien. Doch die Realität ist eine ganz andere. Investoren machen im internationalen Vergleich einen großen Bogen um die Region. Denn ihre Herrscher interessieren sich allein für den eigenen Machterhalt. Sie lassen keine wirtschaftflichen Initiativen außerhalb ihres Machtanspruchs zu. Korruption wird in der arabischen Welt so zu einem wichtigen Herrschaftsinstrument, denn sie schließt andere wirtschaftliche und politische Akteure aus.

Nimmt man noch die bewaffneten Konflikte in der Region hinzu, ist klar, warum die arabische Welt in ihrer Entwicklung stagniert beziehungsweise im Vergleich mit fast allen anderen Regionen der Welt zurückfällt. So kommt der „Arab Human Development Report" zu dem Ergebnis, dass die arabische Welt, gemessen am ***Human Development Index*** (HDI), unter den sechs untersuchten Weltregionen an vierter Stelle steht und dass die Region bis 2050 auf den vorletzten Platz zurückfallen wird, mit nur noch wenig Vorsprung vor Subsahara-Afrika.[3]

Gerade China und Südostasien haben sich in den vergangenen Jahrzehnten stark entwickelt. Während sie große Erfolge bei der Bekämpfung von Armut erzielen konnten, hat die arabische Welt wenig vorzuweisen. In Ägypten zum Beispiel lebt etwa ein Drittel der Bevölkerung unter der Armutsschwelle der Vereinten Nationen von einem US-Dollar pro Tag. Eines der drängendsten Probleme der Region ist die hohe Jugendarbeitslosigkeit – in einer Region, in der zwei Drittel der Bevölkerung unter 30 Jahren sind. Die Bildungssysteme der Region sind zwar auf dem Papier gut ausgebaut, aber sehr ineffizient. Frauen sind marginalisiert. Rechtsstaatlichkeit und Vertrauen in Institutionen sind wenig ausgeprägt.

Ein eindrückliches Beispiel für die große Lücke zwischen Potenzial und Realität in der arabischen Welt ist Algerien. Das Land ist reich an Rohstoffen. Mit seiner Nähe zu Europa und niedrigen Arbeitskosten könnte es Investitionen anziehen. Doch tatsächlich bestehen die Exporte Algeriens fast ausschließlich aus Öl und Gas. Die Infrastruktur des Landes, der Telekommunikations- und IT-Sektor sowie Dienstleistungen sind unterentwickelt. Trotz seines enormen Ressourcenreichtums rangiert das Land laut dem Weltwirtschaftsforum bei den technologischen Rahmenbedingungen für die Wirtschaft gerade einmal auf Platz 98.[4]

Denn Algerien ist ein schwer durchschaubarer Militär- und Geheimdienststaat. In der von Korruption und Günstlingswirtschaft bestimmten Staatswirtschaft sind Initiativen von privaten Unternehmern kaum möglich. Europäische Konzerne bedienen sich bei ihren Geschäften in dem Land gern lokaler Seilschaften und Familienstrukturen. Und werden für ihren kurzfristigen Vorteil zu einer Stütze eines maroden Systems.

Die Geschäfte von Ferrostaal in Nordafrika reichen lange zurück. Ehemalige Wehrmachtsangehörige, die im Zweiten Weltkrieg in Nordafrika gekämpft hatten, halfen nach dem Krieg mit dem Aufbau erster Kontakte.[5] Das Öl- und Gasgeschäft in Nordafrika wurde zu einem wichtigen Schwerpunkt von Ferrostaal, angesiedelt als Ferrostaal Industrieanlagen (FIA) in Geisenheim bei Wiesbaden. Der algerische Bürgerkrieg unterbrach die Geschäfte in den 90er-Jahren. Anfang der Nullerjahre bemühten sich die Geisenheimer, wieder ins Geschäft zu kommen. Und dabei nahmen sie den wichtigsten Auftraggeber in Algerien ins Visier. Der von Sonatrach dominierte Energiesektor erwirtschaftet nach einer Schätzung des US-Außenministeriums 30 Prozent der algerischen Wirtschaftsleistung.

Um mit diesem Kunden ins Geschäft zu kommen, setzte FIA auf algerische Mittelsleute. Lokale Berater also, die den Deutschen in der labyrinthischen Staatswirtschaft des Landes den Weg zu den richtigen Entscheidungsträgern weisen sollten. Ein Berater, mit dem Ferrostaal letztlich nicht zusammenarbeitete, schrieb in E-Mails an den Konzern von „sweeteners“ und „guardian angels“, mit denen das Sonatrach-Geschäft einzufädeln sei – wahrscheinlich codierte Sprache für dubiose Zahlungen.[6]

2007 schließlich erhielt Ferrostaal von Sonatrach den Auftrag, Ausrüstung für ein Wärmetauscherprojekt im Wert von 70 Millionen Euro zu liefern. 3,2 Millionen Euro – also etwa 4,5 Prozent – zahlte Ferrostaal an einen algerischen Berater. Und zwar auf ein Konto des Beraters in Luxemburg. Die Begründung, gefunden in einer schwer leserlichen handschriftlichen Notiz, machte die späteren Prüfer der Ferrostaal-Geschäfte stutzig: „Jede Zahlung muss in meinem Namen auf ein ausländisches Konto geleistet werden, damit unsere Ansprechpartner, in deren Name ich agiere, ohne falsche Kosten, die sie nicht verstehen, entlohnt werden.“

Diese Notiz bezog sich nicht direkt auf das Geschäft mit Sonatrach. Doch der Berater sprach offen davon, dass er im Namen anderer agierte, die bezahlt werden mussten. Eine schlüssige Erklärung für das stattliche Beraterhonorar fanden die Prüfer nicht. Sie stießen rund um die Sonatrach-Geschäfte von FIA auf eine Reihe von Ungereimtheiten im Zusammenhang mit den Beratern vor Ort, aber auf keinen unmittelbaren Beweis für Bestechung.

Wie in Ägypten haben sich also auch in Algerien familiäre Seilschaften um die wichtigsten Ressourcen des Staates gesponnen. Die beteiligten Ferrostaal-Manager hielten den Berater für einen Neffen eines früheren Sonatrach-Präsidenten, der in den 90er-Jahren auch kurz Ministerpräsident war.

Am Standort Geisenheim sei es nach dem Schmiergeldskandal erst einmal ruhig gewesen um den so problematischen Einsatz von Beratern beim Einfädeln von Geschäften, ist aus dem Unternehmen zu hören. Der Konzern setzte wohl erst bei seinen Geschäften mit dem brasilianischen Ölkonzern Petrobras wieder auf einen Berater (siehe Kapitel 7) – gefolgt von einem Geschäft in Algerien.

Hier erhielt Ferrostaal von Entreprise Nationale de Canalisations (ENAC) einen Auftrag zur Lieferung von Ausrüstung und Dienstleistungen an das Unternehmen, das Pipelines für den Transport von Öl und Gas baut. Hundertprozentiger Eigentümer von ENAC: Sonatrach. Nach Auskunft von Ferrostaal hat der Konzern bis heute etwa 30 Millionen Euro Umsatz durch den Auftrag erzielt. Es gibt keine Hinweise darauf, dass bei diesem Geschäft Schmiergeld gezahlt oder sonst wie gegen Gesetze verstoßen wurde. Gegen einen Verdacht spricht auch, dass der Berater laut Ferrostaal neben einer monatlichen Vergütung von 5.000 Euro lediglich eine Provision von etwa 150.000 Euro erhielt.

Verschiedene Abteilungen bemühten sich laut der Schilderung eines Insiders dennoch 2017 darum, nicht für den Berater und die Zahlungen an ihn zuständig zu sein. Das zeigt einen Wandel in dem Unternehmen nach dem Schmiergeldskandal. Offenbar wollten einige Beschäftigte nichts mehr mit Zahlungen an Berater zu tun haben.

Auch Ferrostaal sagt dazu auf Anfrage, die internen Reaktionen hätten gezeigt, dass der Konzern über ein funktionierendes Compliance-System verfüge. „Die gesamte Ferrostaal-Gruppe hat ein umfangreiches Compliance-System aufgestellt, das ihre Mitarbeiter durch regelmäßige Schulungen sensibilisiert und unter anderem durch geeignete Freigabeverfahren sicherstellt, dass ausschließlich rechtmäßig vereinbarte und tatsächlich erbrachte Leistungen vergütet werden."

Die algerische Regierung hatte bereits 2010 damit begonnen, Sonatrach zu durchleuchten. Mehrere hochrangige Manager wurden in den folgenden Jahren wegen Korruption zu mehrjährigen Gefängnisstrafen verurteilt. Sie schanzten ausländischen Firmen gegen Bestechungsgeld Aufträge zu, steckten Geld in die eigene Tasche und plünderten den Konzern durch überhöhte Vertragsabschlüsse. Und immer wieder waren ihre Familienmitglieder involviert. So wurden neben dem früheren Vorstandschef Mohamed Meziane außerdem seine zwei Söhne verurteilt. Die Affäre erreichte auch Chakib Khelil, der von 1999 bis 2010 Energieminister des Landes war, und seinen Neffen.

Der Skandal beschäftige auch Staatsanwaltschaften und Gerichte in Europa. Im März 2018 verurteilte ein Gericht in Mailand den italienischen Ölkonzern Saipem, eine Tochter des Energieunternehmens Eni, sowie einen seiner früheren CEOs wegen Bestechung. Ermittler hatten dem Konzern vorgeworfen, etwa 200 Millionen Euro Bestechungsgeld gezahlt zu haben, um Aufträge im Wert von acht Milliarden Euro zu erhalten. Der Mittler, der das algerisch-italienische Schmiergeldsystem organisierte, soll sich laut den Ermittlern drei Prozent der Zahlungen abgezweigt haben, quasi als Gebühr für seine Dienste. Sie reichte aus, um ein luxuriöses Leben in Mailänder Hotels führen zu können. Auch er ist übrigens ein Neffe eines früheren algerischen Außenministers.[7]

Die Aufklärung der Affären ist dabei italienischen Staatsanwälten und auch den Journalisten, die das Datenleak Panama Papers ausgewertet haben, zu verdanken. Welchen Beitrag die algerische Justiz geleistet hat, ist hingegen schwer einzuschätzen. Denn die vom Militärgeheimdienst geführten Ermittlungen könnten auch schlichtweg mit einem Machtkampf zwischen dem Militär und den Geheimdiensten zu erklären sein. Dass Sonatrach Teil von innenpolitischen Machtspielen und Verteilungskämpfen ist, liegt angesichts seiner schieren Größe auf der Hand.

Algerien ist ein Land, dessen Machtzentrum in seiner Verschlossenheit an den Kreml zu Zeiten der Sowjetunion erinnert. Ein ganz kleiner Kreis von Entscheidungsträgern regiert seit Jahrzehnten das Land. Verschiedene Fraktionen aus Militär und Geheimdiensten ringen untereinander und mit der zivilen Politik um Einfluss, ohne dass Außenstehende nennenswerten Einblick in das Geschehen hätten.

Wie wenig dieses verknöcherte Gebilde in der Lage ist, Entscheidungen zu treffen und zu einem Konsens zu kommen, zeigt die Situation an der Spitze des Staates. Der langjährige Präsident Abdelaizi Bouteflika kämpfte bereits im Unabhängigkeitskrieg des Landes. Nach zwei Schlaganfällen im Jahr 2013 saß er im Rollstuhl und sprach jahrelang nicht mehr in der Öffentlichkeit. Beobachter gingen davon aus, dass die Schlaganfälle seine Fähigkeit zu sprechen beeinträchtigt hatten.

In einem demokratischen Land wäre Bouteflika deswegen zurückgetreten oder für amtsunfähig erklärt worden. Doch in Algerien, so glauben viele Beobachter, tobte hinter den Kulissen erst einmal jahrelang ein Machtkampf um die Nachfolge. Nach dieser Lesart hielt eine Fraktion Bouteflika trotz seines gesundheitlichen Zustands im Amt, um in seinem Schatten die Macht zu übernehmen und das Land zu regieren. Demnach war Bouteflika kein Präsident mehr, sondern eine von den Intrigen der Macht längst einbalsamierte Mumie.

Als Bouteflika Ende 2018 verkünden ließ, noch eine fünfte Amtszeit anzustreben und dafür die Verfassung ändern zu wollen, hatten die Algerier genug. Während es im Arabischen Frühling 2011 in Algerien kaum Proteste gegeben hatte, löste diese Ankündigung umfassende Proteste gegen die Herrschenden in Algiers aus. Im April 2019 wurde der Druck so groß, dass Bouteflika zurücktrat. Die Protestbewegung der Bevölkerung, genannt Hirak, hielt jedoch an.

Dennoch preist die Bundesregierung Algerien als einen Stabilitätsanker in Nordafrika an. Dank dieser Einschätzung macht besonders die deutsche Rüstungsindustrie seit Jahren gute Geschäfte mit dem algerischen Militär. Sie erhielt in den vergangenen Jahren Aufträge in Höhe von mehreren Milliarden Euro aus dem Land. 2017 und 2018 war Algerien, gemessen an den von der Bundesregierung erteilten Exportgenehmigungen, sogar ihr größter Kunde. Passend zur gerontokratischen Machtelite in Algiers, sind diese Geschäfte alles andere als transparent. Bei einem von ihnen hat CORRECTIV einen veritablen Verdachtsfall in Sachen Korruption aufgedeckt.

Ende 2011 erhielt die Marinesparte des Rüstungs- und Stahlkonzerns ThyssenKrupp, kurz TKMS, den Auftrag, zwei Fregatten im Wert von etwa zwei Milliarden Euro zu liefern, inklusive Bewaffnung und Munition. Die Bundesregierung förderte das Geschäft mit einer Exportbürgschaft. Die Munition für die Schiffe kaufte TKMS bei Rheinmetall. Der in Düsseldorf ansässige Rüstungskonzern stellte dafür ein Paket aus eigener Munition sowie von weiteren Herstellern zusammen, zum Beispiel schwere Torpedos aus dem europäischen Ausland und Lenkflugkörper von einer staatlichen südafrikanischen Firma, an der Rheinmetall Anteile hält.[8]

Ein deutscher Rüstungskonzern kauft bei einem anderen deutschen Rüstungskonzern Munition – ein einfaches Geschäft, möchte man denken. Doch weit gefehlt. Die beiden Konzerne gestalteten das Geschäft so, dass ein intransparenter Geldkreislauf außerhalb Deutschlands entstand, für den es in kommerzieller Hinsicht keine Erklärung gibt.

TKMS wickelte den Verkauf der Fregatten an Algerien über seine Tochter in Singapur ab. Das ist insofern noch nicht ungewöhnlich, da der Konzern alle Exporte von Kriegsschiffen über seine dortige Tochter verbucht. TKMS hatte diese Struktur zu der Zeit in den Nullerjahren eingerichtet, als das Unternehmen auch den Vertrieb deutscher U-Boote außerhalb von Deutschland ansiedelte (siehe Kapitel 3).

Doch auch die TKMS-Tochter in Singapur kaufte die Munition, vermutlich für mehrere Hundert Millionen Euro, nicht direkt bei Rheinmetall. Sie schaltete noch einen in Abu

Dhabi ansässigen Vermittler ein: den libanesischen Geschäftsmann Ahmad El Husseini. Dieser erst kaufte die Munition bei Rheinmetall. Es ist ein sehr merkwürdiges Kettengeschäft rund um den Globus, für das die Beteiligten keine vernünftige Erklärung liefern können. Damit liegt der Verdacht nahe, dass dieser Geldkreislauf außerhalb von Deutschland der Verschleierung dubioser Zahlungen an Dritte diente.

„Das ist ein Klassiker, es sieht nach einem Umgehungsgeschäft aus", sagt dazu Oliver Scholz, Professor an der Berliner Hochschule für Technik und Wirtschaft (HTW) und Korruptionsexperte. „Es gibt hier ganz viele Stellen, an denen Rechnungen geschrieben werden. Und wo Rechnungen geschrieben werden, hat man bei der Differenz zwischen Einkauf und Verkauf Manövriermasse, um Mittel für andere Zwecke zu generieren."

Noch merkwürdiger wird dieser Geldkreislauf von Kiel nach Düsseldorf mit dem Umweg über Singapur und Abu Dhabi mit Blick auf den Berater, den die Rüstungskonzerne in den Kauf der Munition einschalteten. Denn über Erfahrung im Munitionseinkauf verfügte der Geschäftsmann, nach allem was über ihn bekannt ist, nicht. Recherchen von CORRECTIV haben hingegen aufgedeckt, dass er mehrfach im Zusammenhang mit dubiosen Provisionszahlungen und fragwürdigen Vertragskonstruktionen beim Verkauf deutscher Rüstungstechnologie im Nahen Osten auftauchte.

Über die frühen Jahre der Biografie des libanesischen Geschäftsmanns Ahmad El Husseini ist wenig bekannt. Er soll einer vermögenden Familie des Landes entstammen und von seinem Vater Immobilien in aller Welt geerbt haben. In den 80er-Jahren knüpfte El Husseini eine wichtige Verbindung am Golf. Er wurde ein Partner von Scheich Tahnoon al-Nahyan. Der Scheich zählt zu einer Linie der Herrscherfamilie in Abu Dhabi, die ihren politischen Einfluss verloren hat, dafür aber mit Immobilienbesitz abgegolten wurde.

Mit Scheich Tahnoon ging El Husseini eine Liaison ein, die typisch ist in der politischen Ökonomie der Golfstaaten. Viele Unternehmen der Region befinden sich weitgehend im Besitz der Herrscherfamilien. Das Management vertrauen sie jedoch einer ausländischen Unternehmerschicht an, in der viele Geschäftsleute aus dem Libanon stammen. So führte El Husseini einige Unternehmen im Bausektor sowie im Baustoffhandel, die er gemeinsam mit Scheich Tahnoon besaß.

Früh knüpfte El Husseini Kontakte auch nach Deutschland. Zu Politikern, aber auch in die Rüstungsindustrie. Lange Zeit half er besonders dem größten Konzern der Branche, Rheinmetall, bei dessen Geschäften in der Region. Er habe den Kontakt zur Familie El Husseini bereits von seinem Vorgänger übernommen, erzählte Armin Papperger, Konzernchef seit 2013, in einer Zeugenaussage niedersächsischen Ermittlern.

**ThyssenKrupp Marine Systems (Singapore)**

ThyssenKrupp

ThyssenKrupp Marine Systems (Singapore) Pte. Ltd.
3 International Business Park
#06-01 Nordic European Centre
Singapore 609927

Via Courier
Mr. Ahmad El Husseiny
[redacted]
Abu Dhabi, UAE

| Your Reference | Our Reference | Date | Phone | Fax |
|---|---|---|---|---|
| | | June 27, 2012 | | |

**Frigate Project Algeria**

Dear Mr. El Husseiny,

Reference is made to our letters dated March 23 and April 27, 2012, and as well as to the subsequent discussions in Abu Dhabi on May 8, 2012.

As you are aware, we have initiated a process to receive the consent of the manufacturers to forward the draft technical specifications to Federal. However, this process is moving very slowly. In addition, several of the manufacturers have stated that the technical information in their specifications is so detailed that they would have to obtain additional export license only to forward their specification to Singapore or Abu Dhabi.

We have therefore developed together with ThyssenKrupp Marine Systems a different approach to prepare the necessary contractual documentation in our relationship. As a result, we have now received a pre-order from ThyssenKrupp Marine Systems AG based on the relevant excerpts from the customer contract.

Please find attached (a) an overview with regard to the ammunition package, (b) a draft payment plan and (c) the description of the deliverables (12 documents). The expression "T0" in the documentation refers to the effectiveness of the customer contract which we expect within the next one to two weeks.

The contract price for the so defined package would be Euro 304.610.000,00 (in words: Euro three hundred four million six hundred ten thousand), based on a draft contract with Federal as attached to our letter dated April 27,2012.

We assume that Federal intends to receive quotations from the manufacturers prior to entering into a definitive agreement with ThyssenKrupp Marine Systems (Singapore). For this purpose, our team is prepared to assist Federal with regard to the first direct contact with any of the manufacturers. Alternatively, we may finalize the definitive agreement right away. However, due to the challenging time schedule, Federal should according to our opinion at least in parallel initiate the talks to the manufacturers.

ThyssenKrupp Marine Systems (Singapore) Pte. Ltd.
3 International Business Park
#06-01 Nordic European Centre
Singapore 609927
Company No. 200703129K

*Ein verräterischer Brief nach Abu Dhabi. Warum involvierte der Rüstungskonzern ThyssenKrupp den dort ansässigen Geschäftsmann Ahmad El Husseini, anstatt die Munition für zwei algerische Fregatten selbst einzukaufen?*

Und seit spätestens Mitte der Nullerjahre war El Husseini in den Verkauf deutscher Kriegsschiffe involviert. 2007 schloss Marine Forces International (MFI), die nach London ausgelagerte Vertriebstochter von Ferrostaal und der Kieler Thyssen-Werft HDW, einen Vertrag mit einer Firma von El Husseini. Der Geschäftsmann sollte dabei behilflich sein, der algerischen Regierung deutsche U-Boote zu verkaufen.

Während der Anbahnungsphase sollte die El-Husseini-Firma eine Provision in Höhe von 1,5 Prozent des Nettoverkaufspreises erhalten. Und dann noch einmal weitere 3,5 Prozent während der Ausführungsphase. So notierten es im Jahr 2010 Prüfer der Anwaltskanzlei Erbe, die das U-Boot-Geschäft von ThyssenKrupp durchleuchteten.[9] Den Experten kam vieles merkwürdig vor. Auch sie hatten ganz offensichtlich Schwierigkeiten, die zwei Gesichter von El Husseini, Bauunternehmer einerseits und Rüstungslobbyist andererseits, miteinander in Verbindung zu bringen.

So fragten sie sich, was ein Baukonzern aus Abu Dhabi beim U-Boot-Verkauf in Algerien bewirken sollte. Warum „der nicht gebietsansässige Vertriebspartner" hier helfen könne, „erschließt sich nicht aus den Prüfungsunterlagen", bemängelten die Auditoren. El Husseini sei angeblich „zur Leistungserbringung qualifiziert", weil er „gute Beziehungen zu einem Berater des algerischen Präsidenten" pflege, notierten sie. Dieser Berater wiederum sei „ein ehemaliger Minister und enger Vertrauter des Präsidenten". Es klang so, als sollte El Husseini die deutschen Verkäufer in algerische Seilschaften einführen. Einer der Mitarbeiter des Konsortiums erzählte den Prüfern: „Vorrangige Aufgabe eines Beraters in der arabischen Welt sei die Kontaktaufnahme und -pflege zu der jeweiligen Herrscherfamilie."

Auch in Saudi-Arabien und den Vereinigten Arabischen Emiraten sollte El Husseini damals beim Verkauf von U-Booten helfen. Bei einem Verkauf an die Emirate sollte der Geschäftsmann dafür eine Provision von fünf Prozent kassieren. Hier stießen sich die Prüfer daran, dass das deutsche Konsortium für diesen Zweck nicht nur eine Tochterfirma der Baugruppe El Husseinis im Libanon beauftragte. Denn am selben Tag unterzeichneten die deutschen Vertreter von MFI einen Vertrag mit einer britischen Firma namens Safeena LLP. Der „nötige Passus zur Korruptionsvermeidung fehlt in diesem Vertrag", merkten die Prüfer noch an. Die Prüfer hielten Safeena LLP für eine „Briefkastenfirma" zur „Verschleierung der tatsächlichen wirtschaftlichen Berechtigten der Gesellschaft". Sie konnten den Besitzer nicht ausfindig machen, stießen jedoch auf Hinweise dafür, dass die Firma ebenfalls El Husseini zuzurechnen war.

Tatsächliche Zahlungen an die Firmen von El Husseini fanden die Prüfer damals nicht. Letztlich kamen die geplanten U-Boot-Verkäufe an Algerien und die Emirate auch nicht zustande. Wozu auch immer die merkwürdige Vertragsstruktur im U-Boot-Verkauf gut gewesen sein soll – die Kritik der Anwälte hinderte ThyssenKrupp nicht daran, sich für den Einkauf von Munition für die algerischen Fregatten wieder an El Husseini zu wenden.

Auf Anfrage gibt man sich bei ThyssenKrupp kleinlaut. Man habe die Geschäfte mit El Husseini überprüft, jedoch keine konkreten Hinweise dafür gefunden, dass aus dem oben beschriebenen Geldkreislauf über Abu Dhabi Geld für Bestechung eingesetzt worden sei. Man habe sich an El Husseini gewandt, weil man im Konzern keinerlei Expertise im Munitionseinkauf gehabt habe. Doch das dürfte ein Märchen sein. Schließlich verfügte auch El Husseini nicht über diese Expertise. Im Juni 2012 bot ein Kieler TKMS-Manager laut CORRECTIV vorliegenden Unterlagen dem libanesischen Geschäftsmann sogar an, ihn bei Torpedoherstellern in Frankreich und Italien einzuführen, um das Geschäft zu beschleunigen. Am Ende des – von der Bundesregierung mit einer staatlichen Exportbürgschaft geförderten – Geldkreislaufs von Kiel über Singapur und Abu Dhabi kamen übrigens 47 Millionen Euro nicht bei Rheinmetall in Düsseldorf an.

Der grüne Bundestagsabgeordnete Tobias Lindner kritisiert das. „Wenn die Bundesregierung wie in diesem Fall sogar eine Hermesbürgschaft ausreicht, dann muss sie natürlich ganz strenge Kriterien an die Transparenz des Geschäfts anlegen." Lindner weiter: „Das sind ja alles Konstrukte, um deutsches Recht umgehen zu können und die Transparenz zu vermindern."

El Husseini half der deutschen Rüstungsindustrie nicht nur im Algerien-Geschäft. Auch am Golf sollte El Husseini der deutschen Rüstungsindustrie helfen, hinter den Kulissen heikle Probleme zu lösen – gegen eine Zahlung unerklärlich hoher Provisionen.

Die Nachfrage nach Rüstungsgütern wächst in der Region wegen der Spannungen zwischen dem Iran und Saudi-Arabien so stark wie sonst nirgends auf der Welt. Besonders die Vereinigten Arabischen Emirate, die Seite an Seite mit Saudi-Arabien im Jemen gegen die vom Iran unterstützten Huthi-Rebellen kämpften, rüsten auf. Rheinmetall lieferte ab 2009 30 Geschütze vom Typ MLG 27 an die Marine. Doch die Marine war unzufrieden mit der Treffgenauigkeit der Kanonen. Und drohte, die vereinbarten 80 Millionen Euro für die Geschütze nicht zu bezahlen. Um diesen Streit zu lösen, wandte sich Rheinmetall an El Husseini. Er sollte mit seinen politischen Kontakten in Abu Dhabi die Marine dazu bewegen, es mit der Treffgenauigkeit der Geschütze ein bisschen weniger genau zu nehmen.

Laut CORRECTIV vorliegenden Unterlagen versprach der Auftragnehmer – und damit Scheich Tahnoon und sein Partner El Husseini –, „durch seine Kontakte zu den höchsten Kreisen der Vereinigten Arabischen Emirate" die Sicht von Rheinmetall „so an die politischen Instanzen der Endkunden herantragen zu können", dass es die Emiratis bei der Schießfähigkeit der Geschütze nicht weiter so genau nehmen würden.

In den Unterlagen ist von „akrobatischer Unterstützung" und der „vollen Mobilisierung aller Ressourcen" die Rede. 15 Millionen Euro zahlte Rheinmetall als „Erfolgsprämie" an den Geschäftsmann – und war also bereit, nicht weniger als knapp 20 Prozent der ursprünglichen Auftragssumme von 80 Millionen Euro dafür auszugeben.

Sollte El Husseini also vielleicht auch einen Teil der Rheinmetall-Millionen in Abu Dhabi dafür verwenden, seinen Gesprächspartnern über den Frust hinwegzuhelfen, den die deutschen Kanonen verursachten? Rheinmetall weist das zurück. Der Konzern teilt mit, dass er streng auf die Einhaltung der Gesetze achte. „Wir unterstreichen, dass Rheinmetall ein striktes Compliance-System hat, nach dem auch Dienstleister und Vertragspartner sich einer strengen Überprüfung in Bezug auf die Einhaltung entsprechender Regeln zu unterziehen haben", so der Konzern.

In Algerien und Ägypten ersticken die Sicherheitsapparate die politische, wirtschaftliche und soziale Entwicklung ihrer Länder. Das Establishment lenkt an politischen Loyalitäten und – oft genug familiären – Seilschaften entlang die Ressourcen in die eigenen Taschen. In den Golfstaaten ist der gesamte Staat von vornherein eine Familienangelegenheit. Ihre moderne Infrastruktur sollte nicht darüber hinwegtäuschen, dass die dortigen Herrscherfamilien sowohl Politik als auch Wirtschaft kontrollieren. Sie erlauben keinen Dissens und verfolgen Kritiker mit unerbittlicher Härte. Moderne Rechtssysteme haben sich nur stellenweise entwickelt. Trotzdem betrachtet die Bundesregierung Saudi-Arabien, aber vor allem die Vereinigten Arabischen Emirate als strategische Partner. Dabei führen diese Staaten seit Jahren einen mörderischen Krieg im Jemen.

Vielleicht, und damit zurück zum Thema des Buches, lässt sich die Dauer dieses Krieges auch noch anders als mit der regionalen Rivalität mit dem Iran erklären. Denn historische Präzedenzfälle legen nahe, dass zehn Prozent der saudischen Rüstungsausgaben als Schmiergeld an die Königsfamilie fließen. Es könnte also sein, dass jedes Mal, wenn eine Bombe auf den Jemen fällt, ein Entscheidungsträger in Riad zehn Prozent ihres Werts verdient. Er hat somit kein Interesse daran, den Krieg zu beenden.

Der libanesische Geschäftsmann Ahmad El Husseini war immer wieder in dubiose Zahlungsströme der deutschen Rüstungsindustrie im Nahen Osten involviert. Erst Recherchen von CORRECTIV und den Kooperationspartnern „Stern" und „Frontal 21" haben das zutage gefördert. Kofferträger, Vermittler, Rüstungslobbyist – Figuren dieser Art gibt es in diesem Geschäft sehr viele. Doch die Geschichte von Ahmad El Husseini ist hier noch nicht zu Ende. Denn der Geschäftsmann pflegte nicht nur bei den Kunden der

Waffenindustrie im Nahen Osten beste Kontakte, sondern auch mitten im politischen Berlin. Er verkehrte hier mit Spitzenbeamten und bedachte selbst Regierungsmitglieder mit Geschenken, die nur deswegen legal sind, weil die deutsche Politik die Regeln der Parteienfinanzierung bewusst lax hält.

Figuren wie Ahmad El Husseini sind der Grund, warum diese Geschichte im dritten Teil des Buches nach Deutschland, und damit zu unserer eigenen Demokratie, zurückkehrt.

## Kapitel 9

# Die Spur führt nach Deutschland

Hotel Adlon, Berlin. Rupert Graf sitzt an einem der hinteren Tische im Buffetrestaurant der noblen Unterkunft direkt am Brandenburger Tor. Sein Fahrer wartet am Nebentisch.
Graf ist nur selten in Berlin. Die meiste Zeit verbringt er in Südamerika. Dort verkauft der Geschäftsmann deutsche Industrieprodukte. Graf ist in Berlin, weil er ein Problem hat. Im Adlon wartet er auf den Mann, der es für ihn lösen soll.

Graf arbeitet gerade daran, der Marine Perus vier Kriegsschiffe zu verkaufen. Mit den Schiffen will das am Pazifik gelegene Land die Fischgründe vor der eigenen Küste vor Räubern aus anderen Ländern schützen. Die Marine will dafür vier Kriegsschiffe aus Deutschland kaufen.

Die Schiffe einer Werft in Norddeutschland sind für ihren Auftrag völlig ungeeignet. Die Überwachung von küstennahen Fischgründen ist eine Aufgabe für Patrouillenboote, nicht für große Kriegsschiffe.

Doch je teurer die Schiffe sind, desto mehr Schmiergeld können sich die peruanischen Beamten und Politiker in die eigenen Taschen stecken. Also kaufen sie ihrem Land Kriegsschiffe, die es nicht braucht.

Die Summen, die Zahlungswege: All das hat Graf in Peru längst vereinbart. Sein Problem liegt nicht in Peru, es liegt in Berlin. Das Auswärtige Amt will den Rüstungsexport nicht genehmigen. Es fürchtet Kritik aus Perus Nachbarländern, wenn Deutschland das Land mit überdimensionierten Kriegsschiffen aufrüstet.

Bei einem Gespräch im Ministerium hat Graf bereits herausgefunden, dass der Minister persönlich gegen den Verkauf ist. Graf kennt ihn nicht, aber er kennt den Mann hinter dem Minister. Der Geschäftsmann, der seinen politischen Aufstieg bis an die Spitze eines Ministeriums finanziert hat, steht jetzt an seinem Tisch: Dieter Schmeling.

„Bei was kann ich Ihnen helfen, lieber Freund?“, fragt er. Zunächst gehen die beiden Geschäftsleute ans Buffet. Dann erzählt Graf. Er benötigt von der Bundesregierung nicht nur eine Exportgenehmigung für die Kriegsschiffe, sondern zusätzlich auch noch eine staatliche Hermes-Exportbürgschaft für die Finanzierung des Geschäfts. Peru ist ein mittelloses Land, dem internationale Banken ungern ohne Sicherheiten große

Kriegsschiffe finanzieren. Zumal solche, die es eigentlich gar nicht benötigt. Es ist ein Paket von 500 Millionen US-Dollar, das Graf von der Bundesregierung braucht.

„Gut. Ich versuche, beides zu besorgen. Das wird nicht leicht. Wenn es klappt, dann muss ich mindestens zwei Prozent haben“, sagt Schmeling.

Graf zuckt erst einmal zusammen. Schmeling verlangt also zehn Millionen Dollar. Für seinen Minister und wen es sonst noch braucht in Berlin, um das Geschäft zu ermöglichen.

Graf kennt die Geschichte von Schmeling und seinem Minister. Zu Beginn hat der Geschäftsmann dem Politiker aus dem Hintergrund heraus mit Rede- und Politikkonzepten den Aufstieg ermöglicht. Dann finanzierte er heimlich den Landesverband des Politikers.

Jetzt verkauft er seine enge Verbindung mit dem Mitglied der Bundesregierung an Geschäftsleute wie Graf. An Geschäftsleute also, deren Probleme nur ein Minister lösen kann.

Wie Graf lebt auch Schmeling nicht in Deutschland. Er wohnt in Monaco. Dorthin überweisen seine Kunden Millionensummen. Schmeling kümmert sich darum, dass das Geld zurück nach Deutschland zu denen fließt, die Entscheidungen der Regierung im Sinne von Schmelings Kunden fällen sollen.

Graf hat schon einige Male mit den beiden Geschäfte gemacht. Er kennt die Preise. „Okay“, sagt er. „Zwei Prozent.“

Schmeling steht auf, angelt sich auf dem Weg nach draußen noch einen Schokoladennikolaus vom Buffet – es ist Winter – und ist verschwunden. Das gemeinsame Frühstück hat nicht lange gedauert. Die beiden kennen sich ja.

Ein Geschäftsmann besticht mitten in Berlin einen Minister der Bundesregierung, um die Genehmigung für einen Rüstungsexport zu erhalten.

Aus Sicht unserer Demokratie ist die gute Nachricht: Diese Szene ist Fiktion. Die schlechte Nachricht: Es ist gut vorstellbar, dass sie sich genau so abgespielt hat. Auch – aber nicht nur –, weil sie aus der Feder von einem stammt, der dabei war. Von einem Insider der jüngeren deutschen Korruptionsgeschichte. Wir werden daher Schmeling und seinem Minister später in diesem Kapitel noch einmal begegnen. Und zwar – aller Wahrscheinlichkeit nach – mit ihren echten Namen.

In diesem Kapitel geht es nicht um Brasilien, Russland oder Griechenland. Es geht um Deutschland. Es geht um die Frage, ob deutsche Rüstungsfirmen, die ins Ausland exportieren, nur dort bestechen – oder auch in Deutschland.

Vorweg: Dieses und das folgende Kapitel bieten keine endgültige Antwort. Sie liefern kein vollständiges Bild. Doch die Suche nach einer Antwort fördert so viele Teile zutage, dass das Bild auch dort, wo wir nichts sehen, vollständig sein dürfte. Zu diesen Teilen gehört, dass bei Geschäften, bei denen nachweislich im Ausland bestochen wurde, immer wieder Millionensummen an Geschäftsleute flossen, die über exzellente Kontakte nicht in Kairo, Athen oder Johannesburg verfügen, sondern in Berlin. Eine der Zahlungen wird hier zum ersten Mal berichtet. Zwei Schlüsselfiguren, deren Bedeutung deutsche Medien nie erfasst haben, werden in diesen beiden Kapiteln vorgestellt.

Justiz und Medien haben die Korruptionszahlungen ins Ausland im Marinegeschäft teilweise aufgearbeitet. Nach Verbindungen ins Inland haben sie nicht ausreichend gefragt. Das legt nahe, dass wir einfach nicht alle Teile des Bildes kennen. Dafür spricht auch, dass die Politik in Berlin alles dafür tut, niemandem Einblick in ihre Finanzierung zu gewähren (siehe Kapitel 12).

Es ist als Journalist unbefriedigend, über eine Frage zu berichten, statt eine Antwort zu bieten. In vielen Fällen ist Berichterstattung über einzelne Puzzleteile nicht zu rechtfertigen. Doch hier geht es um ein hohes Gut, nämlich unsere Demokratie und Rechtsstaatlichkeit.

Also soll die Öffentlichkeit auch über einzelne Steine eines Mosaiks informiert sein. Vielleicht verfügen andere Journalisten, Bürgerinnen oder Whistleblower über weitere Teile und können das Bild vervollständigen.

Lohnt es sich überhaupt, die Frage nach Bestechung in Berlin zu stellen? Gilt Deutschland nicht als sauberes, transparentes Land, in dem die Exzesse von Parteien in Schwellenländern, wie dem ANC in Südafrika oder der Arbeiterpartei in Brasilien, unvorstellbar sind?

Ein Blick auf unsere Nachbarländer beantwortet diese Frage. Der Rüstungskonzern BAE Systems zahlte in den Nullerjahren gigantische Schmiergeldsummen nach Saudi-Arabien, um die Monarchie zum Kauf von Kampfjets zu bewegen. Teile der Gelder flossen zurück nach London, in die Kassen der konservativen Partei. Der Sohn der ehemaligen Premierministerin Margaret Thatcher spielte eine entscheidende Rolle in dem Skandal.

In Frankreich bedienten sich lange Zeit die Geheimdienste wie auch die beiden wichtigsten Parteien des Landes, die Konservativen sowie die Sozialisten, aus den schwarzen Kassen des Ölkonzerns Elf Aquitaine. Sie waren eigentlich angelegt, um im Ausland den Zugang zu Erdölquellen mit Schmiergeld zu erreichen. Teilweise wurden diese Kassen direkt aus Ölverkäufen in Ländern wie dem zentralafrikanischen Gabun aufgefüllt, ohne überhaupt über die offiziellen Elf-Aquitaine-Bücher zu laufen. Hinzu kommen unzählige Fälle in der Rüstungsindustrie, in denen sogenannte rétrocommissions – also Rückflüsse an französische Politiker – nachgewiesen oder zumindest vermutet wurden.

In den benachbarten Demokratien ist es also möglich, dass sich die einheimische Politik aus den Schmiergeldkassen von im Export tätigen Konzernen finanziert. Warum nicht auch in Deutschland? Weil es in Deutschland mangels Rohstoffen und wegen einer kürzeren Kolonialgeschichte jene korruptionsanfälligen Rohstoffgeschäfte und die dazugehörigen Netzwerke schlichtweg nicht gibt? Weil die politischen und wirtschaftlichen Eliten in Deutschland mit seinen historischen Verwerfungen und seiner föderalen Struktur vielfältiger sind als in Frankreich und Großbritannien? In jenen Ländern herrschen kleine, geschlossene Eliten über Politik und Wirtschaft. Ein unabhängiges und diverses Mediensystem, das ihre Geschäfte überprüfen könnte, gibt es nicht in ausreichendem Maße.

Diese Einwände überzeugen nicht. Bei allen Unterschieden zwischen den Ländern, ein Grundsatz bleibt: Geld braucht Macht, und Macht braucht Geld. Unternehmen brauchen politischen Einfluss, und Parteien und Politiker brauchen Geld. Und zwar auch solches, das nicht über die offiziellen Bücher läuft, wie die Spendenskandale von CDU und AfD deutlich gemacht haben. Die Geschehnisse in den Nachbarländern sind also ausreichend Grund, nach ähnlichen Strukturen in Deutschland zu forschen.

Auf der Suche danach tauchen wir wie im ersten Teil des Buches noch einmal tief in die deutsche Korruptionsgeschichte ein. Ein illustres Figurenensemble half jahrzehntelang der deutschen Wirtschaft bei ihren Schmiergeldzahlungen im Ausland – und unterhielt beste Kontakte zu deutschen Spitzenbeamten und -politikern.

Am Ende der Erzählung kommen wir in der Gegenwart an. Auch in unserer Zeit erhalten Staatssekretäre und Bundesminister teure Geschenke eines Waffenlobbyisten, dessen Geschäfte davon abhängen, dass diese Spitzenvertreter der Regierung die Ausfuhr von deutschen Rüstungsgütern genehmigen (siehe Kapitel 10).

Als Graf von Pückler im Winter 2006 mit seinem Auftritt auf dem Münchener Waldfriedhof die Ferrostaal-Manager an alte Verpflichtungen aus ihren Schmiergeldgeschäften erinnerte, wollte er eigentlich längst im Ruhestand sein.

„Ich habe die Absicht, mich langsam aus dem Geschäft zurückzuziehen und mich nur auf meinen ostdeutschen Besitz zu konzentrieren“, schrieb er schon 2000 an einen Geschäftspartner in Griechenland. Mit dem CORRECTIV vorliegenden Brief quittierte er den Erhalt von Geld im Zusammenhang mit dem Verkauf deutscher U-Boote nach Griechenland. Später begründete er diesen Schritt gegenüber deutschen Ermittlern mit der Gesetzesänderung in Sachen Schmiergeld zur Jahrtausendwende. Tatsächlich spricht viel dafür, dass Pückler lange Zeit eine wichtige Figur in der Abwicklung von Schmiergeld im Auslandsgeschäft der deutschen Wirtschaft war.

Hermann Sylvius Graf von Pückler, geboren zwei Wochen nach Ausbruch des Zweiten Weltkriegs in Wien, stammte aus einem jahrhundertealten schlesischen Adelsgeschlecht mit Sitz in der Lausitz. 1974 gründete er in München eine Firma für die Vermittlung und den Bau von Industrieanlagen. Er vertrat zudem einen Hersteller von zivilem und militärischem ABC-Schutz im Ausland.

In den 80er-Jahren vermittelte er für deutsche Industriefirmen den Bau eines Kohlekraftwerks in Griechenland. Der Chef des Mülheimer Konzerns Kraftwerk Union, der später die Kraftwerkssparte von Siemens werden sollte, schrieb im September 1984 an Pückler, dass man sich für den Erhalt von Arbeitsplätzen „wirklich mit fast allen Mitteln bemühen muß. Wollen wir also hoffen, daß gemeinsame Bemühungen von Erfolg gekrönt sind.“ Im folgenden Jahr zahlte der Industriekonzern Babcock, ebenfalls an dem Griechenland-Projekt beteiligt, drei Millionen Deutsche Mark auf ein Schweizer Konto von Pückler.

1990 befand sich Graf von Pückler dann mittendrin in einer der größten Sausen der deutschen Schmiergeldgeschichte. 446 Millionen D-Mark zahlte Saudi-Arabien an den Rüstungskonzern Thyssen Henschel für die Lieferung von 36 Spürpanzern vom Typ Fuchs. Die saudische Königsfamilie fühlte sich durch den Einmarsch Saddam Husseins in Kuwait bedroht.

Der Thyssen-Manager Jürgen Maßmann war für das Geschäft verantwortlich. Pückler arbeitete eng mit ihm zusammen. Bereits im Sommer 1990, als die Idee des Fuchs-Geschäfts konkreter wurde, faxte Maßmann seinen Vorschlag zu dem Geschäft nicht nur an das saudische Verteidigungsministerium, sondern auch an die Münchener Firma von Graf von Pückler. Es folgten mindestens zehn Treffen zwischen Maßmann und Pückler in München, Köln, Frankfurt und Paris.[1]

Fast die Hälfte des Auftragswerts floss an vier Briefkastenfirmen in Panama mit den Namen Linsur, Ovessim, Great Aziz und ATG Investment. Bei wem der Löwenanteil der Provisionen im Umfang von 220 Millionen DM letztlich landete, wurde nie geklärt. Ein erheblicher Teil dürfte an Entscheidungsträger in Saudi-Arabien geflossen sein. Die dortige Herrscherfamilie kassiert bei Rüstungsgeschäften für gewöhnlich mindestens zehn Prozent als Bestechungsgeld. Einen Teil steckten sich Thyssen-Manager in die eigene Tasche. Und ein weiterer Teil floss an Politiker und Beamte – nicht in Saudi-Arabien, sondern in Deutschland.

Die Schmiergelder kehrten eine von der Regierung der Bundesrepublik Deutschland bereits gefällte Entscheidung um. Der Bundessicherheitsrat genehmigte unter dem Vorsitz von Helmut Kohl Ende Februar 1991 das Geschäft, das die Regierung im Herbst 1990 noch abgelehnt hatte. Denn es verstieß gegen damals geltendes Recht. Und nicht nur das: Thyssen Henschel konnte die Panzer nicht schnell genug liefern. Also wurde die Ware gegen den Widerstand der Heeresführung einfach den Beständen der Bundeswehr entnommen. Ludwig-Holger Pfahls, Staatssekretär im Verteidigungsministerium, setzte den Deal durch.

Dabei halfen vor allem die 24 Millionen DM, die Thyssen auf ein Liechtensteiner Konto der Briefkastenfirma ATG Investment zahlte. Hinter der Firma steckte der bayerische Geschäftsmann Karlheinz Schreiber. Schreiber war ein Intimus der Strauß-Familie. Er verteilte die Thyssen-Millionen an Politik und Regierung in Deutschland. Das war vor allem die CDU von Helmut Kohl. Ludwig-Holger Pfahls erhielt 3,8 Millionen DM.

Genau wie Pückler hatte auch Schreiber lange Zeit für deutsche Konzerne schmieriges Geld an Firmen in aller Welt verteilt, darunter Airbus und der Maschinenbauer MBB. Allein in den Jahren 1988 bis 1993 erhielt Schreiber 32 Millionen DM Provisionszahlungen, auch aus dem Panzergeschäft zwischen Thyssen und Saudi-Arabien. Schreiber versteuerte dieses Geld nicht, was ihm und den Politikern, denen er Geld zukommen ließ, zum Verhängnis werden sollte.

Denn Augsburger Steuerfahnder nahmen Mitte der 90er-Jahre Ermittlungen auf und lösten so die Spendenaffäre der CDU aus. Schreiber hatte nicht nur den Strauß-Sohn Max mit Millionen bedacht, sondern auch dem damaligen CDU-Schatzmeister Walther Leisler Kiep eine Million DM auf einem Parkplatz in der Schweiz übergeben sowie 100.000 DM dem heutigen Bundestagspräsidenten Wolfgang Schäuble.

In Schreibers Terminkalender fanden Ermittler zahlreiche Hinweise auf Zahlungen an einen „Maxwell". Dahinter vermuteten sie Max Strauß – was dieser stets bestritt.

Steuerfahnder stießen später auf die enormen Provisionszahlungen von Thyssen Henschel – und sie gingen davon aus, dass ein nicht unerheblicher Teil des Geldes zurück nach Deutschland geflossen war. Damit hätte es Thyssen nicht als im Ausland gezahltes Schmiergeld von der Steuer absetzen dürfen. Die Ermittler ließen sich auch nicht von dem Einwand des Konzerns beirren, dass das Finanzamt die hohen Provisionszahlungen ursprünglich genehmigt hatte.

Denn ursprünglich ging das Finanzamt anhand der Angaben des Konzerns eben davon aus, dass die Gelder an Personen oder Firmen gingen, die in Deutschland nicht steuerpflichtig waren. Das dem nicht bei allen Überweisungen so war, zeigte zum Beispiel die in Panama registrierte Firma Great Aziz. Thyssen Henschel überwies 8,93 Millionen DM auf ein Konto der Firma. Der Name Aziz klingt arabisch. Den Vertrag zwischen Thyssen Henschel und der Firma unterzeichnete jedoch ein deutscher Geschäftsmann, dem wir in diesem Kapitel immer wieder begegnen werden: Rolf W.

W. war ein Intimus des inzwischen verstorbenen FDP-Politikers Jürgen Möllemann. Möllemann war zur Zeit des Panzergeschäfts Wirtschaftsminister. Da liegt der Verdacht nahe, dass W. einen Teil der Gelder über Great Aziz an den Politiker weiterleitete. Die Ermittler fanden zwar Hinweise dafür, dass W. die Gelder von Thyssen nach Deutschland zurückschleuste. Sie fanden jedoch keine Hinweise oder gar Beweise für Zahlungen an Möllemann, der 2003 bei einem Fallschirmsprung verstarb.

In den Unterlagen über das Panzergeschäft taucht ganz am Rande ein weiterer Geschäftsmann auf: Moritz Hunzinger, ein in Frankfurt ansässiger PR-Berater. Im Kalender von Thyssen-Manager Maßmann fanden sich mehrere Termine mit Hunzinger. Dieser beriet laut einem Brief Maßmanns den Rüstungsmanager und stellte für ihn Kontakte zu Bundesministern oder hohen Vertretern der EU-Kommission her.

Die Rolle von Hunzinger hat sich auf dieses Herstellen von Kontakten beschränkt. In die Schmiergeldzahlungen rund um das Panzergeschäft war er nicht verwickelt. Er ist hier aufgeführt, weil er wie mehrere der hier versammelten Charaktere zehn Jahre später bei einem ganz anderen Rüstungsgeschäft wieder auftauchen sollte.

Das Figurenensemble, das wir zum Nachzeichnen von zwei Jahrzehnten Korruptionsgeschichte in der deutschen Rüstungsindustrie benötigen, ist fast vollzählig. Es fehlt nur noch eine.

Nicht nur in Deutschland wollten Entscheidungsträger bedacht werden. Auch in Saudi-Arabien musste dem Verkauf der Panzer an das saudische Verteidigungsministerium der Weg geebnet werden. Es war niemand anderes als Graf von Pückler, der in einer Wohnung in Paris – der traditionellen Drehscheibe der Waffenhändler aus Nahost – die Kasseler Rüstungsmanager dem entscheidenden Mann für diese Aufgabe vorstellte: Ago Demirdjan.

Der Unternehmer Demirdjan, Sohn eines libanesischen Textilhändlers, hatte sein Heimatland während des Bürgerkriegs in den 70ern verlassen. Zusammen mit der saudischen Unternehmerfamilie Ojjeh begann er zunächst, verschiedene Armeen im Nahen Osten mit Uniformen auszustatten. Die Ojjeh-Familie war lange einer der wichtigsten Vermittler von Waffengeschäften im Nahen Osten. Irgendwann nahm sie Demirdjan in ihre Kreise auf. Der Thyssen-Manager Maßmann hatte Respekt vor ihm: Er bezeichnete ihn einmal als „große graue Eminenz".

Pückler und Demirdjan kannten sich bereits seit Mitte der 70er-Jahre. Sie akquirierten zusammen für deutsche Unternehmen Geschäfte im Nahen Osten und in Griechenland. Immer wieder überwies Demirdjan Provisionen an Pückler.

Das saudische Fuchs-Geschäft kam 1990 also nur zustande, weil ein deutscher Rüstungskonzern über einen Kreis von Beratern im Ausland und im Inland Schmiergeld zahlte. Was geschieht, wenn man diese Gleichung nun auf den Export deutscher Kriegsschiffe anwendet? Fest steht, dass in den 90er- und Nullerjahren und bis in die jüngste Gegenwart hinein beim Verkauf von U-Booten, Fregatten und ihrer Ausrüstung Schmiergeld ins Ausland floss.

In die Schmiergeldzahlungen für den Verkauf von U-Booten nach Griechenland und von Kriegsschiffen nach Südafrika war, wie dieses Kapitel als Nächstes zeigt, derselbe Beraterkreis involviert wie beim Verkauf der Panzer nach Saudi-Arabien ein Jahrzehnt zuvor. Floss also auch dabei Schmiergeld in Deutschland?

Als sich die Ermittler in der Ferrostaal-Korruptionsaffäre ab Sommer 2009 den U-Boot-Verkauf an Griechenland anschauten, ließen sie sich erst einmal die Akten der Augsburger Ermittlungen gegen Karlheinz Schreiber kommen. Denn sie stießen auf dieselben Figuren. Es waren Graf von Pückler sowie der libanesische Geschäftsmann Ago Demirdjan, die zusammen mit griechischen Vertretern den „Gebetskreis" oder auch „Team A" bildeten (siehe Kapitel 5).

Der Ferrostaal-Vorstand Johann-Friedrich Haun hatte Pückler bereits 1997 in einem Hamburger Hotel gefragt, ob er nicht Kontakte auch nach Griechenland herstellen könne. Der Kreis um Pückler kümmerte sich unter anderem um Kontakt zum damaligen Verteidigungsminister Akis Tsochatzopoulos.

Tsochatzopoulos – das ist einer der Namen, die auf dem vielleicht interessantesten Papier stehen, das die Ermittler der Staatsanwaltschaft München bei ihren Ermittlungen rund um Ferrostaal fanden.

Es ist eine E-Mail an den damaligen Konzernchef Matthias Mitscherlich sowie an einen Vorstand von Ferrostaal. Unter der E-Mail finden sich handschriftliche Notizen. Als ob jemand mündlich oder am Telefon etwas vorgetragen bekommen hat und sich dabei Notizen gemacht hat.

Ermittler fanden das Papier 2009 bei der Durchsuchung des Privathauses des Ferrostaal-Vorstands, an den die E-Mail adressiert war. Sie stammte von dem Ferrostaal-Manager Horst W., der in den Nullerjahren eine heikle Sonderaufgabe zu erfüllen hatte. Unter Mitscherlich sollte er Ordnung schaffen unter den vielen schmierigen Beraterbeziehungen, die Ferrostaal im Vertrieb unterhielt. Besonders im gemeinsamen Verkauf von Kriegsschiffen mit ThyssenKrupp sollte W. die exorbitanten Summen kürzen, die die Berater erhielten. Ihn störte, mit welch kruden Methoden die Vertriebspartner das Geld verteilten.

Diese Seite verbindet die zwei großen Korruptionsskandale der deutschen Rüstungsindustrie, das saudische Panzergeschäft 1990 und das griechische U-Boot-Geschäft zehn Jahre später. Es sind vor allem Namen, die unter der E-Mail notiert sind. Ganz oben ist zunächst noch einmal der Name von Jürgen Maßmann notiert, jenem Thyssen-Vorstand, der Anfang der 90er-Jahre in den Schmiergeldskandal rund um den Export deutscher Spürpanzer nach Saudi-Arabien involviert war.

Darunter steht der Name Tzochatzopoulos: Akis Tzochatzopoulos, griechischer Verteidigungsminister von 1996 bis 2001. Er wurde von einem griechischen Gericht wegen Bestechlichkeit verurteilt. Weiter unten ist noch notiert: „Berater in Frankfurt von Scharping".

Bei dem Berater von Rudolf Scharping, ehemaliger SPD-Parteivorsitzender sowie Verteidigungsminister, handelt es sich um den PR-Berater Moritz Hunzinger.

Scharping war 2002 durch den damaligen Bundeskanzler Gerhard Schröder entlassen worden. Und zwar wegen seiner geschäftlichen Verbindungen mit Hunzinger. Der PR-Berater hatte dem Politiker – nach eigener Aussage vor seinem Eintritt in die Bundesregierung – 40.000 Euro für Aktiengeschäfte überwiesen sowie 30.000 Euro für drei Vorträge auf Veranstaltungen Hunzingers.

Scharping sollte sich laut einem damaligen Bericht des Magazins „Stern", das die Affäre 2002 aufdeckte[2], in Ägypten und den Vereinigten Arabischen Emiraten für deutsche U-Boote einsetzen. Dies habe Scharping bei einem Besuch in Kairo auch getan. Zur Vorbereitung hatte Hunzinger ein gemeinsames Abendessen mit dem Ferrostaal-Vorstand Haun vermittelt. Anderthalb Jahrzehnte beriet Hunzinger nach eigener Auskunft

Horst
[redacted]
03.07.2006 17:10

An matthias.mitscherlich@ferrostaal.com, [redacted] Ferrostaal
Kopie
Blindkopie
Thema TKMS-Gespräch

Sehr geehrter Herr Dr. Mitscherlich,
sehr geehrter Herr Dr. [redacted]

für TOP "MIE" habe ich nachfolgende Unterlagen beigefügt:

1. Festlegung Preisanteile GR I lt. Konsortialvertrag: FS Summe Contract A + B € 195.054.410
2. Interne FS Kalkulation

Danach ergeben sich folgende Feststellungen:

1. Für die unter Nr. 5 genannten Serviceleistungen wurde unter Einschluß einer Reserve von 10 Mio. € ein Betrag von 7,75 % bezogen auf den Gesamtauftragswert eingestellt.
Soviel zum Thema 11 % oder mehr.
2. Die unter Nr. 1 und 2 genannten Offsetkosten von insgesamt 40,5 Mio. € liegen noch unter den sonst üblichen 5 %.
3. Die unter Nr. 1 genannten Kosten Infrastruktur (HSY) wurden um ca. 20 Mio. € überschritten, davon allein 9,6 Mio. € wg. VAT HSY.

Mit freundlichen Grüssen

HW

ATF020565.TIF

TZOCHAPOLOS

[redacted]

[redacted]

[redacted]

Horst [redacted]
MAN Ferrostaal AG Essen
Tel.: +49-201-818-2192
Fax: +49-201-818-2115
horst[redacted]

*Diese im Haus eines Ferrostaal-Managers gefundene Seite verbindet zwei große Skandale der deutschen Rüstungsindustrie. Die handschriftlichen Notizen führen einige Personen auf, die an dem Export deutscher Panzer nach Saudi-Arabien sowie von U-Booten nach Griechenland mitwirkten.*

das Marinegeschäft von Ferrostaal. Dass die Gelder für Scharping von den Konzern stammten, sei „gänzlich ausgeschlossen", sagt der Geschäftsmann auf Anfrage.

Hunzinger bearbeitete die deutsche Politik auch im Zusammenhang mit dem Verkauf der U-Boote an Griechenland. Im Juli 1999 sandte der Ferrostaal-Vorstand Haun den Entwurf eines Briefes an den damaligen Vorstandsvorsitzenden von Menges, den Bundeskanzler Gerhard Schröder an den damaligen griechischen Ministerpräsidenten Konstantin Simitis schicken sollte. In dem CORRECTIV vorliegenden Entwurf setzt sich Schröder für die Vergabe der U-Boote an das Konsortium aus Ferrostaal und der Kieler Werft HDW ein.

Hunzinger hatte es offensichtlich übernommen, Schröder zum Absenden des Briefes zu bewegen. „Meinen anliegenden Entwurf für ein Kanzler-Schreiben an Simitis hat Moritz Hunzinger an seinen Freund und AR-Mitglied Bury weitergeleitet, der den Bundeskanzler entsprechend ‚bearbeitet' hat."

Mit Bury dürfte Hans Martin Bury gemeint sein, im ersten Kabinett von Gerhard Schröder von 1999 bis 2002 Staatsminister im Kanzleramt. Seinen Sitz im Aufsichtsrat der Hunzinger Information AG habe er vor seinem Wechsel in die Regierung niedergelegt, teilte die Bundesregierung später mit, als die Verbindungen von Hunzinger zu Scharping für Furore sorgten.

Ein Name fehlt noch von dem Papier, das die Ermittler 2009 im Haus des Ferrostaal-Managers fanden: M. Die Beraterin verfügte über Kontakte in der deutschen Politik und arbeitete von ihrem Büro am Brandenburger Tor aus als Lobbyistin.

Aus CORRECTIV vorliegenden Unterlagen von Ferrostaal geht hervor, wie sie versuchte, im internationalen Vertrieb der U-Boote mitzumischen. Doch so richtig ernst wurde sie nicht genommen. Einmal schlug sie vor, der kroatischen Marine zwei alte U-Boote aus israelischen Beständen zu verkaufen. Ein anderes Mal bot sie an, nach Ägypten zu fliegen. Allerdings müsse sie „etwas mitbringen", schrieb sie in einer E-Mail.

Ob es nur diese wenig subtile E-Mail war oder noch etwas anderes, der Vorstand von Ferrostaal beschloss etwa Mitte der Nullerjahre, nichts mit der Beraterin zu tun haben zu wollen. Das Problem, und dies wird hier zum ersten Mal berichtet: M. erhielt trotzdem von Ferrostaal Zahlungen in Millionenhöhe ohne offensichtliche Gegenleistung. Insgesamt 1,2 Millionen Euro überwies das Unternehmen der Beraterin im Jahr 2008, wie aus einer CORRECTIV vorliegenden Übersicht hervorgeht. Wieder flossen also Gelder an eine Figur aus jenem Sammelsurium von Beratern mit Kontakten in die deutsche Politik. Doch wofür?

Die Nachweise ihrer Gegenleistung für die Millionenzahlung sind zumindest teilweise dubios. Angeführt ist eine Studie darüber, wie die USA ihre Atlantikküste gegen Angriffe verteidigen könnten. Dafür braucht die US-Marine wohl kaum das Wissen einer Beraterin aus Berlin. Und die nuklear angetriebene U-Boot-Flotte der USA wird seit jeher von US-Firmen produziert.

Wofür erhielt M. also das Geld? Selbst Vorstandsmitglieder von Ferrostaal in jener Zeit kannten die Zahlungen nach eigener Aussage nicht. Es gibt zwei Erklärungen. Entweder M. leitete das Geld an einen Empfänger in der deutschen Politik weiter. Oder ein Manager nutzte den Zahlungsumweg über M., um sich an Geldern des Konzerns zu bereichern.

Ein damals an den Geschäften Beteiligter hält diese Version für wahrscheinlicher. Es sei auffällig gewesen, dass ein Manager der HDW-Werft Ferrostaal immer wieder bedrängt habe, M. in die U-Boot-Geschäfte zu involvieren. Ein von M. beauftragter Anwalt ließ CORRECTIV wissen, dass sie keine Fragen beantworte.

Das Unternehmen Ferrostaal unterhielt in jenen Jahren offenbar auch direkte Kontakte zu Bundestagsabgeordneten. Bereits 2007, also vor den Ermittlungen der Münchener Staatsanwaltschaft ab dem Jahr 2009, hatte der damalige Ferrostaal-Eigentümer MAN Zweifel an der Sauberkeit der Geschäfte bei der Tochter. Buchprüfer schauten sich den Einsatz von Beratern im Vertrieb näher an.

Um den schwarzen Schafen unter ihnen auf die Spur zu kommen, führten sie eine sogenannte Kreditorenanalyse durch. Kreditoren sind Einträge im Zahlungssystem eines Unternehmens. Also alle Lieferanten, Geschäftspartner und sonstige Kontakte, denen ein Unternehmen Geld überweist. Ein solcher Eintrag in das Zahlungssystem ist kein Beleg, dass an einen Kreditor auch tatsächlich Geld geflossen ist.

Interessanterweise stießen die Buchprüfer bei ihrer Analyse nicht nur auf unzählige Berater aus den Ländern, in die Ferrostaal deutsche Industrieprodukte vertrieb. Sondern auch auf sechs Bundestagsabgeordnete. Es dürfte kein Zufall sein, dass alle sechs seinerzeit Mitglieder im Verteidigungsausschuss des Bundestags oder anderweitig in der Rüstungspolitik involviert waren.[3]

Aus der Reihe der Geschäftsleute, an die Thyssen-Manager Maßmann zur Einfädelung des Panzerverkaufs an Saudi-Arabien im Jahr 1991 Millionenbeträge überwies, fehlt im Marinegeschäft nur noch einer: Rolf W. Jener Geschäftsmann, der ein Intimus des FDP-Politikers Möllemann war.

Und auch W. war zehn Jahre später involviert, als die deutsche Rüstungsindustrie das nächste gigantische Schmiergeldprogramm einfädelte: den Verkauf von U-Booten und Fregatten an das neue Südafrika unter der Führung des ANC (siehe Kapitel 6).

Der Großteil der enormen Provisionszahlungen floss an ausländische Briefkastenfirmen und Berater mit besten Kontakten zur Führung der südafrikanischen Regierungspartei ANC. Doch ein Teil floss eben auch an W., deutscher Geschäftsmann mit Kontakten nicht in der südafrikanischen, sondern in der deutschen Politik.

Die Thyssen Rheinstahl Technik GmbH (TRT), die später im Marinegeschäft von Ferrostaal aufging, zahlte 25 Millionen US-Dollar an Briefkastenfirmen. Eine Million DM ging am 5. Mai 2000 auf einem Schweizer Konto von Rolf W. ein. Ferrostaal übernahm davon später die Hälfte – mit dem konkreten Hinweis auf das Geschäft „Korvetten Südafrika". Laut Unterlagen des Landeskriminalamts Nordrhein-Westfalen zahlte Ferrostaal im Jahr 2002 weitere 1,5 Millionen Euro an W.

Das Schweizer Konto, auf das TRT die eine Million DM Provision an W. zahlte, gehörte einer Firma mit Sitz in Monaco. Als die Steuerabteilung von Ferrostaal einige Jahre später für ein ganz anderes Geschäft – dazu später mehr – Provisionszahlungen an W. genehmigen sollte, schätzte sie diese Firma als Briefkastenfirma ein. Und sperrte sich lange gegen die Zahlungen an W.

„U.a. wegen des Sitzes der (Firma, Anm. d. Verf.) in Monaco ist jedoch zu erwarten, dass die Finanzverwaltung eine Mitteilung an die Staatsanwaltschaft veranlasst", schrieb die Steuerabteilung zunächst. Es folgte ein monatelanger Streit zwischen der Steuerabteilung und den Projektleitern. Der Konflikt macht deutlich, wie nervös die Steuerabteilung ob der guten Kontakte von W. nach Deutschland war.

Sie fürchtete wahrscheinlich, dass die Provisionszahlungen tatsächlich für Empfänger in Deutschland gedacht waren. Sie wollte genau den Ärger vermeiden, den der Konzern Thyssen-Henschel beim Panzerverkauf nach Saudi-Arabien deswegen mit dem Finanzamt hatte.

Immer wieder wollte die Steuerabteilung wissen, wem die Firma in Monaco gehörte. Zum Beispiel am 13.11.2002 mahnte sie diese Informationen an – und musste warten. „Kommt übermorgen", notierte sich der Bearbeiter am nächsten Tag. „Kommt Ende der Woche", hieß es Ende November. „Ist in Arbeit", hieß es dann nur noch Anfang Dezember. Der Streit zog sich über ein Jahr hin. Wem die Firma in Monaco gehörte, blieb offen.

Eine Bestätigung ihrer Eintragung ins Handelsregister sowie Unterlagen zur Einrichtung eines Bankkontos fanden Ermittler auch ganz woanders: im Büro von Christoph Hoenings, einem Thyssen-Manager, der in die Vereinbarung des U-Boot- und Korvetten-Pakets für Südafrika involviert war. Die Ermittler des LKA NRW schlossen daraus, dass Hoenings und W. intensive geschäftliche Verbindungen unterhielten.

Und an dieser Stelle ist der Moment gekommen, um zu verraten, aus wessen Feder die – dem Anschein nach – fiktive Szene zu Beginn dieses Kapitels stammt. Die Begegnung im Hotel Adlon, in der ein Vertreter der Rüstungsindustrie einem Minister zur Ermöglichung eines Verkaufs von Kriegsschiffen Schmiergeld zusagt. Niemand anderes als Christoph Hoenings ist der Verfasser.

„Das Geschäft" heißt der Roman, gegliedert in Teil 1 und 2, den Hoenings im Jahr 2014 als E-Book auf Amazon veröffentlichte. Es sind 1.500 Seiten voller Intrigen, Mord und Sex, die der deutsche Geschäftsmann Rupert Graf als Vertreter eines deutschen Industrieunternehmens in Südamerika erlebt. Vor allem geht es jedoch um Schmiergeld. Der eingangs geschilderte Verkauf von Patrouillenbooten im Hotel Adlon dürfte sich genau so zugetragen haben – allerdings nicht in Peru, sondern in Argentinien. Anfang der Nullerjahre verkaufte Ferrostaal dem Land vier Boote zum Schutz der eigenen Küstengewässer vor fremden Fischern. Zum Einsatz kamen dubiose Zahlungen an Anwälte, die hochrangigen Marineoffizieren nahestanden.

Es ist also nicht unwahrscheinlich, dass die von Hoenings geschilderten Schmiergeldzahlungen an einen deutschen Minister von wahren Begebenheiten inspiriert sind. Damit ist zu vermuten, dass es sich bei dem Minister und seinem Finanzier im Hintergrund um das Pärchen Rolf W. und Jürgen Möllemann handelt.

Nach seinem Rücktritt als Minister 1993 arbeitete Möllemann als Vermittler von Geschäften zwischen Deutschland und Nahost sowie Zentralasien. Dabei bewegte er Millionensummen zwischen seinen eigenen Firmen in Luxemburg sowie einer Briefkastenfirma in Liechtenstein hin und her. W. soll ihm 1996 und 1997 insgesamt eine Million DM gezahlt haben.[4] Dem FDP-Landesverband Nordrhein-Westfalen, dessen Vorsitzender Möllemann 1996 bei einem politischen Comebackversuch wurde, zahlte er 300.000 DM.

2009 verlangte die Bundestagsverwaltung von der FDP wegen der vielen Unregelmäßigkeiten im Landesverband NRW unter Führung Möllemanns die Zahlung von 3,4 Millionen Euro. Durch den Tod Möllemanns 2003 dürfte viel unaufgeklärt geblieben sein.

Fest steht: W. erhielt Geld aus dubiosen Geschäften der deutschen Industrie und finanzierte zugleich einen damals führenden Politiker in Deutschland.

Welche Gegenleistungen durften sich die Konzerne von dem Geschäftsmann erhoffen? Eine CORRECTIV vorliegende Aktennotiz aus dem Jahr 1998 zeigt, dass es auch um das gegangen sein könnte, was Hoenings in seinem Roman beschreibt: Hilfe beim Einholen von deutschen Exportbürgschaften.

Ein Angestellter von Ferrostaal fasst in der Notiz einen Besuch W.s im Februar 1998 zusammen. Es geht um den Verkauf von Kompressorstationen nach Turkmenistan, für den Ferrostaal einen Beratervertrag mit jener mysteriösen Firma in Monaco abgeschlossen hatte. Der Vertrag regelte die Provisionszahlungen, gegen die sich die Steuerabteilung von Ferrostaal einige Jahre später wie oben beschrieben lange sträuben sollte.

Und W. brachte bei seinem Besuch gute Nachrichten mit. Die Obergrenze für Projekte in Turkmenistan hatte bis dahin bei 20 Millionen DM, in einzelnen Fällen auch mal bei 30 Millionen DM gelegen. W. jedoch hielt eine Bürgschaft über das gesamte Projektvolumen für möglich: 150 Millionen DM.

Laut der Notiz war bei Hermes von einer derartigen Steigerung nichts bekannt. „Deshalb ist der Finanzbereich (von Ferrostaal, Anm. d. Verf.) noch skeptisch, ob W.s Aussagen stimmen und Sonderregelungen für unser Projekt beim Bund aufgelegt werden“, heißt es in der Notiz.[5] Wie wollte W. diese wundersame Erhöhung der Obergrenze möglich machen? Über seinen Spezi Möllemann, der auch einige Jahre nach seinem Aus als Wirtschaftsminister offenbar immer noch über beste Beziehungen ins Ministerium verfügte.

„Herr W. hatte uns gebeten, ein kurzes Projektmemorandum zu erstellen, welches er am 13.2.1998 direkt an Möllemann weiterleiten will, der das wiederum an die entscheidenden Stellen im Bundeswirtschaftsministerium geben möchte“, heißt es weiter in der Notiz.

Vermutlich war es also die enge Verbindung zu einem deutschen Politiker, die einige Jahre später zu dem Widerstand der Steuerabteilung gegen Zahlungen an W. führte.

Auf dem Fragebogen, den die Projektabteilung zur internen Genehmigung der Provisionszahlungen ausfüllte, ist von diesen Verbindungen W.s in Deutschland auch keine Rede. Der Berater verfüge über hervorragende Marktkenntnisse in Turkmenistan, heißt es auf die Frage, warum ausgerechnet W. gebraucht werde.

**Abt. RFF / [redacted]**
**11.02.1998**

**Betr. Kompressorstation Projekt Korpedje / Turkmenistan**
**Besuch von Herrn Rolf S. W[redacted] am 10.2.1998 bei FS**
**Teilnehmer seitens MGO, Herren [redacted] un[redacted], seitens FSE, [redacted]**

Herr W[redacted] berichtete, daß über das Projekt auch schon Herr Schomerus vom BMWi informiert worden sei, der Herrn W[redacted] gegenüber andeutete, daß dieses Projekt auch[redacted]alb des bestehenden Plafonds aus 1997 über DM 100 Mio vom Bund in Dec[redacted] genommen werden könnte. Bislang gilt für Turkmenistan eine Orientierungsgröße von DM 20 Mio. Vom Hermes erfuhren wir, daß auch schon ein Projekt von ca. DM 30 Mio in Deckung genommen worden war. Mannesmann KTI hatte bereits eine Deckung vom Bund erhalten, die im dreistelligen Millionenbereich war, dann allerdings auf der Basis von Gegengeschäften.

Bei unserem o.g. Projekt in der Größenordnung von ca. DM 150 Mio wäre laut W[redacted] jedoch eine Staatsgarantie erhältlich, so daß ein Gegengeschäft nicht nötig wäre. Vom Hermes Hamburg hören wir, daß es in Kürze eine Neuauflegung des Plafonds für 1998 geben soll, aber man erwartet die gleiche Größenordnung wie für 1997. Von Sonderregelungen war in Hamburg nichts bekannt. Deshalb ist der Finanzbereich noch skeptisch, ob W[redacted] Aussagen stimmen und Sonderregelungen für unser Projekt beim Bund aufgelegt werden.

Herr W[redacted] hatte uns gebeten, ein kurzes Projektmemorandum zu erstellen, welches er am 13.2.1998 direkt an Möllemann weiterleiten will, der das wiederum an die entscheidenden Stellen im BMWi geben möchte. Herr Zuber wird dieses Memo in Abstimmung mit RFF erstellen und an W[redacted] geben.

Gleichzeitig werden wir gemeinsam mit MGO einen entsprechenden Hermesantrag vorbereiten, der dann gestellt werden kann, wenn die Hermes Beschlußlage einen Antrag erlauben sollte.

Abt. RFF

[redacted] / Herrn [redacted]
c/ RF / Herrn [redacted]
c/ RFF / Herrn [redacted]

*Immer wieder stellt die Bundesregierung Bürgschaften für Exportgeschäfte, die sich dann als korrupt herausstellen. Hier fädelten der Geschäftsmann Rolf W. sowie der FDP-Politiker Jürgen Möllemann eine Bürgschaft in einer Höhe ein, die selbst erfahrene Ferrostaaler erstaunte.*

Das Münchener Landgericht folgte später der Argumentation der Staatsanwaltschaft, dass rund um die Kompressorstation in Turkmenistan acht Millionen Euro Schmiergeld an Amtsträger in dem Land geflossen waren. Nach einem ersten Treffen mit Regierungsvertretern in Turkmenistan im Jahr 1998 schrieb ein deutscher Manager an die turkmenischen Auftraggeber, dass man sich um eine Exportbürgschaft der Bundesregierung kümmern werde.

Die Schreiben faxte er zugleich an W. Dessen Firma in Monaco erhielt aus den Geschäften in den Jahren 2002 bis 2004 insgesamt vier Millionen Euro. Belege für Gegenleistungen für die Millionen fanden die Ermittler später nicht. W. hatte Ferrostaal nicht einmal auf das Geschäft aufmerksam gemacht. Laut Aussage eines beteiligten Managers war der Tipp von Siemens gekommen. Die MAN-Tochter MAN Turbo lieferte dann die Turbinen.

Es drängt sich also der Eindruck auf, dass Ferrostaal – das damals zum MAN-Konzern gehörte – nur eingeschaltet wurde, um Bestechungsgeld in Zentralasien abzuwickeln. Und natürlich, um eine Hermesdeckung in bis dahin für Turkmenistan unbekannter Höhe zu erreichen.

Festhalten lässt sich, dass bei mindestens drei Exportgeschäften Provisionen in Millionenhöhe an W. oder ihm zuzurechnende Firmen gingen: dem länger zurückliegenden Panzerverkauf nach Saudi-Arabien, dem Verkauf von Kriegsschiffen nach Südafrika und dem Verkauf einer Kompressorstation nach Turkmenistan.

Welche Gegenleistungen er dafür jeweils erbrachte, ist schleierhaft. Fest steht, dass W. zur selben Zeit Geld an Jürgen Möllemann zahlte, der sich bei der Bundesregierung zumindest für das Turkmenistan-Geschäft einsetzte. Die beiden sind also ein wichtiger Mosaikstein bei der Annahme, dass aus den dubiosen Millionenzahlungen der deutschen Industrie ins Ausland auch immer wieder Geld in die deutsche Politik geflossen ist. Eine Mitarbeiterin einer Düsseldorfer Firma von W. teilte CORRECTIV im Juli 2020 mit, dass W. keinerlei Fragen beantworten wolle.

Der wichtigste Kontaktmann in die deutsche Politik dürfte für Ferrostaal und die Kieler Werft HDW jedoch noch ein anderer gewesen sein: der ehemalige Bundestagsabgeordnete Siegfried Zoglmann. Zoglmann, der im Zweiten Weltkrieg in der SS-Leibstandarte Adolf Hitler diente, saß nach dem Krieg bis 1976 für die FDP im Bundestag. Später wurde er CSU-Mitglied.

Zoglmann arbeitete zunächst für die Kieler Werft HDW, ab 1983 dann für Ferrostaal. Für Vermittlerdienste beim Verkauf von drei Fregatten nach Portugal erhielt Zoglmann in den 80er-Jahren eine Provision in Höhe von 375.000 DM. Anschließend stattete ihn

Ferrostaal mit einem Beratervertrag aus. 20.000 DM im Monat kassierte der Ex-Politiker, ab 1992 immerhin noch 10.000 DM. Das Vertragsverhältnis endete erst Ende 2003. Doch für was genau bezahlte Ferrostaal Zoglmann? Der Konzern rühmte sich seiner Kontakte in aller Welt – warum benötigte er einen Türöffner in Deutschland?

Die Frage lässt sich nicht mehr beantworten. Doch ein Treffen am Wiener Flughafen am 7. November 2007 lässt wenig Gutes erahnen. Ein von Ferrostaal beauftragter Anwalt traf sich hier mit dem Ex-Vorstand Friedrich Haun. Dieser hatte lange mit Zoglmann zusammengearbeitet. Jetzt sollte er dem Anwalt helfen, vom Sohn von Zoglmann vorgetragene Ansprüche an den Konzern abzuwehren. Die Familie verlangte einen Anteil an den Gewinnen des Konzerns aus dem Verkauf von U-Booten nach Portugal im Jahr 2004.

Laut einer Gesprächsnotiz des Anwalts bestätigte Haun, dass Zoglmann seit den 80er-Jahren für Ferrostaal politisches Lobbying in Deutschland geleistet habe. Zoglmann habe für Ferrostaal Kontakte zu allen prominenten Mitgliedern der damaligen FDP- und CSU-Fraktionen hergestellt. Er sei ein „enger Spezi von Hans-Dietrich Genscher" gewesen und habe jederzeit Termine bei hochrangigen CSU-Politikern wie etwa Franz Josef Strauß, Theo Waigel, Peter Ramsauer und Edmund Stoiber besorgen können.

Doch was genau Zoglmann für den Konzern tat, durfte der Anwalt nicht niederschreiben. Haun betonte mehrfach, „dass die eigentlichen Tätigkeiten von Herr Zoglmann senior nicht in der Öffentlichkeit diskutiert werden sollten".[6]

Zoglmann selbst konnte dem Konzern keine Auskunft mehr über seine „eigentlichen Tätigkeiten" erteilen. Er war im Alter von 93 Jahren zwei Wochen vor dem Gespräch am Wiener Flughafen gestorben.

Auch Graf von Pückler hat viele Geheimnisse unserer Demokratie mit ins Grab genommen, als er 2017 im Alter von 78 Jahren verstarb. Pückler wickelte nicht nur schmierige Provisionszahlungen für deutsche Rüstungsfirmen und Anlagenbauer im Ausland ab. Sein Anwalt, aus der Kanzlei des CSU-Politikers Peter Gauweiler, bestritt dies später. Doch es spricht einiges dafür, dass Pückler genau wie der Rüstungslobbyist Karlheinz Schreiber ein Intimus der Familie Strauß war. Und damit jener Familie, deren Übervater Franz Josef sich zeit seines Lebens von der deutschen Wirtschaft schmieren ließ.[7]

So war Graf von Pückler bei dem Gespräch anwesend, bei dem die Familie Strauß nach dem tragischen Unfalltod von Marianne Strauß 1984 zu ihrem Gedenken die Gründung einer Stiftung beschloss.[8] Bis zu seinem Tod gehörte Pückler dem Stiftungsrat an.

Das Magazin „Stern“ berichtete 1990, unter anderem unter Berufung auf österreichische Justizakten, dass Pückler immer wieder zusammen mit dem Strauß-Sohn Max bei der Vermittlung von internationalen Rüstungsgeschäften auftauchte. Pückler half laut dem Bericht einem österreichischen Staatskonzern bei Waffenlieferungen an den Iran.[9]

Pückler war auch mit August von Finck bekannt. Der Privatbankier war lange ein Großförderer der CSU. Recherchen des „Spiegel“ deckten 2018 auf, dass er heute eher Finanzier der AfD sein könnte.[10] Pückler und Finck kannten sich seit den 80er-Jahren.

Zumindest einer, der mit Graf von Pückler immer wieder zusammengearbeitet hat, glaubt nicht, dass er nur in der Nähe der CSU zu verorten ist. Er habe auch mit Politikern aus anderen Parteien Geschäfte gemacht. „Von Pückler war das Auge der deutschen Politik auf die Provisionszahlungen ins Ausland“, so der Insider.

Ein Geschäft stützt diese These. Ende der 80er-Jahre war Pückler in Pläne involviert, eine U-Bahn in Athen zu bauen. Pückler organisierte die Unterstützung der Politik für das Projekt. Am 30. März 1988 notierte er sich in seinem Kalender: „wg. Ubahn Athen wg. Einflussnahme durch Bangemann (BWM) und Siemens. Hinweis auf Provisionsvereinbarung v. 9.2.88 und Zahlung über Demirjan (sic)“.

Und über ein Jahr später, am 16. Juli 1990: „Schreiben an Ago Demirjian i.S. Metro Athen wg. Infos durch Dr. M. Brunner (Cabinetschef v. Dr. Bangemann EEC Kommission).“

Martin Bangemann war in den 80er-Jahren Vorsitzender der FDP und für einige Jahre Bundeswirtschaftsminister. Anschließend gehörte er zehn Jahre lang der EU-Kommission an.

Pückler bildete also ein Scharnier zwischen deutschen Rüstungs- und Industriekonzernen, der deutschen Politik und ausländischen Vermittlern. „Er war in allen Bereichen ein Brückenbauer“, sagte der CSU-Politiker Gauweiler auf seiner Beisetzung im Mai 2017.[11]

Pückler arbeitete zeit seines Lebens im Schatten unserer Demokratie.

Recherchen von CORRECTIV ist es in den vergangenen Jahren gelungen, etwas Licht auf eine ganz ähnliche Figur zu werfen. Es ist nicht auszuschließen, dass sie nach dem Rückzug von Pückler dessen Einfluss im Export deutscher Kriegsschiffe übernommen hat. Mit einem Unterschied: Stand Pückler der CSU nahe, verfügte der libanesische Geschäftsmann Ahmad El Husseini über exzellente Kontakte zu SPD-Politikern.

## Kapitel 10

# Der Waffenhändler und der Präsident

Als CORRECTIV den Spuren des libanesischen Geschäftsmanns Ahmad El Husseini folgte, von Kiel nach Düsseldorf und über Singapur und Abu Dhabi, gelangen uns sehr seltene Einblicke in die Zahlungsströme der deutschen Rüstungsindustrie im Nahen Osten (siehe Kapitel 8). Und in Deutschland? Hier führten uns die Recherchen über die Kontakte, die El Husseini zu hiesigen Unternehmen und Spitzenpolitikern pflegte, bis in die Bundesregierung – zu fragwürdigen Geschenken des Lobbyisten an einen amtierenden deutschen Außenminister.
Alles begann einige Jahre zuvor mit dem Klappern von Kaffeetassen. Zu hören auf der Tonbandaufnahme einer Aufsichtsratssitzung des Ferrostaal-Konzerns. Die Recherchen über die Schmiergeldaffäre des Unternehmens hatten uns zu Aufnahmen mehrerer dieser Sitzungen in den Jahren 2009 bis 2011 geführt. Es war die Zeit, in der die Aufseher vor allem die Aufklärung der Affäre und die Ermittlungen der Münchener Staatsanwaltschaft diskutierten.

Die Bänder wurden angefertigt, um das Erstellen der Sitzungsprotokolle zu erleichtern. Als alle Protokolle geschrieben waren, dachte offenbar niemand daran, die Bänder zu löschen. Die etwa 50 Stunden Tonbandmitschnitte erreichten CORRECTIV. Nach einer ersten Veröffentlichung auf Grundlage der Tonbänder im Juni 2017 ging Ferrostaal vergeblich juristisch dagegen vor.[1]

Nicht jede Minute dieser Tonbänder ist interessant. Stundenlang und in ermüdender Detailfülle geht es in den Gesprächen um aktuelle Aufträge oder um Streitereien im Vorstand. Manchmal läuft das Band nach Sitzungsende noch stundenlang weiter, bevor es abgestellt wird. Manchmal hört man zwischen dem Klirren von Kaffeetassen belanglose Gespräche in der Pause oder vor Sitzungsbeginn.

Zum Beispiel an einem Tag im Herbst 2011. Die Aufsichtsräte unterhielten sich über die neuen Eigentümer des Konzerns, die gerade bekannt geworden waren. Das war die Firma MPC aus Hamburg. Und dann war da Ahmad El Husseini. Er hatte über die Firma Commodore 25 Prozent erworben.

In ihrer Unterhaltung bezeichneten die Räte El Husseini nicht etwa als Unternehmer aus Abu Dhabi. Nein, die kurze Chiffre für den Neuen war eine ganz andere: Er stehe einigen Größen der SPD „sehr nah". Genannt wurden Gerhard Schröder, Bodo Hombach und Otto Schily. Das also sollte nach dieser Lesart der neue Anteilseigner von Ferrostaal sein: ein Geschäftsmann aus dem Umfeld der SPD.

Ein Blick in die umfangreiche Akte der dubiosen Zahlungen der deutschen Rüstungsindustrie zeigte schnell, dass El Husseini an mehreren Stellen auftauchte (siehe Kapitel 8). Damit war klar, dass es nach Graf von Pückler noch eine zweite, bislang unbekannte Figur in der Schnittmenge zwischen Zahlungen der Rüstungsindustrie ins Ausland und guten politischen Kontakten in Deutschland gab.

Die Recherchen von CORRECTIV, an denen sich auch Kollegen des Magazins „Stern" sowie des ZDF-Magazins „Frontal 21" beteiligten, enthüllten: Während El Husseini im Nahen Osten versuchte, der deutschen Rüstungsindustrie mithilfe von dubiosen Vertragskonstruktionen, Briefkastenfirmen und schmierigen Zahlungen Aufträge zu vermitteln, pflegte er beste Kontakte zu hochrangigen SPD-Politikern und verteilte teure Geschenke in Berlin.

Bereits in den 80er-Jahren hatte El Husseini begonnen, erste Kontakte nach Deutschland zu knüpfen. Bodo Hombach, ehemaliger SPD-Politiker, Geschäftsführer der Essener Zeitungsgruppe WAZ sowie Gründungsvorsitzender des Ethikrats von CORRECTIV, erinnert sich im Gespräch mit CORRECTIV, dass er El Husseini während seiner Zeit bei dem Stahlhändler Preussag AG kennenlernte. El Husseini war damals schon in Abu Dhabi im Baustoffhandel tätig.

Ende der 90er-Jahre war El Husseini laut Hombach auch bereits mit dem damaligen Bundeskanzler Gerhard Schröder in Kontakt. Ein Teilnehmer einer Unternehmerreise nach Abu Dhabi erinnert sich, dass El Husseini für die von Schröder geleitete Delegation Kontakte herstellte. El Husseini soll damals mit seinen Kontakten in der Region auch der Bundesregierung geholfen haben, Geheimverhandlungen mit der iranischen Regierung über die Freilassung eines dort im Gefängnis sitzenden Deutschen einzufädeln.

Früh tauchte er jedoch auch im Zusammenhang mit Merkwürdigkeiten auf. Das Bundesland Nordrhein-Westfalen war Ende der 90er-Jahre auf die Idee gekommen, dass die eigene Wirtschaftsförderung eine Vertretung im Libanon brauchte. Der Rechnungshof des Landes störte sich in einem Bericht aus dem Jahr 2003 daran, dass die Landesregierung die Kosten für die Vertretung im Nahen Osten mit Bargeld abwickelte. Hunderttausende Deutsche Mark wanderten nach Beirut.[2]

Und zwar zu El Husseini, denn ihn hatte das Bundesland mit seiner Vertretung im Libanon beauftragt. Dies mag die Keimzelle seiner späteren Beziehungen zu verschiedenen Sozialdemokraten gewesen sein, denn das Bundesland war damals seit Jahrzehnten fest in der Hand der SPD. Kurz nachdem Bodo Hombach Ende 1998 unter Gerhard Schröder als Kanzleramtschef nach Bonn gewechselt war, stellte das Bundesland die Zusammenarbeit wieder ein.

Zu Hombach blieb die Beziehung hingegen bestehen. El Husseini half dem Politiker wenig später, eine für ihn unangenehme Affäre zu beerdigen. Im August 1999 hatte das Magazin „Stern" herausgefunden, dass Hombachs Mutter Miteigentümerin eines sechs Hektar großen Anwesens auf Vancouver Island vor Kanadas Westküste geworden war – zusammen mit der Lebensgefährtin eines Agenturbesitzers, dem Hombach in seiner Eigenschaft als SPD-Landesgeschäftsführer Aufträge in Millionenhöhe verschafft hatte. Hombach musste sein Amt aufgeben, ansonsten verlief die Geschichte rasch im Sande. Man habe das gesamte Anwesen in Kanada bereits wieder „weiterverkauft", verkündete der Agenturchef schon im August 1999.

Was bis zu unseren gemeinsamen Recherchen mit dem „Stern" im Jahr 2017[3] unbekannt blieb, war der Name des Käufers: Ahmad El Husseini. Nach Aussage von Hombach überließ ihm der Libanese nach dem Kauf das Anwesen zur Miete – und das auf Lebenszeit. Der ehemalige Chef der WAZ-Mediengruppe fährt nach eigenen Angaben einmal im Jahr hin.

Mitte der Nullerjahre – als sein Name erste Spuren in der Akte der deutschen U-Boot-Verkäufe hinterließ und als er bereits für Rheinmetall tätig war – richtete sich El Husseini zunehmend in Berlin ein. Im November 2007 ließ er dort die Beratungsfirma Commodore Consult eintragen. Der Diplomat Jürgen Steltzer, für einige Jahre deutscher Botschafter in Abu Dhabi, half dabei. Einer der Söhne El Husseinis kaufte 2008 für 1,7 Millionen Euro eine Wohnung am Potsdamer Platz.[4]

El Husseini unterhielt bald darauf zudem ein sehr opulentes Büro an der feinsten Lobbyadresse der Stadt: Pariser Platz 4a, mit bestem Blick auf das Brandenburger Tor und das Hotel Adlon gegenüber.

Mehrmals im Jahr tauchte El Husseini, der auch Immobilien in London besitzt, in der deutschen Hauptstadt auf. Von hier aus pflegte er seine deutschen Kontakten in der Rüstungsindustrie sowie im Energiegeschäft. Hier empfing er deutsche Politiker und traf sich mit Spitzenbeamten der Regierung. Und einmal im Jahr hatte er einen ganz besonderen Termin.

Das Luxuskaufhaus KaDeWe ist weit über Berlin hinaus bekannt. Anspruchsvolle Kunden aus aller Welt kaufen hier ein. Auch Ahmad El Husseini erledigte vor Weihnachten hier seine Einkäufe. CORRECTIV liegen Bestelllisten aus dem Inneren des KaDeWe vor. Sie zeigen, dass das Kaufhaus von El Husseini in den vergangenen Jahren den Auftrag erhielt, teure Weine an einige seiner Kontakte in Berlin zu senden. Die Unterlagen gehen bis in die frühen 2010er-Jahre zurück.

Zum Beispiel im Dezember 2015: Gerhard Schröder sollte sechs Flaschen teuren italienischen Rotwein, drei Flaschen Dom Pérignon sowie einen Christstollen und eine Kiste Cohiba-Zigarren erhalten. Der Wert, ohne die Zigarren: 2.208,99 Euro. Alles fein zusammengestellt in schweren Präsentkörben.

Insgesamt sechs Personen finden sich auf den Bestelllisten. Neben Schröder sind es drei Spitzenbeamte aus der Regierung Schröder, Botschafter und Staatssekretäre. Hinzu kommt Otto Schily. Der Waffenhändler aus Abu Dhabi und der ehemalige deutsche Innenminister verstanden sich offenbar so gut, dass sie sich zum Palio di Siena trafen, ein alljährliches Pferderennen in der norditalienischen Stadt. Schily ließ wie auch Schröder eine Anfrage unbeantwortet.

Der sechste Name auf der Liste ist der brisanteste, denn als einziger bekleidete er zur Zeit der Geschenke noch ein Amt: der heutige Bundespräsident Frank-Walter Steinmeier. Steinmeier sollte zum Beispiel im Jahr 2015 einen Präsentkorb mit je drei Flaschen des italienischen Spitzenweins Ornellaia und des Champagners Dom Pérignon erhalten, im Wert von 1.323,99 Euro. Zu liefern nicht an das Außenministerium, sondern an die SPD-Fraktion im Bundestag, Platz der Republik 1.

Das ist brisant. Denn seit 2013 war Steinmeier deutscher Außenminister. Und als solcher war er involviert in die Genehmigung eines Geschäfts, von dem El Husseini direkt profitierte: dem Verkauf der ThyssenKrupp-Fregatten an Algerien.

Zur Erinnerung: Die Konzerntochter in Singapur schaltete El Husseini in den Kauf eines Munitionspakets in Höhe von vermutlich mehreren Hundert Millionen Euro ein. Im Februar sowie im November 2016 stimmte der Bundessicherheitsrat der Ausfuhr der beiden Kriegsschiffe nach Nordafrika zu. Steinmeier war als Außenminister an der Entscheidung beteiligt.

Bundesminister müssen Geschenke über einem Wert von 150 Euro bei der Regierung anmelden. Das hat Steinmeier laut einer entsprechenden Auflistung des Bundeskanzleramts nicht getan.

Steinmeier teilt zu den Recherchen mit, dass er El Husseini vor über zehn Jahren zwei oder drei Mal begegnet sei. Es lasse sich nicht mehr nachvollziehen, ob der Rüstungslobbyist Präsentkörbe an sein Abgeordnetenbüro geschickt habe. In der Vorweihnachtszeit seien alle Geschenke an Mitarbeiter oder öffentliche Einrichtungen verteilt worden. Und: „Herr El Husseini hat zu keiner Zeit Einfluss auf politische Positionierungen oder Entscheidungen des Abgeordneten oder Außenministers Frank-Walter Steinmeier gehabt."

Anders als für Gerhard Schröder und Otto Schily liegen CORRECTIV keine Hinweise auf häufigen Kontakt zwischen El Husseini und Steinmeier vor. Es ist auch in der Tat schwer vorstellbar, dass die Geschenke Entscheidungen der Bundesregierung beeinflusst hätten.

Die SPD sagt, dass sie Präsentkörbe als Geschenke und nicht als Spenden betrachtet. Die Bundestagsverwaltung, die die Regeln für Parteispenden überwacht, sieht das anders. Der Unterschied ist wichtig: Wenn die Präsentkörbe Spenden wären, hätte sie Steinmeier laut SPD-Regeln der Partei übergeben müssen. Die Partei hat nach eigenen Angaben keine Körbe bekommen und von El Husseini oder seiner Berliner Firma auch keine Spenden erhalten.

Ein Rüstungslobbyist und Waffenhändler pflegt mitten in Berlin sein Netzwerk mit teuren Geschenken – und niemand will davon etwas mitbekommen haben. Ein Beispiel zeigt, wie El Husseini in Berlin seine Kontakte zu ehemaligen Spitzenpolitikern nutzte. 2014 erhielt er einen Termin zum Mittagessen mit Gerhard Schröder und Dieter Haller beim Berliner Edelitaliener Bocca di Bacco. Der Diplomat Haller war zweimal deutscher Botschafter in Saudi-Arabien, einer der wichtigsten Kunden der deutschen Rüstungsindustrie.

Zum Zeitpunkt des Termins war Haller im Auswärtigen Amt für deutsche Rüstungsexporte zuständig, auf diesen Posten befördert von Steinmeier. Was Haller, der Altbundeskanzler und El Husseini besprachen, ist nicht bekannt. Haller beantwortete eine Anfrage nicht. Das Auswärtige Amt will sich dazu nicht äußern. Steinmeier sagt, nichts von dem Treffen zu wissen.

Ein weiteres Beispiel der Arbeit von El Husseini in Berlin: Ende 2014 schlossen Angola und Deutschland ein Militärabkommen. Eine angolanische Delegation besuchte die Bundesregierung und Rüstungskonzerne wie Lürssen. Die Bremer Werft, die auch zivile Jachten produziert, versuchte lange Zeit, Patrouillenboote nach Angola zu verkaufen. El Husseini kümmerte sich laut CORRECTIV vorliegenden Unterlagen um die Delegation aus Angola. Dabei half ihm ausgerechnet ein alter Ferrostaaler: Gil F. Der war jahrzehntelang der Konzernvertreter in Portugal gewesen. F. hatte beim Verkauf der deutschen U-Boote an Portugal auch seltsame Geldtransfers durch den Ferrostaal-Vorstand Haun erhalten.

Zehn Jahre später half er El Husseini, der ja zwischenzeitlich einen Anteil an Ferrostaal hielt, in hohem Alter mit Kontakten nach Angola. Auf deutscher Seite schien es für El Husseini mit seinen SPD-Kontakten nicht so leicht zu sein. Denn das Verteidigungsministerium leitete die CDU-Politikerin Ursula von der Leyen.

El Husseini schaltete den ehemaligen Marineoffizier L. ein. Der traf sich mit einem Mitarbeiter von der Leyens. L. sollte die Gespräche zwischen Angola und der Bundesregierung offenbar im Sinne von El Husseini beeinflussen. „Ich komme gerade aus seinem Treffen mit Kommander K.“, schrieb er an El Husseini. „Die gute Nachricht ist, dass all die Informationen, die wir der deutschen Verteidigungsministerin von der Leyen geben wollen, jetzt in ihrer Mappe sind.“[5]

Das Verteidigungsministerium sagt, es habe keine Kenntnisse von dem Lobbyistentreffen im Auftrag des Waffenhändlers. L. scheint die Episode unangenehm zu sein. Er wollte sich auf Anfrage nicht weiter äußern.

Als CORRECT!V im September 2019 die Recherchen über die teuren Weingeschenke des Unternehmers und Rüstungslobbyisten El Husseini an Steinmeier gemeinsam mit dem „Stern“ und dem ZDF-Magazin „Frontal 21“ veröffentlichte, war die Reaktion verhalten. Das dürfte auch daran gelegen haben, dass die AfD sofort versuchte, das Thema für ihr altes Lied der Korrumpierbarkeit der etablierten Parteien auszuschlachten. Also hielt sich das sonstige politische Berlin eher fern.

Die Regeln für Parteispenden und Zuwendungen an Politiker in Berlin sind außerdem so lax, dass die jahrelangen Weingeschenke von El Husseini nicht weiter ins Gewicht zu fallen schienen (siehe Kapitel 12). Die Bundestagsverwaltung verwies nach der Recherche darauf, dass Abgeordnete Spenden erst ab einem Wert von 5.000 Euro im Jahr melden müssten. Steinmeier hätte sie gemäß den Parteiregeln für Spenden an die SPD abtreten müssen. Doch die betrachtet die Weinkörbe ja anders als die Bundestagsverwaltung nicht als Spende, sondern als bloße Geschenke. Die Weine des Waffenhändlers störten in diesem politischen Berlin also fast niemanden.

„Geschenke werden ja nicht irgendwie aus Mildtätigkeit oder Freundschaft verteilt, sondern natürlich verfolgt gerade ein Rüstungslobbyist damit einen gewissen Zweck“, sagt der grüne Bundestagsabgeordnete Tobias Lindner. „Eigentlich sollte man so etwas überhaupt nicht annehmen, vor allem wenn man mit Exportgenehmigungen im Bundessicherheitsrat befasst ist.“

Timo Lange von LobbyControl weist darauf hin, dass die SPD selbst seit Langem ein verpflichtendes Lobbyregister fordere. „Die SPD müsste hier auch aufklären oder die betroffenen Personen: Was ist mit den Geschenken geschehen? Hat man sie angenommen, hat man sie zurückgewiesen?“

Jemand, der El Husseini kennt, beschreibt ihn als eine charmante, aber verschlossene Persönlichkeit, die immer alles für sich behalten hat. Man hat den Eindruck, dass das politische Berlin – und insbesondere die SPD – hofft, es möge für immer so bleiben.

Im Februar 2017 brach El Husseini seine Zelte in Berlin plötzlich ab. Er war in Ungnade gefallen. Nicht in Deutschland, sondern in Abu Dhabi, wo seine Laufbahn einst mit seinen ersten Kontakte zur dortigen Herrscherfamilie begonnen hatte.

Was genau im Frühjahr 2017 zu dem Konflikt in Abu Dhabi führte, ist unklar. Vertreter der El-Husseini-Seite sagen, dass er wie viele andere schiitische Unternehmer auch von der sunnitischen Herrscherfamilie vertrieben worden sei. Demnach wäre El Husseini ein Opfer der Spannungen zwischen dem schiitischen Iran und den sunnitischen Herrscherhäusern der arabischen Golfstaaten geworden.

Nach Recherchen von CORRECTIV wirft die Herrscherfamilie El Husseini hingegen vor, aus den gemeinsamen Firmen große Geldsummen veruntreut zu haben. Ein Anwalt von El Husseini weist das zurück. Vielleicht liegt die Wahrheit in der Mitte. Demnach sah El Husseini seinen Fall kommen und nahm das mit, was er für seinen Besitz hielt. Laut einer dritten Version fiel El Husseini in Abu Dhabi in Ungnade, weil er bei intimen Streitigkeiten an der Spitze der Herrscherfamilie zwischen die Fronten geraten war.

Was auch immer geschah, El Husseini musste Abu Dhabi verlassen. Es war auch der Moment, in dem der von ThyssenKrupp über Singapur und Abu Dhabi gelenkte Zahlungsstrom zwischen dem Schiffsbauer und Rheinmetall abbrach. Die letzten Raten aus dem Geschäft, insgesamt 47 Millionen Euro, kamen nicht mehr bei Rheinmetall in Düsseldorf an. Nimmt man den Streit über die Provisionszahlung in Höhe von 15 Millionen Euro von Rheinmetall an El Husseini im Zusammenhang mit den Marinegeschützen für Abu Dhabi hinzu, ist also der Verbleib von über 60 Millionen Euro in der deutschen Rüstungsindustrie unklar.

El Husseini behält seine vielen Geheimnisse für sich. Fest steht, dass mit El Husseini – wie zuvor mit Rolf W., Graf von Pückler und der Beraterin M. – die deutsche Rüstungsindustrie wieder über einen Geschäftsmann verfügte, dem sie unerklärliche Provisionen in Millionenhöhe zahlte und der beste Kontakte zur deutschen Politik unterhielt.

Die verbleibenden beiden Kapitel erklären, warum wir noch immer so wenig über diese Netzwerke in den dunklen Ecken unserer Demokratie wissen.

## Kapitel 11

# Eine Garantie für Korruption

Der peruanische Präsident klackert mit dem Eis in seinem Whiskeyglas. Er überlegt. Soll er das Angebot von Rupert Graf annehmen? Der deutsche Manager, der ihm gegenübersitzt, bietet ihm zwei Prozent des Auftragswerts als Schmiergeld. Das Geschäft ist eine halbe Milliarde US-Dollar wert, der Präsident hat also Aussicht auf zehn Millionen US-Dollar.
Beide sprechen nicht von Schmiergeld, sondern tun so, als gehe es um die Kosten von sozialen Ausgaben, mit denen der Präsident das Rüstungsgeschäft in seinem Land rechtfertigen kann. Eine Art „Sozialversicherung".

Neben dem Präsidenten sitzt der Fischereiminister Perus. Das Land braucht neue Schutzboote für seine Fischgründe. Dafür reichen kleine Patrouillenboote. Doch der deutsche Manager verspricht dem Präsidenten Schmiergeld, wenn er stattdessen teure Korvetten aus Deutschland kauft, die für diesen Zweck zu groß sind. Sie einigen sich auf drei Prozent Schmiergeld.

Am Ende der Verhandlung stellt der Manager noch eine wichtige Bedingung. „Im Übrigen kann ich diese Zusage nur halten, wenn es keinen Wettbewerb gibt", sagt Graf. „Denn nur dann dient diese Zahlung nicht dazu, mir einen Wettbewerbsvorteil zu erschleichen. Somit ist sie kein Schmiergeld."

Der peruanische Präsident soll also dafür sorgen, dass es keinen Wettbewerb internationaler Firmen um die Schutzmaßnahmen für die Fischgründe des Landes gibt. Denn wenn Provisionszahlungen den Wettbewerb nicht verfälschten, weil es ihn gar nicht gebe, dann seien die Zahlungen in Deutschland nicht strafbar, erklärt Graf.

Diese Szene mit dem deutschen Manager und dem peruanischen Präsidenten stammt wie die Szene im Berliner Adlon aus dem selbst veröffentlichten Roman des ehemaligen Thyssen-Managers Christoph Hoenings: „Das Geschäft – eine Geschichte von Gier und Korruption".

Das Argument der Romanfigur Rupert Graf, nach dem es für die deutsche Justiz entscheidend sei, ob Schmiergeld überhaupt den Wettbewerb zwischen verschiedenen Firmen behindere, klingt für einen Außenstehenden erst einmal absurd. Und entspricht doch der Realität von staatsanwaltlichen Ermittlungen in Deutschland.

Das geht aus den Unterlagen hervor, die CORRECTIV über die Zeit der Aufklärung des Schmiergeldskandals bei Ferrostaal vorliegen. Während der über zwei Jahre dauernden Ermittlungen, vom Sommer 2009 bis Ende 2011, trafen die Anwälte des Konzerns immer wieder die Münchener Ermittler. Anschließend berichteten sie dem Aufsichtsrat des Konzerns über den Fortgang. Die Dokumente aus dieser Zeit bieten einen seltenen Einblick, wie Wirtschaftsskandale in Deutschland aufgeklärt werden.

Die deutsche Justiz hat mit ihren – auch durch das US-amerikanische FBI vorangetriebenen – Ermittlungen Mitte der Nullerjahre die großen Schmiergeldstrukturen des 20. Jahrhunderts abserviert. Seitdem ist kein Skandal in diesen Größenordnungen mehr bekannt geworden.

Dafür kann es, wie bereits im ersten Teil dieses Buchs diskutiert, zwei Erklärungen geben. Entweder ist die deutsche Industrie sauberer geworden, oder es fliegen einfach weniger Konzerne auf.

Schaut man sich an, wie in Deutschland Bestechung aufgeklärt wird, ist Letzteres wahrscheinlicher. Vieles spricht dafür, dass in der Rüstungsindustrie Bestechung heute so weit verbreitet ist wie vor der Gesetzesänderung 1999 und vor den Skandalen bei Siemens, Daimler und Ferrostaal. Die Beispiele Bilfinger Berger, Airbus und Andritz zeigen zudem, dass es auch in der zivilen Industrie nach diesen Skandalen noch zu dubiosen Zahlungen in der Auftragsgewinnung kam.

Das genaue Ausmaß kennt jedoch niemand. Denn, wie dieses Kapitel zeigt, die Gesetze sind so unzureichend, dass Staatsanwälte zu wackeligen Hilfskonstruktionen greifen müssen, um überhaupt einmal Verurteilungen von Konzernen und Managern zu erreichen.

Demnach geht es der Justiz nicht allein darum, Korruption aufzuklären und deutsche Konzerne zur Rechenschaft zu ziehen. Es geht ihr auch darum, sie finanziell nicht übermäßig zu schädigen und ihre Reputation im Ausland zu schützen. Geldstrafen werden wie auf dem Basar ausgehandelt, Teile der Vereinbarungen werden nur mündlich festgehalten. Das alles geschieht hinter den Kulissen.

Die Staatsanwaltschaft München hat den Schmiergeldskandal bei Ferrostaal gründlich aufgearbeitet. Zur Aufklärung hat auch der Konzern selbst unter dem damaligen Aufsichtsrat Georg Thoma beigetragen. Trotzdem muss der Fall jetzt dafür herhalten, die Grenzen der Aufklärung zu zeigen. Man sollte aber nicht vergessen, dass es vermutlich Fälle gibt, die krasser sind, aber eben unbekannt.

Bei den Treffen zwischen der Münchener Staatsanwaltschaft und den Ferrostaal-Anwälten kamen immer wieder Geschäfte des Konzerns in dem Karibikstaat Trinidad und Tobago zur Sprache. Die Buchprüfer und Anwälte, die Ferrostaal im Auftrag der Staatsanwaltschaft durchleuchteten, hatten derart viele Ungereimtheiten rund um die Trinidad-Projekte von Ferrostaal zusammengetragen, dass die Staatsanwaltschaft dem Verdacht nachging, dass als Materialeinkauf getarnte Zahlungen bei Amtsträgern vor Ort gelandet waren.[1]

Doch, und damit sind wir wieder bei der Logik des Managers aus dem Roman von Christoph Hoenings, einen Korruptionsverdacht konnte die Staatsanwaltschaft nicht erkennen. Denn schließlich sei von vornherein nur Ferrostaal für die Aufträge in Trinidad und Tobago infrage gekommen.

„Die Staatsanwaltschaft sieht keinen Verdacht der Bestechung nach IntBestG oder nach § 299 StGB, weil es bei der Entwicklung der Trinidad Projekte keine Wettbewerbssituation gegeben habe", notierte die Rechtsanwältin von Ferrostaal nach einem Gespräch mit der Staatsanwaltschaft München am 24. November 2010. IntBestG ist die Abkürzung für das „Gesetz zur Bekämpfung internationaler Bestechung", der genannte Paragraf aus dem Strafgesetzbuch regelt „Bestechung im geschäftlichen Verkehr".

„Es sei klar, dass es sich hier um ein Geschäftsmodell handele, bei dem es für die Rolle von Ferrostaal keinen Wettbewerber gegeben habe. Die Staatsanwaltschaft halte es zwar für sehr wahrscheinlich, dass Gelder an Amtsträger geflossen seien, dies falle jedoch mangels Wettbewerbssituation nicht unter Korruption", schrieb die Anwältin in der CORRECTIV vorliegenden Notiz.

Und was war diese Rolle von Ferrostaal in den Trinidad-Geschäften, die laut den Ermittlern niemand anderes ausüben konnte? Die Finanzierung. Ferrostaal besorgte zu günstigen Konditionen bei der staatlichen Förderbank KfW einen Großteil der Finanzierung für die Projekte.

Das ist die Logik der Justiz: Wenn es in einem Geschäft keinen Wettbewerb gibt, kann dieser auch nicht durch mögliche Korruptionszahlungen verfälscht werden. Doch was ist, wenn mit Schmiergeld von vornherein dafür gesorgt wird, dass es gar keinen Wettbewerb gibt?

Die Romanfigur von Hoenings greift zu weiteren Tricks. Seine Schmiergelder fließen über Briefkastenfirmen im US-Bundesstaat Delaware, einem der weltweit wichtigsten Steuerparadiese. Die Empfänger können das Geld dann in bar bei Treuhändern in Miami abheben, der Drehscheibe für Schmiergeldzahlungen nach Südamerika.

Keinesfalls solle der Minister selbst den Vertrag mit den deutschen Firmen abschließen. „Sie sind Amtsträger", sagt der Manager seinem Gegenüber. „Suchen Sie eine Person Ihres Vertrauens. Einen Freund. Von mir aus Ihre Gemahlin."

Auch hier kennt die Romanfigur die Gesetze in Deutschland. Für sie ist es ein erheblicher Unterschied, ob Geld an einen Amtsträger oder an andere Personen fließt. Mit der Frage, was eigentlich ein Amtsträger sei, beschäftigte sich deswegen auch die Staatsanwaltschaft München bei den Ferrostaal-Ermittlungen.

2003 beschloss Ferrostaal, im Oman eine Anlage zur Herstellung von Ethanol zu bauen. Ferrostaal selbst hielt einen Anteil an der Anlage. Der Wert des Projekts lag für den Konzern bei 429 Millionen US-Dollar. 30 Prozent der omanischen Tochterfirma, in der das Projekt gebündelt wurde, gehörten einem omanischen Unternehmer. Oder einem omanischen Amtsträger?

Das ist in den Golfstaaten gar nicht so einfach zu unterscheiden. Die Herrscherfamilien am arabischen Golf besetzen die wichtigsten Regierungsposten und haben zugleich viele wirtschaftliche Interessen. Ein weiterer Teil der Wirtschaft wird von Händlerfamilien kontrolliert, die im Gegenzug die Herrscher politisch unterstützen.

So auch der Ferrostaal-Partner in Oman. Der Unternehmer Omar Z. gehört dort zu den reichsten des Landes. Er präsentierte sich gegenüber Ferrostaal-Vertretern als außenpolitischer Berater des omanischen Sultans und als „Mitglied der Regierung". Als der Chef der Steuerabteilung Anfang der Nullerjahre einen ersten Vertrag mit Omar Z. prüfen sollte, riet er ab. Denn im Internet hatte er leicht die vielen Verbindungen von Omar Z. zum Sultan von Oman gefunden.[2]

Warum war die Frage, ob Omar Z. ein Amtsträger im Sinne der Antikorruptionsgesetze sei, so wichtig? Der omanische Partner von Ferrostaal hatte für seinen Anteil in dem Gemeinschaftsunternehmen nichts bezahlt. Der Essener Konzern finanzierte diesen Anteil mit einem Kredit, den Omar Z. bis zum Zeitpunkt der Ermittlungen gegen Ferrostaal nicht zurückgezahlt hatte. Ein Geschenk also? Von dem gar ein Teil weiterfloss an Entscheidungsträger im Oman?

Die Staatsanwaltschaft München entschied letztlich, dass Omar Z. kein Amtsträger sei, und verfolgte das Oman-Geschäft von Ferrostaal nicht weiter.

Ausgerechnet im Aufsichtsrat des Konzerns sah man das anders. „Wir wissen alle, dass die Einschätzung des Staatsanwalts ist, dass dies ein privates Geschäft ist ... deswegen gibt es keine Bestechung", sagte ein hochrangiges Aufsichtsratsmitglied im Juli 2011 laut einer CORRECTIV vorliegenden Tonbandaufnahme der Sitzung. „Keine

Bestechung ... ich denke, Sie alle stimmen zu, dass der Geruch... manch Geruch ist weiter da", so der Aufsichtsrat.

Als dieser Aufsichtsrat „smell" sagte – auf Deutsch also Geruch oder sogar Gestank –, da musste er vielleicht an die E-Mail denken, die ein Ferrostaal-Vertreter an die Essener Konzernzentrale schrieb, als er 2003 das Geschäft im Oman einfädelte. Er werde die „feineren Nuancen" der finanziellen Vereinbarung mit dem Partner nur bei einem persönlichen Treffen besprechen, „aus verständlichen Gründen".

Bei den beiden bisher geschilderten Fälle – Oman und Trinidad und Tobago – orientierten sich die Ermittler in München bei ihrer Entscheidung, diese Komplexe nicht weiterzuverfolgen, an der Gesetzeslage. In einem weiteren Fall ist ihre Entscheidung, einen Komplex am Ende beiseitezulegen, nicht so einfach nachzuvollziehen.

Das Öl- und Gasgeschäft in Nordafrika bildete einen Schwerpunkt von Ferrostaal. Das Rohstoffgeschäft ist besonders korruptionsanfällig, und das gilt auch für die beiden wichtigsten Märkte in Nordafrika, Algerien und Libyen. Es ist kein Wunder, dass die Prüfer, die diese Geschäfte im Auftrag der Münchener Ermittler durchleuchteten, ein wahres Sammelsurium von Auffälligkeiten fanden. Vor allem stießen sie immer wieder auf unerklärliche Zahlungen an Berater vor Ort (siehe Kapitel 8).

Die externen Buchprüfer und Anwälte trugen Tausende Seiten mit Befragungen, internen E-Mails und eigenen Analysen zum Ferrostaal-Geschäft in Algerien und Libyen zusammen. Denn erst im Herbst 2011, wenige Monate vor dem finalen Bußgeldbescheid, beschlossen die Ermittler, das Algerien- und Libyen-Geschäft auszusparen.

Die Begründung: Der Konzern war in den beiden nordafrikanischen Ländern noch aktiv. Und dieses Geschäft wollte die Staatsanwaltschaft München offenbar nicht gefährden. Das zeigen die Diskussionen im Aufsichtsrat von Ferrostaal über die Verhandlungen mit der Staatsanwaltschaft.

„Die ursprüngliche Idee von (Staatsanwalt) Herr Nötzel war es, ein Bußgeld für Algerien, Libyen und (unhörbar) zu initiieren", sagte die Rechtsanwältin von Ferrostaal auf einer Sitzung im September 2011. Dann jedoch besprach sie mit einem Justizvertreter, „ob wir es nicht auf andere Weise lösen können, weil (Ferrostaal) derzeit in Algerien (aktiv) ist, das operative Geschäft dort läuft noch, daher wäre es nicht gut, in dem Fall zu einem Bußgeld zu greifen, und bei den anderen Fällen in Libyen ... das wird zu Anschuldigungen führen." Und weiter: „Mit dem Vorschlag, das Bußgeld ... zu beschränken, bin ich eine offene Tür bei ihm eingerannt."[3]

Aus CORRECTIV vorliegenden Unterlagen geht hervor, dass Ferrostaal eine Art Mitspracherecht zu haben schien bei der Frage, was in den Bußgeldbescheid aufgenommen würde:

„Die Gesprächsteilnehmer erörterten ausführlich, wie die Gestaltung des Bußgeldbescheides und der dazugehörigen Akte aussehen werde, und kamen zu folgender Einigung", heißt es in einer Gesprächsnotiz.[4] Und weiter: „Der Bußgeldbescheid wird nicht erkennen lassen, wegen welcher Projekte der Gewinn abgeschöpft wird. Er wird lediglich die Länder nennen und die Business-Units, auf die sich die strafbaren Handlungen bezogen haben."

Der Bußgeldbescheid, den die Ermittler letztlich gegen die für diese Geschäfte zuständige Tochter von Ferrostaal verhängten, beschränkt sich darauf, zu beschreiben, wie der Konzern trotz Verdachtsfällen und Durchsuchungen im Zusammenhang mit Korruption darauf verzichtete, Schmiergeldzahlungen effektiv vorzubeugen.

„Die Bestechungszahlungen waren eine gängige Praxis zur Auftragserlangung, die als Strategie des Unternehmens und sogar unter Beteiligung der Geschäftsführerebene akzeptiert war", heißt es darin. „Sie wurden planmäßig und mit zum Teil ganz erheblicher krimineller Energie im Hinblick auf die Verschleierung der Zahlungswege durchgeführt."[5]

Doch zulasten welcher Länder die Mitarbeiter ihre Straftaten begingen, mit wem sie dabei zusammenarbeiteten – das sollte nicht im Bußgeldbescheid dokumentiert sein, um den Konzern in den betreffenden Ländern nicht in die Bredouille zu bringen.

Überhaupt sorgten sich die Ermittler um den Konzern. Der Staatsanwalt „erklärte ausdrücklich, dass man sich der Belastung des Ermittlungsverfahrens für das Unternehmen bewusst sei. Es gehe der Staatsanwaltschaft nicht darum, ein Unternehmen wie die Ferrostaal zu zerstören", heißt es in einer Notiz über ein Gespräch mit der Staatsanwaltschaft München.

Angesichts des Schadens, den Korruption in anderen Ländern anrichtet, stellt sich die Frage: Warum darf ein Konzern eigentlich an einer Strafe wegen Korruption nicht zugrunde gehen? Denn wenn die deutsche Justiz nur ab und zu etwas Gewinn abschöpft, wird die deutsche Industrie dies einfach in ihren Kalkulationen berücksichtigen. Ein echter Anreiz für saubere Geschäfte fehlt dann.

Man muss der Staatsanwaltschaft München zugute halten, dass sie sich in anderen Bereichen stark um eine Verurteilung bemühte. Letztlich lag der Justiz kein direkter Beleg vor, dass die Millionen, die Ferrostaal im Zuge der griechischen U-Boot-Geschäfte an den „Gebetskreis" gezahlt hatte, auch tatsächlich bei griechischen Amtsträgern gelandet waren. Vieles sprach dafür, doch ein Beleg im Sinne eines Überweisungsträgers lag wegen des Einsatzes von Mittelsmännern in den Geschäften nicht vor.

Die Staatsanwaltschaft ließ sich von den diesbezüglichen Einwänden der Ferrostaal-Anwälte nicht beirren und erreichte vor dem Landgericht München die von ihr angestrebten Verurteilungen.

Am Ende zahlte Ferrostaal ein Bußgeld in Höhe von zehn Millionen Euro. Zudem verurteilte das Landgericht München den Konzern zu einer Strafzahlung in Höhe von 139 Millionen Euro – eine sogenannte Gewinnabschöpfung. Diese Zahlung sollte den Gewinn aus den Geschäften abschöpfen, die Ferrostaal mithilfe von Schmiergeld erreicht hatte. Das waren insbesondere die U-Boot-Verkäufe nach Griechenland und Portugal.

CORRECTIV vorliegende Unterlagen zeigen, dass um diese Zahl zwischen der Staatsanwaltschaft München, dem Landgericht und Ferrostaal wie auf einem Basar gefeilscht wurde. Am Ende wussten viele der Beteiligten nicht mehr, wie das Ergebnis eigentlich zustande gekommen war. Sie waren einfach froh, dass es eine Einigung gab.

Während der fast zwei Jahre währenden Ermittlungen sprachen Vertreter von Ferrostaal immer wieder mit den Ermittlern über die zu erwartende Strafe. Eine Beschlussvorlage für den Ferrostaal-Vorstand von 2011 fasste die Gespräche noch einmal zusammen. Aus dieser Vorlage sowie zahlreichen weiteren Unterlagen geht hervor, dass die Staatsanwaltschaft Ende 2009 zunächst eine Gewinnabschöpfung von 120 Millionen Euro in Aussicht stellte.

Diese wuchs ein Jahr später auf 240 Millionen. Die höchste Zahl, die während der Verhandlungen im Raum stand, waren 278 Millionen Euro. Denn die Ermittler waren der Meinung, dass bei den U-Boot-Geschäften in Griechenland und Portugal nicht nur der Gewinn – der sogenannte Deckungsbeitrag – zu berücksichtigen sei, sondern sich Ferrostaal durch Bestechung bei diesen Geschäften einen weiteren Vorteil von 100 Millionen Euro verschafft habe.

Als der Aufsichtsrat von Ferrostaal auf einer Sitzung im Juni 2011 über den Zwischenstand sprach – die Zahl lag bei 178 Millionen Euro – und darüber rätselte, was denn nun in dem auszuhandelnden „Paket" eigentlich enthalten sein sollte, hatte einer der Räte diese Erklärung parat: „Vielleicht ist es ein Sommerrabatt. Ein Ferienrabatt."[6]

Man kann Ferrostaal zugute halten, dass es der Staatsanwaltschaft nicht anders ging. „Auf Frage erklärten die anwesenden Staatsanwälte, wie der Betrag von Euro 195

Millionen sich zusammensetze, sei ihnen nicht bekannt“, heißt es in einer Notiz über ein Gespräch mit den Ermittlern aus dem November 2011.

Das bezog sich auf einen Zwischenstand. Doch die Unklarheiten bestanden noch, als am Ende die durch das Gericht verhängte Strafzahlung feststand. Ein Teilnehmer einer Aufsichtsratssitzung gab Aussagen des leitenden Oberstaatsanwalts so wieder: „Er hat gesagt: ‚Die Kammer kommt auf 139 Millionen. Ich verstehe diese ganze Rechnerei nicht. Aber ich mache mit, wenn Sie eine Absprache haben.‘“[7]

Klar ist, dass die Zahl verhandelbar war. So schilderte ein Aufsichtsrat im Herbst 2011, wie der Konzern dank einer Präsentation über seine finanzielle Lage und Gesprächen mit Gericht und Staatsanwaltschaft die zuletzt für eine Gewinnabschöpfung im Raum stehende Zahl von 178 Millionen Euro auf 139 Millionen Euro reduziert hatte.

„Wir sind optimistisch, dass wir das weiter nach unten verhandeln können, lassen Sie uns annehmen, dass die finale Zahl in einer Größenordnung von 120 Millionen Euro liegt. Ich glaube, das wäre eine akzeptable Größenordnung.“

Mit dem Verhandlungsende in Sicht blickt der Aufsichtsrat noch einmal zurück auf den bisherigen Weg.

„Zu Beginn des Prozesses, ich glaube, Sie waren bei Herrn Nötzel im Frühjahr letzten Jahres, und Ende 2009, als es um eine Zahl von 180 Millionen ging, 120 Millionen, 240, 278, 178 Millionen, jetzt sind wir bei noch weiter nach unten zu verhandelnden 139 Millionen.“

Dazu kam es dann nicht mehr, die Gewinnabschöpfung blieb bei 139 Millionen Euro stehen. Zusammen mit dem Bußgeld zahlte Ferrostaal 150 Millionen Euro, um die Korruptionsaffäre beizulegen. Außerdem gab der Konzern über 100 Millionen Euro für die Anwälte und Buchprüfer aus, die im Auftrag der Staatsanwaltschaft München die Affäre aufarbeiteten.

Ein solcher Blick hinter die Kulissen der juristischen Aufarbeitung eines Skandals ist selten. Gewöhnlich berichten Medien über Wirtschaftsskandale, indem sie aus Rechtsgutachten und Ermittlungsakten zitieren und schließlich Strafzahlungen und Längen von Haftstrafen vermelden.

Was hier beschrieben werden konnte, wirft viele Fragen auf. Hat ein Gericht überhaupt die Kompetenz einzuschätzen, wie viel Gewinn ein Konzern aus einem Geschäft zieht und wie es dem Unternehmen geht?

Die Antikorruptionsexpertin Angela Reitmaier von Transparency International geht davon aus, dass keine echte Überprüfung der Konzernangaben stattfindet. „Die Firmen melden selbst an das Gericht, wie viel Gewinn sie in einem Geschäft gemacht haben", sagt sie.

Ferrostaal hat während der Verhandlungen mit der Justiz in München versucht, den „Preis" für die eigene Korruptionsaffäre so niedrig wie möglich zu halten. Das ist nichts anderes als unternehmerisches Handeln, es ist das gute Recht eines Konzerns. Es wäre Aufgabe des Gesetzgebers, für klare Regeln und transparente Maßstäbe zu sorgen.

Davon würden auch die Konzerne profitieren. Als die Zahl mit 139 Millionen Euro endlich feststand, hatte Ferrostaal noch weitere Probleme zu lösen. Denn die Staatsanwaltschaft München konnte dem Konzern nicht versprechen, dass es nicht in Zukunft zu weiteren Ermittlungen gegen ihn kommen könnte. Etwa, wenn bisher übersehene Sachverhalte bekannt würden. Die Ermittler sagten dem Konzern mündlich zu, dass mit der Strafzahlung die Affäre aus Sicht der Justiz beendet sei. Sie konnten darüber jedoch keine schriftliche Zusage geben.

Der Aufsichtsrat von Ferrostaal akzeptierte die Einigung. Nicht jedoch ohne humorige Kommentare der Sitzungsteilnehmer, denen wegen der mangelnden Rechtssicherheit einer mündlichen Zusage zu Recht unbehaglich war. „Wir schließen also eine Vereinbarung, die gegen unsere eigenen Compliance-Richtlinien verstößt", scherzte ein Teilnehmer.[8]

Die Ferrostaal-Ermittlungen der Staatsanwaltschaft München zeigen, wie problematisch noch ein weiterer Aspekt der juristischen Aufarbeitung von Wirtschaftsskandalen ist. Es gibt in Deutschland kein Unternehmensstrafrecht. Das bedeutet, dass Staatsanwälte nur gegen natürliche Personen, also rechtsfähige Menschen, nicht aber gegen juristische Personen wie etwa Konzerne, Parteien oder Vereine ermitteln können. Wenn dann am Ende ein Manager verurteilt wird, wird der Konzern als sogenannter Nebenbeteiligter belangt.

Der Konzern erhält ein Bußgeld – das ist eine Ordnungswidrigkeit. Das kann in Deutschland bis zu zehn Millionen Euro betragen. Dazu kann noch der Gewinn aus den kriminellen Geschäften abgeschöpft werden. Staatsanwälte und Gerichte bemühen dabei abenteuerliche Hilfskonstruktionen, um mithilfe von Ordnungswidrigkeiten – unter die auch Bagatellen wie falsches Parken fallen – große Unternehmensskandale zu sanktionieren. Das kann zum Beispiel bedeuten, dass sie einen Manager pro forma der Verletzung der Aufsichtspflicht bezichtigen, die mit seinem Konzernposten einhergeht, obwohl sie selbst wissen, dass dem Manager im Grunde nichts vorzuwerfen ist.

Das Unternehmen Ferrostaal sah sich durch diese krampfhafte Verknüpfung von Personen und Konzernen bei Ermittlungen und Verurteilungen zu einem kontroversen Schritt gezwungen. Das Landgericht München verurteilte nicht nur Ferrostaal zu jener mühsam ausgehandelten Gewinnabschöpfung von 139 Millionen Euro, sondern auch ein früheres Vorstandsmitglied und einen weiteren Manager zu Haftstrafen.

Doch was wäre, wenn die beiden Manager Revision gegen das Urteil eingelegt hätten? Dann wäre es Ferrostaal noch immer nicht gelungen, die Affäre endlich beizulegen, und das Unternehmen hätte vor weiteren, vielleicht jahrelangen gerichtlichen Auseinandersetzungen gestanden.

Also griff Ferrostaal zu einem Schritt, der intern umstritten gewesen sein dürfte, wie die Wortmeldungen im Aufsichtsrat zeigten. Der Konzern übernahm die Anwaltskosten der beiden Manager. Im Gegenzug willigten diese ein, keine Revision einzulegen. Der Konzern zahlte also noch Geld an zwei Manager, die mit ihrem laut dem Münchener Gericht kriminellen Verhalten dem Unternehmen schweren Schaden zugefügt hatten.

Mangels Unternehmensstrafrecht greift die deutsche Justiz bei Korruptions- und anderen Wirtschaftsskandalen also zum Ordnungswidrigkeitenrecht und verbindet dies mit Gewinnabschöpfungen. Das vielleicht größte Problem daran ist die mangelnde Transparenz.

Die Juristin Angela Reitmaier beobachtet für die Deutschland-Sektion von Transparency International, ob sich das Land an internationale Abkommen zur Korruptionsbekämpfung hält. Reitmaier würde gern nachlesen, auf welche Weise deutsche Konzerne im Ausland bestechen. Doch bei Verfahren im Ordnungswidrigkeitenrecht sind Gerichte und Staatsanwaltschaften, anders als im Strafrecht, nicht verpflichtet, den Medien oder der Öffentlichkeit Auskunft zu erteilen.

Als Beispiel nennt Reitmaier den Bußgeldbescheid in Höhe von einer Milliarde Euro, den die Staatsanwaltschaft Braunschweig gegen den Volkswagen-Konzern im Zuge des Dieselskandals verhängte. „Das größte Bußgeld, das in Deutschland je gegen einen Konzern verhängt wurde, und die Bevölkerung kann den Bußgeldbescheid nicht lesen", sagt Reitmaier.

Die Justizminister der Länder müssen laut der von Deutschland unterzeichneten OECD-Konvention gegen Korruption mitteilen, wenn Konzerne aus ihrem Bundesland wegen Bestechung belangt werden. Doch in den Mitteilungen werden die Konzerne oft nicht genannt. Angela Reitmaier muss dann anhand der spärlichen Informationen mühsam versuchen, die Fälle zu rekonstruieren.

Dabei ist Transparency International eine weltweite Bewegung. Reitmaier könnte mit Abteilungen in anderen Ländern zusammenarbeiten, um grenzüberschreitende Korruptionsfälle zu untersuchen. Sie könnte nachvollziehen, wie sich die Methoden der Korruption weiterentwickeln, um Gegenmaßnahmen vorzuschlagen. Auch Journalisten, die zunehmend über Grenzen hinweg arbeiten, könnten viel stärker zur Aufklärung beitragen. Doch Deutschland ist eines der wenigen Länder in Europa, in denen ein Unternehmensstrafrecht fehlt.

Der SPD-Politiker Thomas Kutschaty versuchte während seiner Zeit als Justizminister des Landes Nordrhein-Westfalen von 2010 bis 2017, ein Unternehmensstrafrecht einzuführen. Er wollte damit die Konzerne schützen, die saubere Geschäfte machen.

„Insbesondere ging es mir dabei darum: Wie schütze ich denjenigen, der seinen Müll eben nicht illegal in den Rhein entsorgt, sondern teuer entsorgt", sagt Kutschaty im Gespräch mit CORRECTIV.

Der Politiker ist auch der Meinung, dass Bußgeldbescheide in Höhe von maximal zehn Millionen Euro zu niedrig seien, um große Wirtschaftsskandale zu sanktionieren. „Das ist nicht die ausreichende Reaktion eines Staats auf das, was da getan worden ist an Unrecht."

Kutschaty hält die juristischen Verfahrensabläufe von Bußgeldverfahren in vielerlei Hinsicht für unangemessen zur Sanktionierung von Unternehmensskandalen. Auch er sieht mangelnde Transparenz als Problem.

„Bußgeldbescheide werden doch in der Regel im Rahmen von Rechtsgesprächen im Vorfeld zwischen Verteidigung, Staatsanwalt und Gericht ausgehandelt", sagt Kutschaty.

Die Große Koalition nahm die Einführung eines Unternehmensstrafrechts nach der Initiative von Kutschaty 2013 und 2017 als Ziel in ihren Koalitionsvertrag auf. Es geschah jedoch nicht viel. Die Wirtschaft fürchtet an einem Unternehmensstrafrecht besonders, dass damit Gerichtsverfahren öffentlich werden und sich ihre Vertreter im Gerichtssaal rechtfertigen müssen.

Die CDU im Bund sowie die CDU-geführten Bundesländer hatten kein Interesse an entsprechender Gesetzgebung. Erst im Herbst 2019, als das Bundesjustizministerium einen Gesetzentwurf über die Einführung von Unternehmensstrafen vorlegte, kam wieder Bewegung in die Sache.

Eine weitere Schwäche der deutschen Justiz bei der Bekämpfung von Korruption: Deutsche Staatsanwälte sind weisungsgebunden. Sie sind nicht unabhängig von der Politik. Die Justizministerien der Länder können Ermittlungsverfahren einstellen, die ihnen politisch nicht genehm sind.

Deutschland erlebte deswegen im Mai 2019 eine empfindliche Blamage. Der Europäische Gerichtshof kam zu dem Schluss, dass es sich bei der deutschen Staatsanwaltschaft nicht um eine unabhängige Justizbehörde handelt. Der Gerichtshof machte damit deutlich, dass an dieser Stelle in unserer Demokratie die Gewaltenteilung eingeschränkt ist.

In Frankreich ist zum Beispiel die Situation eine andere. Dort gibt es sogenannte Ermittlungsrichter bei Gericht, die unabhängig von der Staatsanwaltschaft Ermittlungen anordnen können.

Transparency International kritisierte nach dem Urteil des Europäischen Gerichtshofs die Weisungsgebundenheit der deutschen Staatsanwaltschaft. Denn dieses „Weisungsrecht auch im Einzelfall eröffnet der Exekutive im Rahmen der Fachaufsicht Möglichkeiten, anderweitige politische Interessen zu verfolgen".

Die Blamage im Mai 2019 war umso größer, als sich Deutschland im Rahmen einer Resolution des Europarats bereits verpflichtet hatte, das Weisungsrecht abzuschaffen. Und zwar zehn Jahre zuvor, im Jahr 2009.

Andrew Feinstein, der ehemalige südafrikanische Parlamentsabgeordnete, recherchierte nach seinem erzwungenen Aus in Südafrika über Korruption in der globalen Rüstungsindustrie. Dabei gewann er einen Überblick über die Strafverfolgung von Korruption in verschiedenen Ländern. „Die deutschen Staatsanwälte waren die schwächsten, die ich getroffen habe, sie haben einfach nichts unternommen", sagt Feinstein. In der Tat sollte es zu denken geben, dass die deutsche Beteiligung am korruptionsverseuchten Arms Deal in Deutschland juristisch so gut wie keine Folgen hatte.

Man kann argumentieren, dass beim Export von U-Booten sogar eine Art von staatlicher Bürgschaft für Korruption besteht. Eine staatliche Garantie, dass die Justiz Bestechung nicht konsequent verfolgt. Dieser Gedanke erscheint in einem demokratischen Rechtsstaat erst einmal als absurd.

Die Erklärung dafür liegt in der nationalen Strategie für Rüstungsbeschaffung. In dieser Beschaffungsstrategie sind von der Bundesregierung mehrere Schlüsseltechnologien festgelegt, für die es in Deutschland Produktionskapazitäten geben muss. Dazu zählen U-Boote. Anfang 2020 kamen auch Überwasserschiffe hinzu. Aufträge für diese Technologien müssen damit nicht mehr europaweit ausgeschrieben werden.

Mit der Festlegung von Schlüsseltechnologien garantiert der deutsche Staat letztlich die Existenz der Kieler Werften, in denen die Schiffe gebaut werden. Denkt man diese Garantie in allen ihren Konsequenzen zu Ende, bedeutet das auch: Kein Staatsanwalt wird sich je vor die Werften stellen und sie mit einer hohen Gewinnabschöpfung in die Pleite schicken.

Das ist nichts anderes als eine Art von staatlicher Bürgschaft für Korruptionshandlungen und sicherlich eine Erklärung dafür, dass der deutsche Export von U-Booten und Kriegsschiffen derart anfällig ist für dubiose Zahlungen an seltsame Vermittler in aller Welt.

„Wenn du nicht bestichst, exportierst du nicht. Und wenn du nicht exportierst, hast du keine Industrie", bringt es der Rüstungsexperte Sam Perlo-Freeman von der Organisation Campaign Against Arms Trade (CAAT) auf den Punkt.

Es gebe jedes Jahr weltweit höchstens eine oder zwei Ausschreibungen von neuen U-Booten. „Die Firmen müssen diese als Siege verbuchen, und ihre Heimatländer sind oft willens, bei Korruption nicht so genau hinzusehen, in der Vergangenheit haben sie dabei sogar geholfen", sagt Perlo-Freeman.

In manchem Land beobachtet der Experte sogar eine sogenannte „defense industry state capture", eine Unterwanderung des Staates durch die Rüstungsindustrie. Das lässt sich von Deutschland sicherlich nicht sagen. Doch klar ist auch, dass gerade die Rüstungsindustrie von der deutschen Justiz nur wenig zu befürchten hat.

Das zeigt ein aktuelles Beispiel aus Niedersachsen. Nachdem der Rüstungskonzern Rheinmetall wie in Kapitel 8 beschrieben den libanesischen Mittler Ahmad El Husseini eingeschalten hatte, um seine Probleme mit der emiratischen Marine rund um das Geschütz MLG 27 zu lösen, kam es zum Streit. Der Konzern warf dem Geschäftsmann vor, die 15 Millionen Euro Provision vorzeitig von einem Treuhandkonto entfernt zu haben, bevor er seinen Teil der Abmachung erfüllt hatte.

Rheinmetall erstattete Strafanzeige, und die Staatsanwaltschaft Celle, Außenstandort Lüneburg, nahm Ermittlungen wegen Betrugs auf.[9] Damit folgte sie dem Anliegen des Rüstungskonzerns. Doch auf den Gedanken, Verantwortliche bei Rheinmetall zu fragen, ob die saftigen Provisionszahlungen der Bestechung gedient haben könnten, kamen sie nicht.[10] Die Ermittler klagten den Geschäftsmann wegen Betrugs an.

Das Landgericht Lüneburg wies die Anklage jedoch zurück. Nach dieser Blamage für die Ermittler bleibt der Eindruck zurück, dass sich die Justiz hier von einem Rüstungskonzern mit einem großen Standort in ihrem Bundesland einspannen ließ.

## Kapitel 12

# Schlusslicht Deutschland

Sie nehmen Bargeldspenden in unbegrenzter Höhe entgegen. Sie legen ihre Finanzen nicht offen, nicht ihr Vermögen und nicht ihre Schulden. Geheimdienstmitarbeiter dürfen ihnen über Tarnidentitäten Geld zukommen lassen. Sie setzen sich dafür ein, dass Briefkastenfirmen und Anwälte Zuwendungen an sie weiterleiten dürfen, damit der wahre Gönner unbekannt bleibt. Sie setzen sich dafür ein, dass sie bestochen werden dürfen.

Von wem ist hier die Rede? Es ist weder ein Geheimbund noch die notorisch geheimniskrämerische katholische Kirche. Es sind auch keine Politiker in einem südamerikanischen Land oder in einer Steueroase. Auch nicht die Familienmitglieder eines Kleptokraten in Afrika. Es sind die Abgeordneten des Deutschen Bundestags.

Politik ist käuflich, seitdem es Politik gibt. Ohne Geld ist es auch in westlichen Demokratien schwierig, an die Macht zu kommen. Andersherum braucht auch Geld – also der einzelne Vermögende, die Finanzwelt und weitere Wirtschaftsbranchen – politischen Einfluss.

Die vorherigen Kapitel haben bereits die Nähe zwischen Konzernen, die im Ausland bestochen haben, und der deutschen Politik gezeigt. In Frankreich und Großbritannien ist ein Zusammenhang zwischen Auslandsbestechung und illegaler Parteienfinanzierung im Inland mehrfach belegt.

Und in Deutschland? Dieses Kapitel zeigt, dass auch die Berliner Politik Anlass zu Verdacht gibt. Ihr Verhalten legt nahe, dass sie eher etwas zu verbergen hat, statt sauber zu bleiben. Mindestens aber will dieses Kapitel deutlich machen, dass die deutsche Politik in Sachen Korruptionsbekämpfung keinesfalls mit dem Finger auf andere zeigen kann.

Im Gegenteil: Deutschland zählt weltweit wie auch in Europa bei der Korruptionsbekämpfung immer wieder zu den Schlusslichtern. Besonders die Abgeordneten des Deutschen Bundestags tun alles dafür, dass ihre Geheimnisse nicht publik werden.

Die Grenzen zwischen Parteispenden, Lobbyismus und Korruption sind fließend. Dieses Buch geht von etwas aus, was viele Politiker zurückweisen: Es fließen grundsätzlich keine Gelder an die Politik, ohne dass eine Gegenleistung vereinbart oder zumindest erwartet wird. Die deutschen Medien haben deswegen der Politik einen großen Gefallen getan, als sie die CDU-Korruptionsaffäre unter Helmut Kohl verharmlosten, indem sie von „illegalen Parteispenden" und einer „Spendenaffäre" sprachen und schrieben.

Die mangelnde Transparenz der Parteienfinanzierung in Deutschland ist legendär. Die Kritik an den aktuellen Regeln ist schnell erzählt. Der Bundestag veröffentlicht die Parteispenden in Form von Rechenschaftsberichten der Parteien mit zweijähriger Verzögerung. Ein zeitlicher Zusammenhang zwischen Spenden und politischen Entscheidungen – der immer wieder zu beobachten ist – lässt sich somit schwer rekonstruieren.

Nur Spenden über 50.000 Euro müssen sofort veröffentlicht werden. Doch ist es Spendern ein Leichtes, Zuwendungen an die Parteien zu stückeln. Ein Beispiel: Nach Angaben der NGO LobbyControl spendete die Deutsche Vermögensberatung AG über ihre verschiedenen Beteiligungen zwischen 2011 und 2014 fast zwei Millionen Euro an Parteien, ohne dass ein Teilbetrag davon sofort bekannt gegeben wurde. Spenden unter 10.000 Euro müssen nicht bekannt gegeben werden. LobbyControl schätzt, dass der Öffentlichkeit deswegen die Spender von 75 Prozent aller Zuwendungen an die Parteien unbekannt sind.

2011 wurde bekannt, dass der Waffenhersteller Heckler & Koch einem CDU-Kreisverband über zehn Jahre verteilt 70.000 Euro spendete – keine der acht Überweisungen lag über 10.000 Euro. Empfänger war der Kreisverband Rottweil in Baden-Württemberg. Aus diesem Verband stammt der Bundespolitiker Volker Kauder, als Merkel-Vertrauter lange Zeit ein echtes politisches Schwergewicht in Berlin.

2018 kam zudem heraus, dass der Waffenhersteller kurz nach einer weiteren Spende über 10.000 Euro Kauder darum bat, sich bei der Bundesregierung für eine Genehmigung zur Ausfuhr von Waffen nach Mexiko einzusetzen.[1]

Ähnliches geschah in Regensburg. Ein lokales Bauunternehmen soll einen Wahlkampf des dortigen SPD-Bürgermeisters mit 600.000 Euro finanziert haben. Das Geld floss jedoch über Strohleute und war teilweise so gestückelt, dass die Zahlungen unter die Veröffentlichungsschwelle von 10.000 Euro fielen.

LobbyControl fordert eine Absenkung der Veröffentlichungsschwelle auf 2.000 Euro. Die Organisation rechnet vor, dass dann für eine Spende in Höhe von 600.000 Euro immerhin 300 Strohleute nötig wären. Das ist eine sehr hohe Hürde, denn bei einer so großen Anzahl von Personen kann man nicht davon ausgehen, dass alle für immer dichthalten. Doch Forderungen nach einer Verschärfung der Regeln – im Sinne von mehr Transparenz – stoßen bei den Parteien auf taube Ohren. Das gilt unter den etablierten Parteien besonders für die beiden wirtschaftsnahen Parteien CDU und FDP sowie für die SPD.

Wer ihre Mentalität verstehen will, sollte sich den Fall Werner Mauss anschauen.[2] Der berühmt-berüchtigte Geheimagent ließ über einen Zeitraum von acht Jahren mindestens 135.000 Euro der CDU in Rheinland-Pfalz zukommen. Das Geld floss über eine Briefkastenfirma in Panama und eine Anwaltskanzlei im thüringischen Eisenach, bevor es die CDU erreichte. Ein Teil der Gelder landete im Wahlkreis eines CDU-Bundestagsabgeordneten, der Mauss einige Male beim Umgang mit deutschen Behörden half.

Die CDU hätte das Geld laut den Vorschriften der Parteienfinanzierung nicht annehmen dürfen. Denn Deutsche dürfen aus ihrem Vermögen im Ausland nur direkt spenden, nicht über Dritte wie etwa Anwaltskanzleien. Das soll unter anderem verhindern, dass ausländische Mächte in Deutschland Einfluss auf die Demokratie nehmen.

Zuständig für die Prüfung der Parteispenden ist in Deutschland die Bundestagsverwaltung. Und diese bekleckerte sich in der Affäre nicht mit Ruhm. Sie verhängte zwar eine Strafzahlung gegen die CDU. An einem Punkt akzeptierte die Bundestagsverwaltung jedoch die Argumentation der Partei. Sie nahm es hin, dass Mauss die Spende unter seinem geheimdienstlichen Tarnnamen Richard Nelson anwies. Damit billigte sie das absurde Argument, das deutschen Behörden der Tarnname ja bekannt sei. Die Öffentlichkeit hat demnach offenbar nicht das Recht, den wahren Namen von Spendern zu erfahren.

Eine effektive, unabhängige Überprüfung dieser ohnehin schon lockeren Regeln für Parteispenden findet in Deutschland nicht statt. Die Bundestagsverwaltung prüft die Rechenschaftsberichte der Parteien. Dort arbeiten etwa zehn Verwaltungsangestellte ohne besondere Qualifikation. Wie genau die Prüfung vonstatten geht, ist unbekannt. Vermutlich tut die Bundestagsverwaltung nicht viel mehr, als die Berichte der Parteien aufmerksam zu lesen und sie dann zu veröffentlichen. Denn die Verwaltung selbst hat keinerlei Ermittlungsbefugnisse. Sie prüft Vorgänge nur dann, wenn sie jemand darauf aufmerksam macht.

Noch problematischer ist die Finanzierung der Bundestagsabgeordneten selbst. Sie müssen nur Spenden ab 5.000 Euro überhaupt melden. Die Regeln für die Parlamentarier bestimmt der Ältestenrat des Bundestags. Niemand käme auf die Idee, die Führer der ‚Ndrangheta bestimmen zu lassen, wie viel Kokain die Mafiosi jedes Jahr verkaufen dürfen. Stattdessen verbietet der Staat den Verkauf von Kokain.

Die Konvention der Vereinten Nationen gegen Korruption ist der erste Versuch, ein weltweit geltendes Regelwerk für den Kampf gegen Korruption zu schaffen. Die

Unterzeichner verpflichten sich, Korruption unter Strafe zu stellen und international im Rahmen von Amtshilfeverfahren zusammenzuarbeiten. Die Vollversammlung der UN verabschiedete das Vertragswerk im Herbst 2003. Es trat Ende 2005 in Kraft, nachdem das Abkommen die Schwelle von 30 Ratifizierungen erreicht hatte.

Deutschland unterzeichnete das Abkommen im Dezember 2003. Die Bundesrepublik konnte es jedoch nicht ratifizieren – und damit in Kraft setzen –, weil dafür eine Reihe von Änderungen am Strafgesetzbuch notwendig waren. Vier Jahre nach ihrer Unterschrift brachte die Bundesregierung die dazu nötigen Änderungen in den Bundestag ein.

Eine Änderung sparte die Bundesregierung jedoch erst einmal aus. Die UN-Konvention erfordert auch eine Erweiterung von Paragraf 108e des Strafgesetzbuchs: das Verbot von Abgeordnetenbestechung. Der Paragraf stellte damals lediglich den unmittelbaren Stimmenkauf bei einer Abstimmung unter Strafe. Doch Bestechung hat viele Formen, und so kam dem Paragrafen lediglich eine symbolische Bedeutung zu.

Das deutsche Parlament wollte bei Symbolik bleiben. Die mit der UN-Konvention einhergehenden Änderungen gingen der Mehrheit der Abgeordneten zu weit. Die Linke brachte zunächst zwei Gesetzesvorschläge ein, dann die Grünen und 2012 schließlich auch die Fraktion der SPD. Die Vorschläge ließen noch viel Spielraum. Die SPD etwa kam auf den Gedanken, die „parlamentarischen Gepflogenheiten“ außen vor zu lassen. Ganz so, als ob unerklärlich teure Geschenke – man denke an die Weinkörbe des libanesischen Waffenhändlers El Husseini für Frank-Walter Steinmeier – nicht Teil des Parlamentsalltags wären. Doch selbst diese Initiativen fanden keine Mehrheit. Die Fraktionen der wirtschaftsnahen Parteien CDU, CSU und FDP wehrten sich.

So gingen die Jahre ins Land. Plötzlich fand sich Deutschland in Gesellschaft von Nordkorea, Somalia, Syrien und Andorra wieder, die die UN-Konvention gegen Korruption ebenfalls noch nicht ratifiziert hatten.

Selbst der in ihren Geschäftsmethoden wenig zimperlichen deutschen Wirtschaft war es am Ende peinlich. Immer wieder forderten Wirtschaftsvertreter die Politik auf, die UN-Konvention endlich umzusetzen. „Das Ausbleiben der Ratifizierung der UNCAC schadet dem Ansehen der deutschen Wirtschaft in ihren Auslandsaktivitäten“, hieß es 2012 in einem von DAX-Chefs unterzeichneten Brief.[3]

Das Argument der Parlamentarier für die unzureichende Umsetzung: Die UN-Konvention beziehe sich auf Amtsträger. Abgeordnete jedoch seien Mandatsträger. Als solche seien sie laut Grundgesetz nur ihrem Gewissen unterworfen. Das Grundgesetz, das Gewissen – diese abstrakten Konstrukte führten die Parlamentarier an, damit die schwarzen Schafe unter ihnen auch zukünftig ungestraft teure Geschenke und Bestechungsgeld annehmen konnten.

Diese Geisteshaltung brachte besonders Volker Kauder in den Bundestagsdebatten über die UN-Konvention zum Ausdruck. Die ganze Diskussion „sei eines Parlaments unwürdig", befand er. Denn schließlich: „Politik ist ein eigenes Geschäft." Kauder forderte, dass die Verhaltensregeln des Bundestags und nicht das Strafrecht die Bestechlichkeit von Abgeordneten verhindern sollten.[4]

Mit anderen Worten: Die Politik solle weiterhin selbst bestimmen, was Bestechung sei und was nicht. Strafrechtlich verankerte und damit durch die Justiz überwachte Regeln sollen für Ärzte, Staatsanwälte, Richter und auch Manager gelten, nicht jedoch für Abgeordnete.

Erst im Februar 2014, mehr als zehn Jahre nach der ersten Unterzeichnung, beschloss der Bundestag schließlich einstimmig die nötigen Änderungen am Paragrafen 108e. Bestechung oder Bestechlichkeit bei Abgeordneten ist jetzt mit fünf Jahren Gefängnis strafbar. Ende 2014 trat die UN-Konvention gegen Korruption auch in Deutschland in Kraft.

Der internationale Kampf gegen Korruption ist eine feine Sache – aber an den eigenen Privilegien soll sich auf keinen Fall etwas ändern. Das war lange Zeit die Haltung des deutschen Parlaments – bis sich Deutschland so sehr blamiert hatte, dass ihm keine andere Wahl mehr blieb, als Abgeordnetenbestechung unter Strafe zu stellen.

Soll Bestechung von Abgeordneten strafbar sein? Die gesamte Bevölkerung würde diese Frage wohl mit Ja beantworten. Im politischen Berlin gab es dafür jedoch lange Zeit keine Mehrheit. Wenn sich jemand dafür einsetzt, dass Bestechungsgelder an ihn legal sind, kann es dafür nur einen einzigen Grund geben: weil im politischen Berlin Bestechungsgelder fließen.

Der Fall der UN-Konvention macht auf besonders spektakuläre Weise deutlich, dass der Exportweltmeister kein Interesse an effektiver Bekämpfung von Korruption hat. Es ist jedoch nicht der einzige dieser Art. Wenn es um die Umsetzung von internationalen Regeln für mehr Transparenz und von Maßnahmen zur Bekämpfung von Korruption geht, gehört Deutschland regelmäßig zu den Schlusslichtern.

Der Europarat in Straßburg liegt direkt neben dem Europäischen Parlament. Gegründet 1949, hat er mit der später gegründeten Europäischen Union nichts zu tun. Der Europarat ist eine wenig beachtete Einrichtung – denn er ist vor allem ein Forum für Debatten. Seine parlamentarische Versammlung besteht aus Vertretern nationaler

Parlamente und hat keinerlei gesetzgebende Kraft. Auch wenn dem Rat über die Jahrzehnte der Fokus etwas abhandengekommen ist, sind seine Kernthemen weiter Menschenrechte, Rechtsstaatlichkeit und Demokratieförderung.

Der Europarat hat 47 Mitglieder und ist eine illustre Runde. Die Türkei zählt zu den Gründungsmitgliedern, vom organisierten Verbrechen geprägte Balkanländer wie Albanien und Montenegro finden sich hier ebenso wie Kleinstaaten wie San Marino und Andorra. Das autoritär regierte Aserbaidschan fiel im Rat in den vergangenen Jahren vor allem dadurch auf, dass es Abgeordnete der parlamentarischen Versammlung bestach.

1999 verabschiedete der Rat eine Konvention zum Kampf gegen Korruption, das sogenannte Strafrechtsabkommen über Korruption. Nach und nach ratifizierten alle Mitgliedsländer das Abkommen. Nicht jedoch Deutschland. Die Bundesrepublik lieferte sich stattdessen mit einem weiteren Mitgliedsland des Europarats ein Rennen darum, wer das Abkommen als vorletztes Mitglied ratifizieren würde. Und dem damit die Blamage erspart bliebe, die Konvention als letzter Staat in Kraft zu setzen. Deutschlands Gegner war ausgerechnet Liechtenstein, jenes Alpenland, über dessen Banken deutsche Konzerne immer wieder korrupte Zahlungen abgewickelt hatten.

Liechtenstein gewann das Schneckenrennen. Am 1. April 2017 trat die Konvention in dem Fürstentum in Kraft. Deutschland folgte am 1. September 2017, und damit fast 20 Jahre nachdem es seine Unterschrift unter das Vertragswerk gesetzt hatte.

Wie die UN-Konvention zwang auch das Europarat-Abkommen seine Unterzeichner, die nationale Gesetzgebung an das Abkommen anzupassen. Und hier tat sich Deutschland so schwer, dass es sich regelmäßig Rügen des Europarats einfing. Dabei ist die Institution nicht gerade bekannt für übermäßige Kritik an seinen Mitgliedstaaten. Die Umsetzung des Abkommens überwacht die Staatengruppe Greco – von Groupe d'États contre la corruption.

Alle paar Jahre besuchen Abgesandte die Mitgliedsländer des Europarats und sprechen anschließend Empfehlungen aus. Deutschland folgte ihnen nicht oder nur mit großer Verzögerung. Zum Beispiel die Empfehlungen nach der dritten Greco-Evaluierung 2009. Von 20 Punkten hatte Deutschland vier Jahre später sechs Punkte vollständig umgesetzt, elf weitere immerhin teilweise. Sieben Jahre nach der Evaluierungsrunde bemängelte der Europarat, dass Deutschland insbesondere drei Empfehlungen in Sachen Parteienfinanzierung nicht umgesetzt hatte.

Ein Absenken der Schwelle für die sofortige Veröffentlichung von Parteispenden auf unter 10.000 Euro? Nein, danke. Mehr Transparenz bei Direktspenden an Abgeordnete und Kandidaten? Nein, danke. Mehr Personal für den Bundestagspräsidenten für die Überwachung von Regeln? Nein, danke.

2014 folgte die vierte Greco-Evaluierung. Auch dieses Mal setzte Deutschland die Empfehlungen in Sachen Transparenz bei Abgeordneten und Parteispenden nicht um, wie der Europarat bei einer Überprüfung der Umsetzung im März 2017 feststellte. Die sofortige Offenlegung von Interessenkonflikten von Bundestagsabgeordneten, wenn sie über Gesetze abstimmen, die sie selbst betreffen? Nein, danke.

Mehr Informationen über die finanziellen Verhältnisse und wirtschaftlichen Interessen von Abgeordneten? Nein, danke. Mehr Personal, dieses Mal für die Bundestagsverwaltung, für die Überwachung der Regeln der Parteienfinanzierung? Nein, danke.

Besonders die Weigerung der Abgeordneten, Angaben zum eigenen Vermögen und zu möglichen Schulden zu machen, nahm Greco mit „Sorge" zur Kenntnis. „Was die verfassungsrechtlichen Bedenken der Institutionen betrifft, wurden nicht einmal konkrete Vorschläge für mögliche Änderungen an den Offenlegungsregeln in Verbindung mit rechtlicher Analyse präsentiert", schrieb die Organisation in einem Bericht.[5]

Und weiter: „Greco ist überzeugt, dass angemessene Lösungen möglich sind, auch wenn man sich vor Augen hält, dass viele andere europäische Länder Wege gefunden haben, miteinander in Konflikt stehende Rechte und Interessen auszugleichen – z. B. indem sichergestellt ist, dass ein Teil der von Abgeordneten offengelegten Informationen nicht öffentlich gemacht wird."

In Sachen Korruptionsbekämpfung ist Deutschland das Sorgenkind einer Einrichtung, die sich auch um Rechtsstaatlichkeit und Demokratie in Staaten wie Georgien, Albanien und Moldawien kümmert. Viele Greco-Berichte bringen die Weigerung der Parteien und Abgeordneten in Berlin, sich in die eigenen Finanzen schauen zu lassen, auf den Punkt.

Beispiele für die Nähe zwischen Abgeordneten und dubiosen Geldquellen gibt es genug. Die autoritäre Regierung von Aserbaidschan versucht auf vielen Wegen, die Entscheidungen des Europarats in ihrem Sinne zu beeinflussen. Fündig wurde die Regierung auch in Deutschland: Die CDU-Bundestagsabgeordnete Karin Strenz, die auch im Europarat saß, nahm mehrere Zehntausend Euro aus Baku über eine Firma in Deutschland an, wie die „Süddeutsche Zeitung" enthüllte.[6]

Der Europarat erteilte ihr lebenslanges Hausverbot. Der Bundestag, dem Strenz diese schmierigen Nebeneinkünfte zu spät gemeldet hatte, beließ es hingegen bei einer Rüge und einer Strafzahlung. Den Kontakt zwischen Strenz und Baku hatte der ehemalige

CSU-Abgeordnete Eduard Lintner hergestellt, der als Lobbyist für Aserbaidschan arbeitet. Ende Januar 2020 wurde bekannt, dass die Staatsanwaltschaft Frankfurt am Main gegen die beiden wegen des Vorwurfs der Bestechlichkeit ermittelt.

Auch andere ehemalige Bundestagsabgeordnete hatten keine Berührungsängste mit schmierigen Geldern. In den Jahren 2000 bis 2005 erhielten die beiden früheren SPD-Abgeordneten Dagmar Luuk und Heinz-Alfred Steiner heimlich fünf Millionen Euro vom Panzerbauer Krauss-Maffei Wegmann. Die Zahlungen standen im Zusammenhang mit dem schmiergeldbelasteten Verkauf deutscher Panzer nach Griechenland.

Der Hamburger SPD-Bundestagsabgeordnete Johannes Kahrs erhielt vor der Bundestagswahl 2005 mehrere Spenden von Rüstungsfirmen, darunter Rheinmetall. Die Spenden lagen stets unter der Veröffentlichungsschwelle von 10.000 Euro, summierten sich insgesamt jedoch auf 60.000 Euro. Nach der Wahl wurde Kahrs dann Mitglied im Haushaltsausschuss des Bundestags, der das Budget für den damals geplanten Schützenpanzer erst einmal um die Hälfte auf drei Milliarden Euro erhöhte.

Seitdem ist es ruhig um Kahrs. Dabei ist es der SPD-Politiker, der über seine Funktion im Haushaltsausschuss des Bundestags regelmäßig Großaufträge für Hamburger Werften organisiert. Darunter auch 2018 die Bestellung von fünf Korvetten für die Bundesmarine, deren Sinnhaftigkeit viele Experten infrage stellten. Kahrs und Kollegen sind deswegen im politischen Berlin auch als „Küsten-Mafia" bekannt.

Die deutschen Parteien kontrollieren im Großen und Ganzen selbst, ob sie sich an die Regeln der Parteienfinanzierung halten. Und sie gehen mit Tricks, Täuschung und teuren Anwälten gegen jeden vor, der mehr wissen will. Nichts zeigt das besser als die folgende Episode, in der es um den Bundesrechnungshof geht.

Sie beginnt im Jahr 2008. Der Journalist Stefan Loipfinger verlangt vom Bundesrechnungshof Einblick in einige seiner Prüfberichte und beruft sich dabei auf das Informationsfreiheitsgesetz (IFG), nach dem die Unterlagen von Bundesbehörden grundsätzlich für Bürgerinnen und Bürger sowie Journalisten zugänglich sind. Der Bundesrechnungshof weigert sich. Der Journalist klagt sich durch alle Instanzen und gewinnt am 15. November 2012, also vier Jahre nach seinem Antrag auf Einsicht, vor dem Bundesverwaltungsgericht.

Nur eine Woche später wendet sich der Präsident des Rechnungshofes mit einem Hilferuf an den Bundestag. Durch das Urteil müsse der Rechnungshof seine Prüfberichte nun Journalisten und Bürgerinnen auf Anfrage zur Verfügung stellen. In der Tat stellen sofort mehrere Pressevertreter Anfragen.

Besondere Dringlichkeit bekommt der Hilferuf an die Parlamentarier, als im März 2013 der „Stern"-Journalist Hans-Martin Tillack nach dem Heiligsten der im Bundestag vertretenen Parteien fragt. Er möchte Einsicht in die Prüfberichte nehmen, die der Bundesrechnungshof über die Finanzen der Bundestagsfraktionen erstellt hat.

Der Bundesrechnungshof schreibt jetzt dringende E-Mails an die parlamentarischen Bündnisgenossen im Kampf gegen neugierige Blicke von außen. „EILT!" ist nun häufig in den Betreffzeilen der E-Mails zu lesen.

Nach dem Urteil des Bundesverwaltungsgerichts aus dem November 2012 muss eine Gesetzesänderung her. Auf welchem Wege das geschieht, ist den beteiligten Beamten und Politikern egal, wie eine Recherche der CORRECTIV-Journalistin Tania Röttger aufgedeckt hat.[7] Hauptsache, es geht schnell. Hauptsache, die eigenen Finanzen sind vor dem Blick der Öffentlichkeit geschützt.

Im Mai 2013 treffen sich vier Abgeordnete von CDU/CSU. Nach dem Treffen ist klar, dass nicht das IFG geändert werden soll. Ein Beschneiden der Auskunftsrechte aller Bürgerinnen und Bürger könnte wohl zu viel Staub aufwirbeln. Stattdessen soll es eine Änderung der Bundeshaushaltsordnung richten.

Das Bundesinnenministerium legt schon am Morgen nach dem Treffen der Unions-Politiker einen Vorschlag zu dem neuen Paragrafen vor. Kay Scheller, ein enger Mitarbeiter des damaligen Fraktionsvorsitzenden Volker Kauder, weist in einer E-Mail darauf hin, dass Bürger trotz des Weges über die Bundeshaushaltsordnung von Auskunftsrechten in Sachen Bundesrechnungshof auszuschließen seien.

Letztlich wählen die Beamten des Bundesfinanzministeriums unter Wolfgang Schäuble und die Parlamentarier einen noch anderen Weg. Eine Änderung der Haushaltsordnung ist ihnen zu langwierig – sie wählen daher eine Änderung des Finanzausgleichsgesetzes.

Das hat weder etwas mit dem Bundesrechnungshof zu tun noch mit Auskunftsansprüchen von Presse und Bürgern gegenüber Behörden. Aber es ist für die politische Kaste in Berlin der schnellste Weg, das kurz geöffnete Blickfenster in die Fraktionsfinanzen wieder zu schließen.

Demnach kann der Bundesrechnungshof seine Prüfberichte herausgeben – das entscheidende Wort ist „kann". Transparenz ist jetzt eine Frage des Ermessens, und damit ist klar, dass sie an dieser Stelle beerdigt werden soll.

Der IFG-Beauftragte der Bundesregierung bekommt einen halben Tag Zeit, um die Änderung zu prüfen und Stellung zu beziehen.

Seine Proteste helfen nicht. Am 14. Juni 2013, um 0:25 Uhr, beschließen 25 im Bundestag anwesende Parlamentarier, ein wichtiges Stück aus dem Herzen unserer Demokratie herauszureißen. Sie beschließen, dass eine Überprüfung der Arbeit des Bundesrechnungshofs und auf diesem Wege auch der Fraktionsfinanzen tabu ist. Medien und Öffentlichkeit bekommen von der Änderung, versteckt in einer Ergänzung zum „Ersten Gesetz zur Änderung des Finanzausgleichsgesetzes", nichts mit.

„Sie haben alle etwas zu verbergen, deswegen haben sie zugestimmt. Die Interessen der Bürger spielen dabei keine Rolle", sagt „Stern"-Journalist Tillack im Gespräch mit CORRECTIV. „Die Politik will nicht, dass etwas über ihre Finanzen bekannt wird."

Ein Jahr nach der Abstimmung bekommt der Bundesrechnungshof einen neuen Präsidenten. Es ist ausgerechnet Kay Scheller, jener Direktor aus der Unions-Fraktion, der nichts von irgendwelchen Auskunftsansprüchen von Bürgern hielt. Die Parteien tragen also auch über ihren gesetzgeberischen Sieg hinaus dafür Sorge, dass sie auch weiterhin verschont bleiben von einer öffentlichen Überprüfung ihrer Finanzen. Die Botschaft ist klar: Transparenz und IFG ja – aber nicht, wenn es um unsere Geheimnisse geht.

Die Bundestagsfraktionen sollten die Herzkammer unserer Demokratie sein, stattdessen sind sie „Dunkelkammern" („Stern"). Immerhin 115 Millionen Euro Steuergeld erhielten sie 2018. Niemand weiß, wofür sie diese stolze Summe – die sie zusätzlich zu der allgemeinen Parteienfinanzierung und den Diäten für die Parlamentarier erhalten – ausgeben.

Auch hier stellt sich die dringende Frage, was die Bundestagsfraktionen, die 2013 geschlossen gegen Transparenz bei sich selbst stimmten, zu verbergen haben. Im besten Fall wollen sie die Steuermillionen weiter für teure Reisen für sich und ihre Ehepartner und für doppelte Diätenzahlungen für ihre Funktionsträger verwenden. Im schlimmsten Fall verbergen sich in den vielen Aktenbänden, die der Rechnungshof seit 1987 mit den Prüfungen der Fraktionsfinanzen gefüllt hat, Hinweise auf handfeste Skandale der Parteienfinanzierung.

Ein unabhängiger Rechnungshof ist ein wichtiger Bestandteil jeder Demokratie. In der arabischen Welt lässt sich zum Beispiel daran, wie frei der Rechnungshof eines Landes arbeiten kann, gut der dortige Grad der politischen Freiheit abmessen.

Um die eigenen Finanzen vor neugierigen Augen zu schützen, hat die deutsche Politik den Bundesrechnungshof und damit ein wichtiges Stück Demokratie ohne Federlesen einer Überprüfung durch die Öffentlichkeit entzogen. Damit wird die eingangs gestellte Frage immer dringender: Was haben die Parteien und Abgeordneten des Deutschen Bundestags in ihren Finanzen zu verbergen?

Fest steht, dass das politische Berlin sich massiv gegen Einblicke in die eigenen Finanzen wehrt. Der Journalist Tillack hat bei seinen Recherchen festgestellt, dass die Regierung dabei zu haarsträubenden Argumentationen greift. Tillack fragte auf Grundlage des IFG beim Bundeskanzleramt nach Unterlagen aus dem Büro des ehemaligen Kanzlers Gerhard Schröder.

Die abschlägige Antwort des Bundeskanzleramts aus dem Dezember 2018 lässt es einem kalt den Rücken herunterlaufen. Die Beamten argumentierten, dass die angefragten Unterlagen nicht zugänglich seien, weil sie bereits vom Bundesrechnungshof geprüft worden seien.[8]

Setzte sich diese Rechtsauffassung durch, hieße das nichts anderes, als dass alle eigentlich einsehbaren Akten von Bundesbehörden durch eine schnelle Prüfung des Bundesrechnungshofs einer Überprüfung durch Bürger oder Journalistinnen entzogen werden könnten. Es wäre eine vollständige Aushöhlung des IFG.

Dieses Denken zeigt, dass der Abbau von demokratischen Errungenschaften nicht nur in entfernten Ecken der Welt stattfindet, sondern auch mitten in Berlin. Neben der späten Umsetzung der UN-Konvention, den peinlichen Scharmützeln mit dem Europarat und der Episode rund um den Bundesrechnungshof gibt es viele weitere Beispiele dafür, wie das politische Berlin gegen eine Überprüfung der eigenen Finanzen kämpft. Eines sei noch erwähnt.

Nachdem das globale Medienkonsortium International Consortium of Investigative Journalists (ICIJ) unter Führung der „Süddeutschen Zeitung“ 2015 die Panama Papers veröffentlicht hatte, verschärfte die EU mehrfach ihre Direktiven für den Kampf gegen Geldwäsche.

Eine Maßnahme war die Einführung eines Transparenzregisters, aus dem der wahre sogenannte „wirtschaftlich Berechtigte“ einer Firma hervorgehen soll. Damit soll verhindert werden, dass über Stiftungen, Trusts und Strohleute der Besitzer einer Firma oder einer Immobilie verschleiert werden kann. Hier ist Transparenz ein wichtiges Mittel im Kampf gegen Geldwäsche und Korruption. Deutschland jedoch bremste mehrfach bei der Umsetzung des Transparenzregisters. Dabei taten sich wieder einmal die Bundestagsabgeordneten besonders hervor.

Das Transparenzregister sollte auch eine besondere Kategorie enthalten, die sogenannten PEPs, politically exposed persons. Damit sind in der Compliance-Welt Personen mit politischem Einfluss bezeichnet. Wenn Unternehmen im Ausland Geschäfte mit ihnen machen, sind diese Geschäfte besonderen Korruptionsrisiken ausgesetzt. Sie werden bei internen Prüfungen – zumindest, wenn ein Konzern ein ernst zu nehmendes Compliance-System hat – daher mit dem Kürzel PEP versehen und besonders geprüft.

Laure Brillaud von der EU-Abteilung von Transparency International begleitete das Gesetzgebungsverfahren vor der Einführung des Transparenzregisters. Und sie erinnert sich im Gespräch mit CORRECTIV daran, dass sich eine Gruppe in Europa bis zuletzt dagegen wehrte, PEPs in das Transparenzregister aufzunehmen: die deutschen Bundestagsabgeordneten. Ihr fadenscheiniges Argument: Der bürokratische Aufwand sei nicht zu vertreten.

Sie standen auf verlorenem Posten. Das EU-Parlament beschloss, PEPs ins Transparenzregister aufzunehmen.

## Kapitel 13

# Was können wir tun? Zehn Ideen

Die Anregungen des Autors reichen von größeren Vorschlägen für Politik und Gesellschaft bis zu Details des Strafrechts.

### 1. Einführung eines Unternehmensstrafrechts

Als eines der wenigen Länder in Europa ahndet Deutschland große Wirtschaftsskandale auf einer Rechtsgrundlage, mit der auch Falschparken geahndet wird: dem Ordnungswidrigkeitenrecht. Das führt zu vielen Verrenkungen der Justiz, um Verurteilungen zu erreichen. Derzeit ist die Strafe mithilfe von Bußgeldbescheiden auf zehn Millionen Euro begrenzt. Die Abschöpfung von illegal erzielten Gewinnen ist für Konzerne steuerlich absetzbar.

Wäre Wirtschaftskriminalität Gegenstand des Strafrechts, hätten Medien und Zivilgesellschaft mehr Zugang zu Informationen über die Methoden, die Konzerne bei Schmiergeldzahlungen einsetzen. Mit diesem Wissen könnten sie besser über weitere Fälle recherchieren. Schließlich würde ein Unternehmensstrafrecht auch im Sinne der Konzerne eine klarere und transparentere Regelung von Strafzahlungen erlauben.

Unabhängig von der Einführung eines Unternehmensstrafrechts sollte die personelle Ausstattung der Justiz deutlich verbessert werden.

### 2. Mehr Frauen in Führungspositionen

Schmiergeldsysteme sind Insidersysteme. Sie finden in geschlossenen Gruppen von Insidern statt. Diese begehen gemeinsam Verbrechen, indem sie ein eigenes Wertesystem schaffen, einen eigenen Code, der mit den Werten der Gesellschaft, den Regeln des Konzerns und dem Strafgesetzbuch in Konflikt steht. Wer die Diversität in Konzernen erhöht, senkt die Wahrscheinlichkeit, dass sich Manager zu solchen Insidergruppen verbrüdern. Eine Erhöhung des Frauenanteils in Führungspositionen der Wirtschaft auf 50 Prozent ist dringend geboten. Die Wirtschaftskriminalität dürfte dadurch deutlich zurückgehen.

### 3. Parteienrecht reformieren

Die Finanzierung der deutschen Parteien und der Politik insgesamt ist eine Black Box. Sie muss dringend reformiert werden, damit Transparenz gewährleistet und Korruption verhindert wird. Die nötigen Schritte sind zu zahlreich, um sie hier aufzuführen. Es ist eine grundlegende Reform nötig. Dazu zählt auch ein verpflichtendes Lobbyregister.

### 4. Journalismus stärken

Wie dieses Buch gezeigt hat, klärt die Justiz kaum Korruptionsfälle auf. Auch die Politik hat daran kein Interesse. Es bleibt also vor allem eine Gruppe übrig: Journalistinnen und Journalisten. Gerade in Zusammenarbeit mit Whistleblowern können sie mit geringen Kosten effektiv Verdachtsfälle aufklären und damit das Wuchern großer Skandale verhindern.

Vor allem haben Medien in den vergangenen Jahren etwas gelernt, was der Natur der Schmiergeldbranche entspricht und mit dem sich die Justiz aber schwertut: Sie kooperieren über Grenzen hinweg mit Redaktionen aus anderen Ländern. So können sie grenzüberschreitende Wirtschaftskriminalität aller Art aufklären. Das ist inzwischen selbst unter Beteiligung des Lokaljournalismus möglich.

Die Regierung kann den Journalismus stärken, indem sie seine Vertreter besser vor Angriffen schützt, indem sie Whistleblower schützt und indem sie selbst transparenter agiert. Vor allem sollte sie Wege finden, die Finanzierungsbedingungen für Journalismus – insbesondere auch für den Lokaljournalismus – zu verbessern.

Journalismus sollte deswegen als gemeinnützig anerkannt werden.

### 5. Whistleblower stärken

Viele Skandale sind durch Whistleblower ans Tageslicht gekommen. Mutige Menschen, die einem Unrecht oder einem Missstand in ihrem Konzern nicht tatenlos zusehen wollten. Whistleblower wenden sich dabei selten unmittelbar an Journalisten und damit an die Öffentlichkeit. Normalerweise versuchen sie zunächst aus Loyalität zum Unternehmen, intern auf den Missstand aufmerksam zu machen. Erst wenn diese Versuche nichts fruchten, wenden sie sich an Dritte, wie zum Beispiel die Staatsanwaltschaft, Abgeordnete und Journalistinnen und Journalisten.

Auf diesem langen, oft jahrelangen Weg sind sie vielen Gefahren ausgesetzt. Die Bundesregierung sollte Whistleblower stärker schützen. Die Gelegenheit dazu hat sie bei der anstehenden Umsetzung der EU-Direktive zum Schutz von Whistleblowern.

Whistleblower sind aus Sicht der Gesellschaft wie auch der Unternehmen ein kostengünstiger Weg, Skandale zu erkennen, bevor ihre Aufarbeitung und Ahndung sehr teuer werden.

**6. Gewaltenteilung stärken**

Die Gewaltenteilung in Deutschland ist an einer Stelle stark eingeschränkt: Staatsanwaltschaften sind weisungsgebunden. Sie sind damit keine von der Exekutive unabhängige Justizbehörde. Es ist unwahrscheinlich, dass sie bei Unregelmäßigkeiten in der Finanzierung politischer Parteien ermitteln. Der Ausgang der Augsburger Ermittlungen in der CDU-Korruptionsaffäre macht dies deutlich.

**7. Mehr Transparenz des Staates**

Politik und Regierung in Berlin bemühen sich seit einigen Jahren darum, Errungenschaften wie das Informationsfreiheitsgesetz zu beschädigen und Transparenz zu reduzieren. Oft genug geschieht das, um Konzerninteressen zu schützen. Unsere Demokratie braucht jedoch dringend mehr und nicht weniger Transparenz.

Exportbürgschaften sollten dringend zugänglich gemacht werden. Die Bundesregierung lehnt dies ab, weil damit Konzerngeheimnisse öffentlich würden. Dies schade deutschen Konzernen im internationalen Wettbewerb, so die Argumentation. Doch wenn ein Unternehmen deutsche Steuermittel in Anspruch nimmt, muss es eben in Kauf nehmen, dass Medien und Zivilgesellschaft seine Geschäfte überprüfen können.

Ein weiteres Beispiel: In mehreren südamerikanischen Ländern und in den USA sind alle Frachtbriefe im grenzüberschreitenden Güterverkehr, die sogenannten bill of ladings, öffentlich. Für den geheimniskrämerischen deutschen Zoll wäre das eine Revolution. Doch bill of ladings sind eine Fundgrube für Journalisten. Ihre Recherchen würden Verwaltung und Justiz bei der Bekämpfung von Kokainschmuggel, organisierter Kriminalität, Embargoverstößen und Korruption entlasten. Mit einer Öffnung würde der Zoll in diesem Sinne einen Bündnispartner gewinnen – und nicht einen Gegner.

**8. Strafgesetzbuch der Realität anpassen**

Bestechung im internationalen Geschäftsverkehr verjährt nach fünf Jahren. Das ist zu kurz. Die Beteiligten betreiben einen hohen Aufwand, um Bestechung zu verschleiern. Dementsprechend lange dauert es, bis Informationen die Medien oder die Justiz erreichen. Whistleblower brauchen wegen der damit verbundenen Gefahren oft Jahre, bis sie sich entschließen, aktiv zu werden.

Weitere Details könnten der Realität angepasst werden. In vielen autoritär regierten Staaten ist der Übergang zwischen Amtsträgern und politisch einflussreichen Personen sehr viel fließender als bei uns. Deswegen könnte die Definition eines Amtsträgers erweitert werden. Auch müssen mehr schmierige Geschäftspraktiken der Bestechung zugerechnet werden. Für die Justiz gilt bislang, dass Zahlungen erst dann den Charakter von Schmiergeld haben, wenn sie den Wettbewerb zugunsten eines Unternehmens beeinflussen. Tatsächlich sorgen Schmiergelder in manchen Fällen dafür, dass es erst gar keine Ausschreibung gibt.

### 9. Beweislastumkehr bei Endempfängern

Wenn ein Konzern schmiert, überweist er das Geld nicht direkt auf das Konto eines Entscheidungsträgers einer ausländischen Regierung. Er zahlt das Geld an einen Berater, der als Mittelsmann agiert. Erst dieser leitet es dann weiter. Der Berater ist die Brandmauer zwischen dem Konzern und der Justiz. Und es gibt noch viele weitere Wege, Schmiergeldzahlungen vor der Justiz zu verschleiern.

Solange kein Insider auspackt, ist es daher für die Justiz quasi ausgeschlossen, den Endempfänger von Zahlungen nachzuweisen. Sie muss deshalb für Verurteilungen zu anderen Verstößen greifen, die mitunter Hilfskonstruktionen sind, wie Steuerhinterziehung, Veruntreuung oder die Verletzung von Aufsichtspflichten durch Manager.

Hier könnte man über eine Art Beweislastumkehr nachdenken, wie sie bei der Bekämpfung der Geldwäsche in der organisierten Kriminalität kürzlich eingeführt wurde. Unternehmen müssten dann im Zweifelsfall den Verbleib ihrer Zahlungen bei internationalen Aufträgen nachweisen können. Der Einsatz von Beratern zur Verschleierung von Schmiergeld wäre damit ausgeschlossen.

### 10. Mehr Kampf gegen Geldwäsche

Ein Kampf gegen Geldwäsche findet in Deutschland aus verschiedenen Gründen nur eingeschränkt statt. Die Politik hat kein gesteigertes Interesse daran. Doch sowohl die Abwicklung von Schmiergeld als auch das Verstecken illegitimer Einnahmen aus Bestechung ist auf die Verschleierung von Zahlungsströmen angewiesen.

# Nachwort

Politik und Regierung ermöglichen die anhaltende Korruption im deutschen Export, indem sie wegschauen. Der Befund dieses Buches wirkt im ersten Moment schwer vorstellbar. Schließlich gibt es Gesetze und internationale Abkommen, die etwas anderes verlangen. Man muss sich einfach die beiden großen Wirtschaftsskandale der vergangenen Jahre vor Augen halten, und der Befund wird plötzlich verständlich.
Im sogenannten Cum-Ex-Skandal stahlen Banker und Anwälte mithilfe von Aktiengeschäften viele Milliarden Euro Steuergeld. Dabei gelang es den Vertretern dieser Kriminellen in Deutschland mitunter, Textpassagen in der Gesetzgebung selbst zu schreiben. Wenn die Regierung Gesetzeslücken schließen wollte, die den Raub ermöglichten, hatten ihre Anwälte und Lobbyisten die Entwürfe eher in der Hand als Bundestagsabgeordnete. Das Bundesfinanzministerium schaute lange Zeit weg – vielleicht sogar aus Angst um die Banken, denn diese hatten in den schweren Jahren nach der Finanzkrise 2008 kaum andere Einnahmequellen.

Ähnliches spielte sich in der Autoindustrie ab. Jahrzehntelang setzten verschiedene Hersteller eine Software ein, mit der sie die Abgaswerte von Dieselmotoren manipulierten. Die Justiz in den USA brachte diesen Skandal ans Licht. In Deutschland hingegen nahm der Rechtsstaat Schaden. Ein Beispiel: Eine staatliche Behörde wie das Kraftfahrt-Bundesamt in Flensburg missachtet die Urteile höchster Gerichte. Diese besagen, dass sich die gesetzlichen Grenzwerte auf den Betrieb auf der Straße und nicht auf den Teststand beziehen. Die Behörde handelt jedoch nicht danach.

Deutschland ist ein Wohlstandsland. Da ist es kein Wunder, dass die Politik in Berlin wie in den Wahlkreisen der Abgeordneten vor allem darauf achtet, der deutschen Wirtschaft den Rücken freizuhalten und Konzernen keine Hindernisse in den Weg zu legen. Sobald eine Maßnahme auch nur in den Verdacht kommt, Arbeitsplätze zu kosten, wird sie beiseitegelegt.

Deutschland verstößt damit immer wieder gegen eigene Interessen. Das eindrücklichste Beispiel ist Israel. Seine Existenz ist Teil der deutschen Staatsräson. Doch fragwürdige Zahlungen im U-Boot-Export sorgten dafür, dass das Land Kriegsschiffe kaufte, die es nicht benötigte. Und, schlimmer noch, sie vergifteten die innenpolitische Atmosphäre in Israel.

In Russland stützten deutsche Konzerne das System eines Politikers, den viele in Deutschland dort ungern an der Macht sehen: Wladimir Putin. Die Sanktionen, die die EU nach dem russischen Einmarsch in der Ostukraine gegen Russland verhängte, trafen wiederum die deutsche Wirtschaft hart.

Experten müssen sich oft den Vorwurf gefallen lassen, die Welt nur durch ihre Brille zu sehen. Das gilt auch für dieses Buch. Für den Aufstieg Wladimir Putins oder die vielen Affären Benjamin Netanjahus, für die Art und Weise, wie Freiheitsbewegungen wie der südafrikanische ANC oder die brasilianische Arbeiterpartei vom Weg abkamen – all dafür gibt es viele Erklärungen, nicht nur Schmiergeldzahlungen aus Deutschland.

Doch wir sollten uns mit der Frage beschäftigen, was wir tun können, um weltweit die Demokratie zu stärken. Und auf einen Punkt weist dieses Buch hin: Unsere Gesellschaft und Politik können beeinflussen, mit welchen Methoden deutsche Konzerne weltweit Geschäfte machen.

Der Spielraum wird dabei kleiner. Nationale Demokratien können angesichts der fortschreitenden Ökonomisierung großen Konzernen kaum noch Schranken setzen. Das gilt besonders für Internetkonzerne wie Facebook und Google.

Eine Antwort der Demokratie ist es, sich mit anderen zusammenschließen, etwa in der Europäischen Union. Auch hier ist zu beobachten, dass die deutsche Regierung mitmacht, wenn es darum geht, sich gegen die übermächtigen Internetkonzerne aus den USA zur Wehr zu setzen. Sonst reisen ihre Vertreter vor allem nach Brüssel, um die Interessen der deutschen Auto- und Bankenindustrie zu schützen. Diesen Nationalismus können sich Demokratien nicht mehr leisten.

Es ist Aufgabe von Medien und Zivilgesellschaft, unermüdlich darauf hinzuweisen. Die Digitalisierung eröffnet auch ihnen neue Möglichkeiten, grenzüberschreitend zusammenzuarbeiten. Nutzen wir sie.

Dabei geht es nicht nur um andere, es geht auch um uns. Auch in Deutschland müssen sich Politiker entscheiden, ob sie aufseiten der Demokratie stehen oder nicht. Beim Verkauf deutscher Kriegsschiffe dürfte in den vergangenen 20 Jahren ein mittlerer dreistelliger Millionenbetrag Schmiergeld geflossen sein. Es ist sehr wahrscheinlich, dass ein Teil dieses gigantischen Betrags nach Deutschland zurückgeflossen ist.

Die Korruptionsaffäre der CDU wurde nicht aufgeklärt. Wir wissen nicht, an wen in den 90er-Jahren die Bestechungsgelder des Energiekonzerns Elf Aquitaine flossen. Wir wissen nicht, von welchen „Spendern“ Helmut Kohl sprach – und schon gar nicht, was sie im Gegenzug erhielten.

Der AfD gelang in den vergangenen Jahren der Einzug in die deutschen Parlamente auch wegen des Einsatzes von Plakatkampagnen und Gratisblättern, die viele Millionen Euro gekostet haben. Wie die Partei dies finanziert hat, ist völlig unklar.

Das ist eine direkte Folge davon, dass sich die meisten Parteien und ihre Bundestagsabgeordneten in Berlin mit Händen und Füßen gegen eine transparente Parteienfinanzierung in Deutschland wehren. Der Schaden für unsere Gesellschaft wie für diese Parteien selbst ist enorm.

# Endnoten

## Einleitung

1 Siehe die Darstellung in „The Shadow World: Inside the Global Arms Trade" von Andrew Feinstein, 2011.
2 Siehe die Darstellung in „Armes de corruption massive" von Jean Guisnel, 2011.
3 „Ein Sieg für Whistleblower", correctiv.org, 16. Mai 2019.

## Kapitel 1 – Auf dem Weg ins Grab

1 Unterlagen der Staatsanwaltschaft München, Aktenzeichen 565 Js 33037/10.
2 Unterlagen der Liechtensteiner Justiz, Aktenzeichen 11 UR 2000.127.
3 „Dreckig, unaufrichtig, vulgär", „Süddeutsche Zeitung" vom 17. Mai 2010.
4 Laut der Tonbandaufnahme einer Besprechung der Buchprüfer vom 16. Februar 2011.
5 „Umweg über Liechtenstein", „Spiegel" vom 11. Oktober 1999.
6 Dokument „Talking Points Indonesia", Kanzlei Debevoise & Plimpton, September 2010.
7 Unterlagen der Justiz München, Aktenzeichen 570 AR 5997/09.
8 Dokument „Talking Points Indonesia", Kanzlei Debevoise & Plimpton, September 2010.
9 Dokument „Offshore Patrol Vessels Talking Points", Kanzlei Debevoise & Plimpton, Februar 2011.
10 Brief an Ferrostaal vom 21. September 2004. Die Abkürzung des Namens erfolgte durch den Autor.
11 Laut einer Tonbandaufnahme der Besprechung der Buchprüfer vom 16. Februar 2011.
12 Unterlagen der Münchener Justiz, Aktenzeichen 570 AR 5997/09.
13 Klaus von Menges: „Ein Leben für die Ferrostaal", Schriftenreihe „Internationale Zusammenarbeit" der KfW Bankengruppe, 2005.
14 „Thomas Bach verkauft alles", correctiv.org vom 6. April 2017.
15 Einigung der Daimler AG mit dem US-Justizministerium vom 24. März 2010.
16 Einigung zwischen dem US-Justizministerium und Siemens vom 12. Dezember 2008.

## Kapitel 2 – Eine Geschichte, die nicht enden will

1 „KPMG Germany's failure to spot Siemens problems raises questions", „Wall Street Journal", 24. Februar 2007.
2 „At Siemens, witnesses cite pattern of bribery", „Wall Street Journal", 31. Januar 2007.
3 Urteil des Landgerichts München vom 12. Juli 2010, Aktenzeichen 6 Kls 570 Js 50263/09.
4 „Wenn die Lichter ausgehen", correctiv.org vom 10. April 2019.
5 Dokument „Talking Points Venezuela", Kanzlei Debevoise & Plimpton, 2. September 2010.
6 Einigung zwischen US-Justizministerium und Willbros Group, Inc. vom 14. Mai 2008.
7 „Wie Bilfinger mit Mondpreisen schmierige Geschäfte machte", „Spiegel" vom 2. August 2018.
8 „Moskauer Schmierentheater", „Spiegel" vom 8. Juni 2019.
9 „Wie Rheinmetall die Bundesregierung für Interventionen in Indien einspannen konnte", „Stern" vom 6. März 2018.
10 „37 Millionen für Airbus-Chef Enders", „Handelsblatt" vom 2. April 2019.

## Kapitel 3 – Die Rüstungsindustrie: Könige des Schmiergelds

1 „Staatsräson unter Wasser", „Die Zeit" vom 11. Oktober 2017.
2 Gespräch des Autors mit ThyssenKrupp-Compliance-Chef Christoph Klahold im September 2017.
3 Dokument „MFI – Talking Points MFI", Kanzlei Debevoise & Plimpton, 16. Februar 2011.
4 „Die sonderbaren U-Boot-Geschäfte von ThyssenKrupp", „Handelsblatt" vom 6. August 2015.
5 Gespräch des Autors mit ThyssenKrupp-Compliance-Chef Sebastian Lochen im August 2019.

## Kapitel 4 – Russland: Alte Netzwerke

1 Bundestagsdrucksache 13/10800 von Mai 1998.
2 „Commerzbank is at center of probe", „Wall Street Journal" vom 25. Juli 2005.
3 „The Russian Laundromat Exposed", occrp.org vom 17. März 2017.
4 „In from the cold", „Wall Street Journal" vom 23. Februar 2005.
5 „Sex, Schmiergeld, Staatszerfall", correctiv.org vom 24. Juli 2015.

6 Der CORRECTIV-Reporter Marcus Bensmann hat den folgenden Teil beigesteuert.

## Kapitel 5 – Griechenland: Ein unverhofftes Glück

1 Laut der Tonbandaufnahme einer Sitzung vom 28. Juni 2011.
2 „Wie geschmiert. Deutsche Rüstungsexporte nach Griechenland und die Korruption", Berliner Informationszentrum für Transatlantische Sicherheit vom Dezember 2015.
3 Siehe auch „Broke? Buy a few warships, France tells Greece", Reuters vom 23. März 2010.
4 „Nützliche Aufwendungen: Die Geschichte deutscher Korruption in Griechenland", in: „Wie geschmiert. Deutsche Rüstungsexporte nach Griechenland und die Korruption", Berliner Informationszentrum für Transatlantische Sicherheit vom Dezember 2015.
5 „Novartis bribery claims: Greek MPs vote to investigate top politicians", „The Guardian" vom 22. Februar 2018.
6 Unterlagen der US-Justiz vom Dezember 2017.
7 Gespräche des Autors in Athen im Mai 2019 mit Anwälten, Journalisten und Whistleblowern.

## Kapitel 6 – Südafrika: Die belastete Demokratie

1 Andrew Feinstein: „After the Party. Corruption, the ANC and South Africa's Uncertain Future", 2009.
2 Abkürzung durch den Autor.
3 Laut Unterlagen der Justiz Nordrhein-Westfalen, Aktenzeichen 130 Js 2/06.
4 Dokument „Talking Points South Africa", Kanzlei Debevoise & Plimpton, 2. September 2010.
5 Laut durch die NGO Corruption Watch vor dem höchsten Gericht der südafrikanischen Provinz Gauteng vorgebrachten Unterlagen.
6 Dokument „Talking Points South Africa", Kanzlei Debevoise & Plimpton, 2. September 2010.
7 Jacques Pauw: „The President's Keepers. Those Keeping Zuma in Power and out of Prison", 2017.

## Kapitel 7 – Brasilien: Schwarzes Blut

1 Siehe: „Depoimento de Mário Góes", YouTube-Kanal der Metrópole Estadão.

2 Richard Bourne: „Lula of Brazil: The Story So Far", 2008.
3 Dokument „Payments to Agents", 12. April 2012.
4 Laut einer CORRECTIV vorliegenden Tonbandaufnahme des Gesprächs.
5 „SBM ofereceu viagem a ex-diretores de Petrobras", „Estadão" vom 29. Juni 2014.
6 Anklage vor dem 3. Bundesstrafgericht in Rio de Janeiro, Dezember 2015, Aktenzeichen MPF/PR/RJ 1.30.001.000837/2014-68.
7 Siehe: „Dilma, ainda ministra, falando sobre a Petrobras", YouTube-Kanal von Reinaldo Azevedo vom 6. Februar 2015.
8 Laut der Tonbandaufnahme einer Sitzung vom 31. August 2011.
9 Projektvorlage „BU Oil & Gas FPSO Topside Modules Petrobras" vom 6. Januar 2011.
10 Protokolle der Vorstandssitzungen von Ferrostaal vom 6. Dezember 2011 und 10. Januar 2012.
11 Laut einem Dokument des brasilianischen Justizministeriums vom 23. Februar 2015, Aktenzeichen 5006330-03.2015.4.04.7000.
12 Gespräch des Autors mit Vertretern von MPC in Hamburg im Dezember 2016.
13 „Große Geschenke, große Aufträge", correctiv.org vom 15. Dezember 2016.
14 „Secret Brazil Archive", „The Intercept" vom 9. Juni 2019.
15 Laut Gedächtnisprotokoll von Jonathan Taylor, eingebracht vor Gericht in Rotterdam.
16 Laut Tonbandaufnahme der Aufsichtsratssitzung.
17 Einigung von Anthony Mace mit dem District Court des Southern District of Texas, Houston, vom 9. November 2011, Aktenzeichen 17-CR-628.

## Kapitel 8 – Die arabische Welt: Alles bleibt in der Familie

1 Unterlagen der Münchener Justiz, Aktenzeichen 570 AR 5997/09.
2 Dokument „Egypt – Talking Points", Kanzlei Debevoise & Plimpton vom 16. Februar 2011.
3 „Arab Human Development Report", UNDP, 2016.
4 World Economic Forum, Global Competitive Index, 2017/18 edition.
5 Klaus von Menges: „Ein Leben für die Ferrostaal", Schriftenreihe KfW, 2005.
6 Dokument „Talking Points Geisenheim", Kanzlei Debevoise & Plimpton, 2. September 2010.
7 „Secret offshore deals deprive Africa of billions in natural resource dollars", International Consortium of Investigative Journalists (icij.org), 25. Juli 2016.
8 Siehe: „Die Weine des Waffenhändlers", correctiv.org, 24. September 2019.
9 „Compliance Audit, Marine Force International", Erbe Rechtsanwälte, 2008.

## Kapitel 9 – Die Spur führt nach Deutschland

1 Unterlagen der Augsburger Justiz, Aktenzeichen 501 Js 127135/95.
2 „Der Minister und sein Gönner", „Stern" vom 18.7.2002.
3 Kreditorenanalyse bei MAN Ferrostaal AG, KPMG, April 2007.
4 „5 Millionen Mark aus Liechtenstein", „taz" vom 11. November 2002.
5 Kürzung des Namens durch den Autor.
6 Bericht Kanzlei Simmons & Simmons vom 8. November 2007.
7 „Wie die deutsche Wirtschaft Strauß alimentierte", „Süddeutsche Zeitung" vom 23. August 2015.
8 Quelle: Todesanzeige der Marianne Strauß Stiftung für Graf von Pückler im „Münchner Merkur", Mai 2017.
9 „Kanonen für die Mullahs", „Stern" vom 12. Juli 1990.
10 „Spur führt zu Milliardär August von Finck", „Spiegel" vom 23. November 2018.
11 „Die Spuren seiner Arbeit werden sichtbar bleiben", „Lausitzer Rundschau" vom 30. Mai 2017.

## Kapitel 10 – Der Waffenhändler und der Präsident

1 „Ein Sieg für Whistleblower", correctiv.org vom16. Mai 2019.
2 „Wieder ein Schwarzkonto", „Focus" vom 24. Juni 2002.
3 „Der reiche Libanese, die Rüstungsindustrie und die SPD", correctiv.org vom 7. Dezember 2017.
4 Laut Unterlagen des Grundbuchamtes Berlin.
5 Kürzung des Namens durch den Autor.

## Kapitel 11 – Eine Garantie für Korruption

1 Dokument „Talking Points Trinidad", Kanzlei Debevoise & Plimpton, 2. September 2010.
2 Dokument „Talking Points Oman", Kanzlei Debevoise & Plimpton, 2. September 2010.
3 Laut Tonbandaufnahme einer Sitzung vom 22. September 2011. Anmerkungen in den Klammern durch den Verfasser.
4 Vermerk einer Rechtsanwältin vom 5. November 2011.
5 Bußgeldbescheid der Staatsanwaltschaft München gegen Ferrostaal Industrieanlagen GmbH vom 8. Dezember 2011.
6 Laut Tonbandaufnahme einer Sitzung vom 28. Juni 2011.
7 Laut Tonbandaufnahme einer Sitzung vom 13. November 2011.

8 Tonbandaufnahme einer Sitzung vom 13. Oktober 2011.
9 „Streit unter Waffenbrüdern“, correctiv.org vom 29. Juni 2018.
10 „Rheinmetall wollte Kriegsschiff in Embargoland Eritrea ausrüsten“, correctiv.org vom 7. November 2019.

## Kapitel 12 – Schlusslicht Deutschland

1 Siehe die Darstellung in dem Eintrag „Parteispenden“ auf Lobbypedia.de.
2 „Illegale Strohmannspenden: CDU unterliegt vor Gericht“, Lobbycontrol.de vom 16. September 2019.
3 „Peinlich, peinlich“, „Süddeutsche Zeitung“ vom 9. Dezember 2013.
4 „Geld, Macht und belegte Brötchen“, „Süddeutsche Zeitung“ vom 28. Februar 2014.
5 Compliance Report Germany, Fourth Evaluation Round, Greco, 6. Juli 2017.
6 „Die Aserbaidschan-Connection einer Bundestagsabgeordneten“, „Süddeutsche Zeitung“ vom 19. September 2017.
7 „Nachts um halb eins im Bundestag“, correctiv.org vom 11. Dezember 2017.
8 Schreiben des Bundeskanzleramts an Hans-Martin Tillack vom 7. Dezember 2018.

# Danksagung

Ich bedanke mich bei den Menschen, die mir vertraut haben, und deren Namen ich hier nicht nennen kann. Whistleblowerinnen und Whistleblower setzen sich mit ihrem Handeln für unsere Demokratie ein.

Ich bedanke mich bei meiner Familie für ihre Geduld.

Ich bedanke mich bei den Unterstützerinnen und Unterstützern von CORRECTIV. Ohne sie wäre diese Recherche nicht möglich gewesen.

Ich bedanke mich bei David Schraven. Mit der Gründung von CORRECTIV hat er die Möglichkeit für komplexe Recherchen und Bücher wie dieses geschaffen. Ich danke Martin Murphy für die vielen Gespräche über Korruption, in denen die Idee für dieses Buch gereift ist. Es ist auch seiner Familie gewidmet.

Ich bedanke mich bei David Crawford für die gemeinsamen Recherchen und viele Gespräche. Neben vielem anderen hat mir David die wichtige Fähigkeit vermittelt, langsam zu recherchieren.

Ich danke James Exelby, der den Petrobras-Skandal verstanden hat wie kaum ein anderer Beobachter.

Ich bedanke mich ganz besonders bei meinen Kollegen Hans-Martin Tillack und Ulrich Stoll für gemeinsame Recherchen über Rheinmetall, die Türkei und Ahmad El Husseini. Ich danke Marcus Bensmann, Sylke Gruhnwald und Stefan Melichar für gemeinsame Recherchen.

Ich danke Bassel Alhamdo, der die Redaktion für mich erleuchtet hat. Ich danke Anwar für die Illustrierung eines Themas, das schwierig zu illustrieren ist. Ich danke Robert Pitterle sehr für das kompetente Lektorat.

Ich möchte mich bedanken bei Cecilia Anesi, Olaya Argüeso, Christiana Avarli, Margherita Bettoni, Anne-Lise Bouyer, Laure Brillaud, Diala Brisley, Julia Brötz, Gregory Dabilougou, Justus von Daniels, Martin de Sapinto, Daniel Drepper, Can Dündar, Andrew Feinstein, Thorsten Feldmann, Elda Fim, Lisa Florian, Thorsten Franke, Hüdaverdi Güngör, Elisa Harlan, Paul Holden, Christian Humborg, Sönke Iwersen, Philip Jocks, Annika Joeres, Ansgar Koreng, Niklas Kossow, Simon Kretschmer, Silja Kummer, Ulf Laessing, Luise Lange, Timo Lange, Y-Sing Liau, Athanasia Lionatou, Wigbert Löer, Itay Mashiach, Ivo Mayr, Mara Mendes, Simone

Maria, John O'Donnell, Marta Orosz, Khaled Oweis, Mia Paukovic, Melanie Paul, Michel Penke, Alina Mungiu-Pippidi, Otfried Nassauer, Angela Reitmaier, Tania Röttger, Christian Rohde, Stephan Roll, Giulio Rubino, Nikos Passas, Sam Perlo-Freeman, Jonathan Sachse, Bastian Schlange, Benjamin Schubert, Oliver Scholz, Harald Schumann, Arne Semsrott, Tom Sims, Katharina Späth, Arne Steinberg, Torben Stephan, Jonathan Taylor, Tasos Telloglou, Stefan Wehrmeyer, Leonie Weigner, Jens Weinreich, Simon Wörpel, Marius Wolf, Bernd Zeberl, Valentin Zick und viele mehr.

## Impressum

1. Auflage September 2020
ISBN: 978-3-948013-07-3
Autoren: Frederik Richter
Herausgeber: David Schraven
Art Direktor: Thorsten Franke
Umschlaggestaltung: Mohamed Anwar
Lektorat: Robert Pitterle, www.rpi.berlin

www.correctiv.org

Kontakt: info@correctiv.org
Büro Essen: Huyssenallee 11, 45128 Essen
Büro Berlin: Singerstraße 109, 10179 Berlin

# Über die Autoren

**Frederik Richter**

Frederik arbeitet seit 2004 als Journalist mit den Schwerpunkten Wirtschaft und investigative Recherche. In dieser Zeit hat er zehn Jahre im Nahen Osten und in Südostasien gelebt. Zu seinen Themen zählen Banken, Korruption, Betrug und organisierte Kriminalität. Frederik hat zahlreiche Betrugs- und Korruptionsfälle im Nahen Osten und in Südamerika aufgedeckt. In Bahrain berichtete er als Korrespondent der Nachrichtenagentur Reuters über den Arabischen Frühling und wurde wegen seiner Recherchen über die Herrscherfamilie des Landes verwiesen.

Seit 2015 arbeitet er bei CORRECTIV. Hier war er an mehreren preisgekrönten Veröffentlichungen beteiligt. Dazu zählen Recherchen über die sexuelle Ausbeutung von Erntehelferinnen in der spanischen Landwirtschaft sowie die Cum-Ex-Files über organisierten Steuerraub mithilfe von Aktiengeschäften. Mit der Recherche #BlacksitesTurkey deckte er die Existenz von Geheimgefängnissen in der Türkei auf.

So erreichen Sie Frederik, auch wenn Sie Hinweise in Sachen Korruption haben:
Telefon: 0176 75 62 88 65
(auch über die verschlüsselten Apps Signal und Threema)
E-Mail: frederik.richter@correctiv.org
Twitter: @frederikrichter

**David Crawford**

David arbeitete schon datenjournalistisch, als wahrscheinlich nur wenige überhaupt das Wort kannten: Mithilfe von Kollegen beim Chaos Computer Club entschlüsselte er sensible Daten der sogenannten „Stasi-Liste", die er 1990 in der „taz" veröffentlichte. David hat als freier Journalist über bundesdeutsche Geheimdienste, die Stasi und al-Qaida berichtet. Ab 2001 arbeitete er zunächst als freier Mitarbeiter und ab 2004 als investigativer Korrespondent für das „Wall Street Journal". Unter anderem konnte er dubiose Zahlungen der Dresdner Bank an den heutigen Präsidenten der Russischen Föderation, Wladimir Putin, aufdecken. Er erhielt den Business Journalist of the Year Award für seine Berichterstattung über den Siemens-Schmiergeldskandal. Im Jahr 2014 gehörte er zur Gründungsmannschaft von CORRECTIV.

**Mohamed Anwar**

Mohamed Anwar ist ein ägyptisch-sudanesischer Comiczeichner und politischer Cartoonist. Er veröffentlicht unter dem Namen Anwar Jbr. Er hat als Cartoonist für Tageszeitungen in Ägypten und in der ganzen arabischen Welt gearbeitet. Bei der ägyptischen Tageszeitung „Al-Masry al-Youm" leitete er die Abteilung Cartoons und Illustrationen und war Mitglied der Redaktionsleitung. Anwar hat zwei Medien-Start-ups gegründet und den grafischen Journalismus sowie die Comicszene in Ägypten maßgeblich beeinflusst. 2017 gewann er den Mustafa-und-Ali-Amin-Journalistenpreis als bester politischer Cartoonist in Ägypten. 2019 war Anwar aus politischen Gründen gezwungen, Ägypten zu verlassen. Er lebt heute in Berlin.

## Verpassen Sie keine Recherche

Neue CORRECTIV Recherchen erhalten Sie von uns direkt per Mail. Außerdem empfehlen wir Ihnen interessante Beiträge aus der nationalen und internationalen Medienlandschaft.
→ Jetzt abonnieren: correctiv.org/newsletter

## Schaffen Sie mehr Transparenz

Mit unabhängigen Recherchen können wir systematische Missstände aufzeigen, von denen auch Sie betroffen sind. Wenn Journalismus Licht ins Dunkel bringt, können wir als Gesellschaft Lösungen finden. Wir freuen uns, wenn Sie mit Ihrem Beitrag ein Teil davon werden.

Kontoinhaber:
CORRECTIV – Recherchen für die Gesellschaft gGmbH
IBAN DE84 3702 0500 0001 3702 00
Bank für Sozialwirtschaft

**Unterstützen Sie uns**
→ **correctiv.org/unterstuetzen**

### Ihre Ansprechpartnerin

Bei Fragen erreichen Sie Luise Lange unter
luise.lange@correctiv.org